V&R

Vamık D. Volkan
Gabriele Ast

Spektrum des Narzißmus

Eine klinische Studie des gesunden Narzißmus, des narzißtisch-masochistischen Charakters, der narzißtischen Persönlichkeitsorganisation, des malignen Narzißmus und des erfolgreichen Narzißmus

Vandenhoeck & Ruprecht
Göttingen · Zürich

Die Deutsche Bibliothek – CIP-Einheitsaufnahme

Volkan, Vamık D.:
Spektrum des Narzißmus:
eine klinische Studie des gesunden Narzißmus,
des narzißtisch-masochistischen Charakters, der narzißtischen
Persönlichkeitsorganisation, des malignen Narzißmus
und des erfolgreichen Narzißmus /
Vamık D. Volkan; Gabriele Ast. –
Göttingen; Zürich: Vandenhoeck und Ruprecht, 1994
ISBN 3-525-45770-7
NE: Ast, Gabriele:

Druck und Bindearbeit: Hubert & Co., Göttingen

Inhalt

Einführung

Narzißmus bezeichnet die »Selbstliebe« (Moore u. Fine 1990), eine Konzentration des psychischen Interesses auf das Selbst. Er ist ein wichtiger Mechanismus der Selbsterhaltung (Freud 1914). Narzißmus ist nichts »Schlechtes«. Im psychischen Funktionieren des Menschen ist er so normal wie Sexualität, Aggression und Angst (Rangell 1980), aber, wie andere Persönlichkeitseigenschaften auch, anfällig für Störungen. Gesunder Narzißmus ist nicht nur wünschenswert, sondern ein notwendiger Bestandteil einer reifen Identität. Störungen des Narzißmus führen unausweichlich auch zu Störungen der Identität.

Wir werden uns in diesem Buch mit den theoretischen Konzepten zur Entwicklung des Narzißmus und mit der Behandlungstechnik bei gestörtem Narzißmus im allgemeinen und bei spezifischen Formen auseinandersetzen. Fast noch wichtiger ist uns, die innere Welt dieser Patienten lebendig und ihre intrapsychischen Prozesse sichtbar werden zu lassen, manchmal sehr detailliert. Dazu stellen wir Einzelheiten aus Fallgeschichten von Menschen mit narzißtischen Störungen vor, die in ihren Verhaltensmustern und ihrem beobachtbaren Lebensstil sehr weit voneinander entfernt zu sein scheinen.

Einer der Patienten hatte kaum einen Lebensfunken in sich. Er war Masochist und häufte in seinem Leben eine ihm angetane Ungerechtigkeit auf die andere. Ein anderes Beispiel zeigt die vollständige psychoanalytische Behandlungsgeschichte einer Frau, die sich – um mit einem Patienten zu reden, der wie sie eine narzißtische Persönlichkeitsorganisation hatte – als ein Gottesgeschenk empfand. Besonders ausführlich stellen wir die vollständige Geschichte eines Mannes mit malignem Narzißmus dar, der immer wieder aggressive Impulse erleben mußte und deswegen innerlich gezwungen war, hunderte von Rentieren, gefährliche wilde Tiere oder im Krieg »Feinde« zu töten. Diese beiden vollständigen Behandlungsberichte stellen das Kernstück unseres Buches dar.

Zum Abschluß stellen wir anhand einer Psychobiographie das Leben eines »erfolgreichen« Narzißten dar, der zum Volkshelden und Revolutionsführer wurde und dessen geistiges Bild durch seine Anhänger unsterblich gemacht worden ist.

Wenn man bedenkt, daß unser Thema der Narzißmus ist, der für das menschliche Funktionieren so notwendig ist wie die Luft zum Atmen, so sollte die gemeinsame Darstellung dieser so unterschiedlichen Menschen in unserem Buch nicht verwundern. Die vielfältigen klinischen Bilder erzählen uns von unterschiedlichen Einflüssen auf die Entstehung des Narzißmus und die daraus resultierenden verschiedenen Formen des Narzißmus.

Wir setzen uns kritisch mit den theoretischen Konzepten auseinander, die die Erforschung des gestörten Narzißmus auf einzelne Punkte reduzieren wollen – beispielsweise nur auf die unzulängliche Empathie der Mutter bei der Betreuung des Kindes – wie wichtig jeder einzelne dieser Faktoren auch sein mag. Durch die Darstellung vollständiger Geschichten des psychoanalytischen Behandlungsprozesses (Volkan 1984, Volkan u. Ast 1992) nähern wir uns so weit wie möglich dem Verständnis an, wie sowohl sehr frühe Erfahrungen als auch ödipale oder noch spätere Themen die Entwicklung des Narzißmus so stark stören können, daß es zu einer Spaltung der Selbstvorstellung in ein mit übermäßig viel Narzißmus besetztes »grandioses« Selbst und in ein »entwertetes« Selbst kommt. Bei den Menschen, deren vorherrschende Selbstrepräsentanz das grandiose Selbst ist und deren entwertete Selbstvorstellung, ständig abgewehrt, im Schatten steht, wird in der psychoanalytischen Literatur eine narzißtische Persönlichkeitsorganisation diagnostiziert. Beim narzißtisch-masochistischen Menschen hingegen ist die entwertete Selbstvorstellung die dominierende.

Um zu verstehen, was mit dem Narzißmus eines Menschen geschieht, wie er ihn »zähmt« und wie er durch die reale oder symbolische Erfüllung der Forderungen seiner dominierenden Selbstvorstellung seine Identität schützt, folgen wir dem Prinzip der multiplen Funktionen und Verdichtungen.

Am Beispiel des mächtigen Führers, der bei seinen Gefolgsleuten tiefgreifende Veränderungen bewirkte, zeigen wir, wie ein »erfolgreicher« Narzißt seine Umgebung so verändert, daß er seine Grandiosität in der äußeren Welt verwirklicht.

Der Begriff der Aggression beschreibt eine energisch ausgeführte körperliche, verbale oder symbolische Handlung; das kann auch Passivität sein, beispielsweise bei der passiven Aggression. Sie kann dem Selbstschutz vor einem von außen drohenden Schaden dienen oder einfach Zeichen gesunder Selbstbehauptung sein. Wird das Zufügen physischer oder psychischer Schmerzen oder der Mißbrauch anderer lustvoll erlebt, kann man von Sadismus sprechen. Wir verwenden in diesem Buch die Begriffe Aggression und Sadismus manchmal synonym.

Der maligne Narzißt ist dazu gezwungen, immer wieder aggressive oder sadistische Handlungen auszuführen – unabhängig davon, ob er diese als lustvoll erlebt oder nicht – um nicht einer unerträglichen Angst vor Identitätsverlust durch Auflösung seines dominierenden, spezifischen grandiosen Selbst ausgesetzt zu sein. Aus Gründen, die auf der Hand liegen, wird ein maligner Narzißt, der beispielsweise zum Serienmörder wurde (STONE 1989), sich nicht in psychoanalytische Behandlung begeben. Im vollständigen Behandlungsbericht über den Jäger werden jedoch die vielfältigen Motive zur Errichtung eines malignen grandiosen Selbst und die psychische Funktionsweise eines Menschen mit malignem Narzißmus lebendig.

Die Studie über den nationalen Führer und der Fall des Jägers geben uns außerdem Gelegenheit, die Wechselwirkungen zwischen Ereignissen in der äußeren Welt und der inneren Welt eines Menschen darzustellen. Die genauere Erforschung dieses Themas wurde von psychoanalytischer Seite bisher zu stark vernachlässigt.

Die grundlegenden psychoanalytischen Behandlungsprinzipien – die Abstinenz des Analytikers und seine Toleranz gegenüber Übertragungsverzerrungen, die Errichtung eines therapeutischen Arbeitsbündnisses, die Deutung als wesentliches therapeutisches Mittel – ändern sich bei der Behandlung von Patienten mit narzißtischer Problematik nicht. Im Kapitel über Behandlungstechnik gehen wir auf die zentralen Probleme ein, die die behandlungstechnischen Überlegungen bei diesen Patienten beeinflussen.

Dieses Buch wurde von uns beiden in gemeinsamer Arbeit

geschrieben. Wenn wir die Geschichten der Patienten erzählen, verwenden wir jedoch das Pronomen »Ich«, das sich dann auf VOLKAN als den behandelnden beziehungsweise supervidierenden Analytiker bezieht.

I

Gesunder Narzißmus

Narzißmus ist für die seelische Gesundheit notwendig. Weigert (1967) schreibt: »(Ein gesunder Narzißmus) besteht im Gleichgewicht zwischen der Selbstachtung (self-esteem), die aus der phasenspezifischen Bewältigung von Anforderungen erwächst, und dem Vertrauen auf Hilfe und Unterstützung von Eltern und anderen Autoritätspersonen.« (S. 128) Um im Leben leichter zurechtzukommen, muß ein Mensch sich selbst adäquat lieben und ein ausreichendes Selbstwertgefühl aufrechterhalten können. Eissler (1972) meint: »Der gesunde, reife Mensch sollte dauerhafte, fast nicht ambivalente Objektbeziehungen haben können, ohne daß dem Selbst aus narzißtischer Entleerung Gefahr droht.« (S. 51) Narzißmus ist also für das Überleben nicht nur wünschenswert, sondern sogar notwendig (Rangell 1980).

Zwischen dem Konzept der Identität und dem Konzept des Narzißmus besteht ein enger Zusammenhang. Eine solide und kohärente Identität kann sich nur entwickeln, wenn genügend Narzißmus vorhanden ist. Identität speist sich im Verlauf der menschlichen Entwicklung aus verschiedenen Quellen. Auf einer sehr frühen Ebene entsteht sie aus der Interaktion von Mutter und Säugling; unterstützt und strukturiert wird sie durch frühe Identifikationen; im Prozeß der Differenzierung zwischen Selbst- und Objektrepräsentanzen entwickelt sie sich weiter. Kurz vor und während der ödipalen Phase besteht die Aufgabe für das Kind darin, eine komplexere Synthese einander widersprechender Identifikationen zu bilden. Während der Adoleszenz, in der das Kind durch eine »zweite Individuation« (Blos 1967) geht, wird die Identität nochmals modifiziert, um nach einem Prozeß der Stabilisierung, zur soliden Grundlage der Erwachsenenidentität zu werden. Akhtar (1992) führt sieben Charakteristika einer sicheren Identität an.

»1. Ein anhaltendes Gefühl, selbst immer derselbe zu sein und gegenüber unterschiedlichen Personen in etwa immer die gleichen Charakterzüge an den Tag zu legen.
2. Zeitliche Kontinuität im Selbsterleben,
3. Echtheit und Authentizität,
4. Ein realistisches Körperbild,
5. Ein Gefühl der inneren Stabilität und die damit verbundene Fähigkeit, ruhig und ohne Angst allein sein zu können,
6. Subjektive Klarheit über das eigene Geschlecht und
7. Innere Solidarität mit den Idealen einer Volksgruppe und ein gut internalisiertes Gewissen.« (S. 24)

Ohne gesunden Narzißmus gibt es weder im psychischen noch im körperlichen oder geschlechtlichen Bereich eine gesicherte Identität. Patienten, die Schwierigkeiten mit ihrer Identität haben, wie sie von AKHTAR beschrieben wurde, weisen auch immer entweder einen unzureichenden oder einen übertriebenen Narzißmus auf.

Identitätsstörungen und Störungen des Narzißmus sind also immer miteinander verbunden. Bei einem Menschen mit stabiler Identität und harmonischer Persönlichkeit ist die narzißtische Besetzung »so verteilt, daß ein optimales Funktionieren sichergestellt ist« (EISSLER 1972, S. 52). Nach HARTMANN (1950) sind bei verschiedenen Personen verschiedene Persönlichkeitsanteile narzißtisch besetzt. In einer seiner frühen Schriften meinte FREUD (1918), daß hypochondrische Gefühle auf einen übermäßig auf den Körper gerichteten Narzißmus zurückzuführen seien, wohingegen in der Depression vorwiegend das Über-Ich narzißtisch besetzt sei.

In diesem Buch richten wir unser Hauptaugenmerk auf die Besetzung der Selbstrepräsentanz, die sowohl psychische als auch körperliche und geschlechtsspezifische Merkmale hat.

Zuerst jedoch möchten wir klarstellen, was wir unter einer Selbstrepräsentanz oder Selbst-Vorstellung verstehen. In der Literatur werden die Begriffe der »Selbstrepräsentanz« und des »Selbst-Bildes« gelegentlich so verwendet, als seien sie untereinander austauschbar; dann wieder werden sie unterschieden. Von einem deskriptiven Standpunkt aus ist das *Selbst-Bild* ein Konstrukt, welches das Ich aus Erlebnissen, Empfindungen, Gefühlen und Wahrnehmungen des Körpers und der Psyche und aus bewußten und unbewußten Gedanken zu einem bestimmten Zeitpunkt und in einer spezifischen Situation bildet. Die Begriffe *Selbstrepräsentanz* und *Selbstvorstellung* beziehen sich auf ein Konstrukt, das aus der dynamischen und affektiven Organisation mehrerer Selbstbilder resultiert und zu einer dauerhaften und relativ unveränderbaren intrapsychischen Struktur führt, die die bewußten und unbewußten Erfahrungen dieses Menschen subjektiv widerspiegelt.

Wir werden später Beispiele von Patienten anführen, bei denen die Selbstrepräsentanz kohärent und integriert ist, und von anderen Patienten, bei denen sie in unterschiedlicher Weise gespalten und nicht integriert ist.

Parallel zum Konzept der Selbstrepräsentanz gibt es das Konzept der *Objektrepräsentanz* oder *Objektvorstellung,* einer intrapsychischen Struktur, die aus einer Vielzahl von Bildern, Eindrücken und realen und phantasierten affektiven Erlebnissen mit einem Objekt außerhalb des Selbst geformt wird. Auch Objektrepräsentanzen können integriert oder nicht integriert sein.

Wenn ein Kind einen gesunden Narzißmus entwickeln konnte, so liebt es sein Selbst und dessen Repräsentanz »nicht nur dann, wenn es das Gefühl hat, von seiner Familie geliebt zu werden; mit wachsender Unabhängigkeit liebt es sich selbst auch dann noch, wenn es durch andere zurückgewiesen wird.« (WEIGERT 1967, S. 129) Es gibt jedoch viele Störungen, wie etwa Traumata oder vorgegebene körperliche Leiden, die sich auf die Entwicklung und Aufrechterhaltung eines gesunden Narzißmus und der damit verbundenen stabilen Identität des Individuums hinderlich auswirken können.

WEIGERT (1967) schreibt, daß ein gefestigtes Selbstwertgefühl wegen der starken gegenseitigen Abhängigkeit der Menschen untereinander und ihres großen Bedürfnisses nach gegenseitiger Solidarität schwer zu erreichen sei. Das Gefühl der Solidarität untereinander sei durch ungünstig ausfallende Vergleiche und die Ungerechtigkeit des Schicksals gefährdet, das Enttäuschungen auf Junge und Alte, Männer und Frauen, Reiche und Arme ungleich verteile.

Während wir uns im folgenden vor allem mit Störungen des Narzißmus auseinandersetzen werden, wollen wir dieses Kapitel am Anfang des Buches mit einem Zitat von GREENACRE (1952) abschließen: »... narzißtische Libido kann ... überall dort gefunden werden, wo es einen Funken von Leben gibt.« (S. 47)

II

Die Entwicklung von gesundem Narzißmus bei einem narzißtisch-masochistischen Charakter

In diesem Kapitel werden wir eine wesentliche Phase in der Psychoanalyse von William darstellen, der, um mit GREENACRE (1952) zu sprechen (vgl. Ende unseres ersten Kapitels), fast keinen »Lebensfunken« in sich hatte.

Wenn der Narzißmus nicht gesund entwickelt ist, wird der dominante Aspekt der Selbstrepräsentanz entweder grandios erscheinen oder vom Gefühl der Unterlegenheit geprägt sein. Eine Redensart besagt, daß extreme Gegensätze sich einander annähern; zumindest stellen sie zwei Seiten derselben Medaille dar. Dementsprechend zeigt unsere klinische Erfahrung, daß bei allen Patienten mit gestörtem Narzißmus immer beide Seiten – das Gefühl der Grandiosität und der Inferiorität – gleichzeitig vorhanden sind. Das klinische Bild an der Oberfläche hängt also davon ab, welche der beiden Seiten im Selbsterleben kontinuierlicher beibehalten wird und offen sichtbar ist, während die andere Seite im Schatten verbleibt. Wenn jemand in seinem alltäglichen Leben eher an den entwerteten Aspekten seiner Selbstrepräsentanz festhält als an den mit übermäßig viel Libido besetzten, werden seine masochistischen Tendenzen das klinische Bild bestimmen. Dies war bei William der Fall.

Narzißtisch-masochistischer Charakter

In seiner Zusammenstellung der psychoanalytischen Literatur zu diesem Thema zeigte STOLOROW (1975), daß masochistische

Erscheinungen, ebenso wie andere Komplexe geistig-seelischer Manifestationen, vielfach determiniert sind und viele Funktionen haben (Wälder 1930). Er ging dann der Frage nach, wie masochistische Handlungen (ebenso wie sadistische) dazu dienen können, Störungen des Narzißmus dieses Menschen zu kompensieren. Als Beispiel führte er an, daß durch Masochismus und Unterwerfung der Kontakt mit einem idealisierten Objekt oder dessen Repräsentanz aufrechterhalten wird. Der Masochist wird gerade aus Enttäuschungen durch das idealisierte Objekt Genugtuung erhalten. Bergler (1961) folgend zeigte Cooper (1989), wie eng Narzißmus und masochistische Tendenzen miteinander verknüpft sein können. Den Ursprung der engen Verbindung dieser beiden Phänomene sieht Cooper in der Kindheit:

»Die Frustrationen und Qualen des Kleinkindes werden vor allem als Verletzungen des lebenswichtigen Gefühls eines omnipotenten Selbst erlebt, wodurch unerträgliche Gefühle der Hilflosigkeit und der Passivität drohen. Um diesem Gefühl der bevorstehenden Vernichtung – das eine unmittelbare Begleiterscheinung des dem Selbst drohenden Schadens ist – zu entgehen, erschafft sich der Säugling eine neue, jetzt masochistische Phantasie seiner omnipotenten Macht und stellt, indem er sein Leiden ich-synton macht, wieder ein gewisses Gefühl der Kontrolle sicher. – Ich bin derjenige, der meine Mutter dazu zwang, grausam zu sein. Ich werde gerne enttäuscht.« (S. 549)

Cooper bezeichnete den Erwachsenen, der ein Meister im Sammeln von Ungerechtigkeiten und Kümmernissen ist, als narzißtisch-masochistischen Charakter. Wir meinen, daß Bartosch (1982) in seiner Arbeit über das »Narzißtische Negativ« dieselbe Art von Patienten beschrieb. Diese Bezeichnungen haben jedoch noch nicht ihre »offizielle« Anerkennung als klinische Einheit gefunden.

Narzißtische Störungen und Psychoanalyse

Während der Analyse von Erwachsenen mit narzißtischen Störungen – das heißt von Patienten, deren dominante Selbst-Repräsentanz entweder unzureichend oder übermäßig besetzt ist, wird der Analytiker irgendwann im Verlauf des analytischen

Prozesses die Entwicklung eines gesunden Narzißmus beobachten können. Dieser Vorgang wird mit der Errichtung einer besser integrierten und kohärenteren Selbst-Repräsentanz einhergehen.

Wir dürfen uns nicht nur auf die Beschreibung des Patienten verlassen, wenn er schildert, wie er beginnt, sich selbst adäquat zu lieben und ein ausreichendes Selbstwertgefühl zu erleben; wir müssen auch innerhalb des klinischen Settings durch eine »intrapsychische Geschichte« (zur Erläuterung dieses Begriffes siehe Kapitel IX zur Behandlungstechnik) beobachten können, daß der Patient einen gesunden Narzißmus entwickelt. Wenn er diesen Punkt erreicht hat, ist er in der Lage, sowohl durch sein eigenes seelisches und körperliches Wohlbefinden Befriedigung zu erlangen als auch durch äußere Objekte, denen er sich nicht mehr auf Gedeih und Verderb ausgeliefert fühlt.

Nach diesem Kapitel werden wir uns hauptsächlich mit Menschen befassen, die einen übermäßig ausgeprägten Narzißmus aufweisen, und zeigen, wie sie durch »Verkleinerung« ihres grandiosen Selbst und durch dessen Integration mit ihrer entgegengesetzten, entwerteten Seite einen gesunden Narzißmus entwickeln.

Zuvor wollen wir jedoch diesen Prozeß der Entwicklung eines gesunden Narzißmus im Verlauf der Analyse eines Patienten beschreiben, dessen dominante Selbstrepräsentanz vom Gefühl der Unterlegenheit geprägt war. Wir wählten dafür einen masochistischen Patienten aus, der Mitte dreißig war, als er in Therapie kam. Sein wesentlicher Charakterzug war das Gefühl der Unterlegenheit. Seine dominierende Selbstrepräsentanz war entwertet, während er seine grandiose Selbstvorstellung »versteckte«. In unserer Darstellung werden wir uns auf den Beginn des fünften Jahres seiner Analyse beschränken, um die »Geburt« eines gesunden Narzißmus in einem klinischen Setting zu illustrieren.

Ein Opfer des Schicksals

William war sich seiner Hemmungen, seines Gefühls der Unterlegenheit und seiner masochistischen Tendenzen bewußt und wollte deswegen in Analyse gehen. Er erweckte den Eindruck, Meister im Sammeln von Ungerechtigkeiten sein zu wollen. Sein Masochismus war keine sexuelle Perversion, sondern zeigte sich in seinem alltäglichen Verhalten. Vermutlich hätte FREUD (1924) ihn als moralischen Masochisten bezeichnet; William war davon überzeugt, ein Opfer des Schicksals zu sein, dazu verurteilt, sich unterlegen zu fühlen und keinen Anspruch auf das zu haben, was er sich wünschte – und deswegen auch nie bekam. An dieser Stelle werden wir nicht im Detail von Williams Fall und dem psychoanalytischen Prozeß berichten, sondern zunächst eine Zusammenfassung dessen geben, was ich in den ersten vier Jahren seiner Analyse von ihm erfuhr, bevor er eine »intrapsychische Geschichte« präsentierte, die illustrierte, wie er einen gesunden Narzißmus zu entwickeln begann.

Williams Vater war Alkoholiker; er starb, als mein Patient fünf Jahre alt war. Dies ließ den Patienten auf einer unbewußten Ebene einen ödipalen Triumph erleben. Leibliche Geschwister hatte er nicht. Nach dem Tod ihres Ehemannes zog Williams Mutter mit ihm auf die Farm ihrer Eltern, wo sie zusammen in einem Zimmer wohnten und oft im selben Bett schliefen. Jeden Abend kuschelte er sich an seine Mutter und schlief in ihren Armen ein. Auf dieser Farm wurde er von allen geliebt: von seiner Mutter, seinen Großeltern und den Onkeln und Tanten, die in der Nähe wohnten. Nachdem ein Jahr vergangen war, nahm Williams Mutter ihn ohne Vorbereitung auf eine andere Farm mit, die mehrere Kilometer von der Farm der Großeltern entfernt lag. Dort wurden ihm sein neuer Stiefvater und seine vier älteren Stiefgeschwister vorgestellt, mit denen er von nun an leben sollte. Auf diese Weise erfuhr er, daß seine Mutter am Tag zuvor diesen Mann, einen Witwer, geheiratet hatte.

Eine von Williams ersten Aktivitäten auf der neuen Farm war sein Versuch, damit zu »protzen«, daß er den Fernseher einstellen könne. Dabei ging jedoch der Fernseher kaputt, was ihn zutiefst beschämte. Nach Williams Überzeugung kristallisierte sich von dieser Begebenheit an immer mehr sein Gefühl der Unterlegenheit heraus, sein entwertetes Selbst trat in den Vordergrund. COOPER (1989) folgend können wir uns vorstellen, wie William zu sich sagte: »Ich bin derjenige, der die Mitglieder meiner Stieffamilie dazu zwang, grausam zu sein. Es tut mir gut, wenn ich enttäuscht werde.« Damals begann er auch, vor den anderen seine Überzeugung zu »verbergen«, daß er insgeheim immer noch das von der Mutter bevorzugte und am meisten geliebte Kind war.

Selbstverständlich war dieses eine Mißgeschick – daß er den Fernseher kaputtmachte – nicht der wirkliche Grund dafür, daß er sein Selbstwertgefühl verlor und sein ganzes weiteres Leben, bis er in Analyse kam, an einer Selbstrepräsentanz festhielt, die entwertet, unterlegen und ausgehungert nach Liebe war. Seine wirkliche Demütigung hatte darin bestanden, seine Position als ödipaler Prinz verloren zu haben – plötzlich, unvorbereitet und ohne Gelegenheit, dagegen anzukämpfen oder darum trauern zu können –, als er mit seinem neuen, erwachsenen Konkurrenten (Stiefvater) konfrontiert wurde und plötzlich vier ältere Geschwister hatte, mit denen er sich die Liebe seiner Mutter teilen mußte. Er erinnerte sich daran, in seinem neuen Heim bei Tisch zu sitzen und die Mutter dabei zu beobachten, wie sie »Hühnchenbrust« zwischen den Kindern aufteilte, und daß er oft gekränkt gewesen war, wenn er nicht das größte und beste Stück bekam. In seiner Analyse wurde deutlich, daß die »Hühnchenbrust« für die Brust seiner Mutter stand.

William entwickelte damals mörderische Phantasien gegenüber seiner Mutter, die durch ihre plötzliche Heirat seine gesamte Welt und seine Anpassung an diese Welt zerstört hatte. Seine Abhängigkeitsbedürfnisse ihr gegenüber waren hingegen sogar noch stärker als zuvor, da sie ja nun für ihn der einzig vertraute Mensch in einer Umgebung von lauter Fremden war. Durch die Mordphantasien wurde Williams Trennungsangst angeheizt.

Bald nachdem er auf der neuen Farm angekommen war, wurde er eingeschult. Da seine Schule weit entfernt war, fuhr er mit dem Schulbus. Jeden Nachmittag, wenn er in der Nähe der Farm aus dem Bus stieg, fürchtete er, niemanden zu Hause anzutreffen, der auf ihn wartete. Er war wie gelähmt vor Angst. Natürlich war immer jemand zu Hause, wenn er auf der Farm seines Stiefvaters ankam; dennoch überfiel ihn ein ganzes Jahr lang diese panische Trennungsangst. Seine unbewußte Phantasie, seinen biologischen Vater umgebracht zu haben, verdichtete sich nun regressiv mit seinem unbewußten Wunsch, seine Mutter zu töten. Gleichzeitig dissozierte er auch regressiv die Mutter, deren ödipaler Prinz er gewesen war, von der ihn abweisenden Mutter, die zu einem anderen Mann gehörte. Da er von der ihn abweisenden Mutter abhängig war und mit ihr und ihrem Mann zusammenleben mußte, fühlte er sich sicherer, wenn er sich wie ein Sklave verhielt – ein minderwertiges, untergeordnetes Wesen. Er arbeitete mehr als seine Geschwister, hielt die Ställe sauber und sorgte für das Vieh. Auch für sich konnte er keine kohärente Selbstvorstellung entwickeln. Er war nicht in der Lage, die im Alltag dominierende masochistische Identität mit seinem »geheimen« Selbst – daß er immer noch der Liebling der Mutter sei – zusammenzubringen.

Zu Beginn seiner Adoleszenz wurde sein einziger Halbbruder geboren; dieses Ereignis trug mit dazu bei, daß es ihm in der Zeit der Adoleszenz und der zweiten Individuation (BLOS 1968) nicht gelang, seine Charakterzüge und seine Identität zu modifizieren und zu festigen. Statt dessen erschoß er impulsiv einen ganzen Wurf neugeborener Hundewelpen. Dieser Impulsdurchbruch beeinflußte ihn – bewußt, aber mehr noch unbewußt. Wenn er nicht aufpaßte, konnte seine Aggression tödliche Folgen haben! Nach diesem Vorfall kristallisierte sich seine dominante Selbstvorstellung noch deutlicher heraus: minderwertig, sexuell und aggressiv gehemmt, trübsinnig und ohne jeden Anspruch auf irgend etwas. Diese Selbstvorstellung war nur minimal mit Libido besetzt.

Williams Gesicht wurde zur Maske eines schmollenden Kindes. Als Teenager und später als Erwachsener ging er vor allem deswegen nicht aus, tanzte nicht, trank nicht und hatte keinen Sex, weil er das Gefühl hatte, daß ihm das nicht zustehe. Ähnlich wie die von KRIEGMANN (1988, S. 7) beschriebenen Personen, die das Gefühl haben, wenig oder gar keinen Anspruch (entitlement) auf irgend etwas zu haben, schien er zu sagen: »Wer bin ich, daß ich irgend etwas wollen, wünschen oder erwarten könnte«. Sah er etwas, was ihm gefiel, so glaubte er, daß es für ihn zu gut sei.

William war intelligent. Er ging auf sehr gute Schulen und wurde schließlich Arzt. Für seinen äußeren Erfolg mußte er jedoch emotional teuer bezahlen. Er war nicht in der Lage, kulturelle Interessen zu entwickeln oder sich außerhalb seines Fachgebietes eine Bildung anzueignen.

Während seines Medizinstudiums heiratete er eine Frau, die ebenso gehemmt war wie er selbst. Ihr Vater nahm in seiner Gemeinde eine führende Stellung ein. In ihm suchte William unbewußt einen »guten« und starken ödipalen Vater, der ihn aus dem emotionalen Gefängnis, in das er sich selbst eingesperrt hatte, befreien sollte. Mit ihm hoffte er sich identifizieren zu können. Aber wenige Jahre nach Williams Heirat starb sein Schwiegervater an Krebs.

In der Klinik, in der William arbeitete, fand er einen älteren Arzt, der ihn mochte und der ihm bei seiner Facharztweiterbildung behilflich war. Dieser Mann hatte einen Autounfall und starb ebenfalls. William war nun wirklich ein Opfer des Schicksals geworden, übelwollenden Kräften ausgeliefert, die plötzlich zuschlagen konnten. Um sich fürderhin davor zu schützen, wurde er religiös. Seine Beziehung zu Jesus war wie die eines Sklaven zu seinem Herrn. Dies war die Zeit, in der er seine Behandlung bei mir begann, nachdem er einige Bücher über Psychoanalyse gelesen hatte.

Ein Baby in einem Brutkasten

Ich werde nicht unsere gesamte analytische Arbeit beschreiben, sondern bitte den Leser mir zu glauben, daß sie erfolgreich war. Durch sie konnte William langsam seine dominierende entwertete Selbst-Repräsentanz modifizieren und gleichzeitig die Vorstellung, heimlich doch der Liebling der Mutter zu sein, zähmen. Zu Beginn des fünften Jahres seiner Analyse begann er sich zu fragen, wann er wohl die Analyse beenden könnte. Nachdem ich eine Zeitlang zugehört hatte, ohne ihm zu antworten, stellte er eines Tages die Frage nach dem Ende der Analyse in einer bestimmteren und direkteren Art. Daraufhin forderte ich ihn auf, Bilanz zu ziehen, um zu sehen, wo wir in der Analyse stünden, und der Frage nachzugehen, ob es noch Bereiche gebe, die wir uns anschauen müßten. Direkt am nächsten Tag brachte er folgenden Traum, der aus drei Teilen zu bestehen schien:

»Im ersten Teil war ich im College, wo ich (in der Realität) studiert habe. Ich begann wohl gerade mit dem Studium und war im Orientierungsunterricht. Es gab dort noch andere Studenten, aber ich saß neben Richard, der auch tatsächlich in meinem Semester gewesen war. Ich hatte ein eigentümliches Gefühl; ich fühlte mich Richard und den anderen Studenten im Raum emotional nicht verbunden. Ich schaute mich um und sah Elizabeth.

Dann änderte sich die Szene. Ich sollte in der Gynäkologie/ Geburtshilfe arbeiten (in Wirklichkeit arbeitete er in einem anderen Fachgebiet) und bei der Geburt eines Kindes assistieren. Mir kam der Gedanke, daß ich wußte, wie das ging, und daß ich keine Angst davor hatte, es zu tun.

Dann änderte sich die Szene noch einmal. Jetzt kümmerte ich mich um ein Baby in einem Brutkasten. Schläuche gingen in das Baby hinein und aus ihm hinaus, und aus einem Schlauch entwich Gas. Ich fragte mich, ob das Gas wegen einer Infektion ausströmte, und überlegte, welche Art von Infektion Gas verursachen würde. Ich wußte aber, daß es dem Baby gut ging.«

William wußte inzwischen, wie man mit Träumen arbeitet. Sobald er mit dem Bericht über den Traum fertig war, brachte er seine Assoziationen dazu, die darauf hinwiesen, daß der Traum eine Antwort auf meine Aufforderung war, Bilanz zu ziehen. Es war ein »Revue-Traum«, wie GLOVER (1955) in beschrieben hatte.

Im ersten Teil des Traumes besucht er ein College und bekommt eine Orientierung darüber, was ihn dort erwartet. Dies spiegelt den Beginn seiner Analyse wider. Der Traum leitet dann über zu seinen anfänglichen narzißtischen Schwierigkeiten einschließlich seines niedrigen Selbstwertgefühles mit seiner mangelnden Selbstliebe und seiner Überzeugung, kein Anrecht auf etwas Gutes zu haben.

Im manifesten Trauminhalt fühlt sich William von Richard und den anderen Studenten getrennt, was seinem tatsächlichen Gefühl damals entsprach. In der Gesellschaft anderer hatte er sich nie wohlgefühlt, da er das Gefühl hatte, ihnen unterlegen zu sein. Richard steht für Williams dominierende Selbst-Repräsentanz, die nur unzureichend mit Libido besetzt war. Dieser Studienkollege hatte damals ständig gejammert und immer wieder gesagt: »Ich werde dieses oder jenes nie schaffen«. Richard hatte wenig Vertrauen in sich und seine Fähigkeiten und schien immer deprimiert, unzufrieden und ohne Hoffnung zu sein.

Elizabeth war eine Freundin von Williams Frau. Als er die beiden Frauen zum ersten Mal traf, fiel ihm auf, daß Elizabeth schöner war, mehr aus sich herausging und gebildeter war als seine spätere Frau. Ihm kam der Gedanke, daß er eigentlich Elizabeth wollte. Seine jetzige Frau war nur seine zweite Wahl gewesen. Aber er fühlte sich eingeschüchtert. Elizabeth war »zu gut, um wahr zu sein«. Es war ihm unmöglich, sich vorzustellen, daß sie an ihm interessiert sein könnte. In seinen immer wiederkehrenden Phantasien sah er sie mit einem sehr maskulinen Mann, etwa einem American-Football-Spieler, mit behaarter Brust.

Als William mir diese Assoziationen erzählte, wußte er, daß der Traum von Elizabeth sein Gefühl, keinen Anspruch auf irgendetwas zu haben, widerspiegelte. Behaarte Männer standen für seinen Stiefvater, der ihm seine Mutter weggenommen hatte. Er erinnerte sich daran, daß er als Kind seinen zukünftigen Stiefvater vor der Hochzeit nur einmal gesehen hatte, als dieser auf die Farm kam, um Williams Mutter zu besuchen. Das einzige, was ihm von diesem Besuch in Erinnerung geblieben war, waren die haarigen Beine dieses Mannes, die vermutlich in der Vorstellung des kleinen Jungen für den Penis des Stiefvaters standen.

Einige Jahre nach dem ersten Treffen lud Williams Frau ihre Freundin und deren Gatten zu sich ein. William war erschüttert, als er Elizabeths Ehemann sah. Dieser hatte eine frappierende Ähnlichkeit mit ihm selbst, seine Stimme war sanft, und er war ganz gewiß kein Football-Typ. William kam der Gedanke, daß Elizabeth vielleicht doch damals an ihm interessiert gewesen war und daß es sein entwertetes Selbst gewesen war, das ihn davon abgehalten hatte, sich um sie zu bemühen.

Als er auf den zweiten und dritten Teil seines Traumes einging, meinte er, daß es dabei darum ging, daß er ein neues Selbst »zur Welt bringe«, das »realistischer« und »normaler« war und das keine Ähnlichkeit mehr mit dem minderwertigen oder den »geheimen« überlegenen Aspekten seines Selbst hatte.

Sechs Monate vor diesem Traum war mir aufgefallen, daß William sich selbst wie ein Baby behandelte. Er machte sich Sorgen um seine körperliche Gesundheit und seine Nahrungsaufnahme. Auf der Couch schien er sich selbst Vorträge darüber zu halten, welche Art von gymnastischen Übungen er durchführen und was er essen sollte. Zur selben Zeit entwickelte er hypochondrische Befürchtungen. Ich fühlte mich wie eine Mutter, die ihr Kind heranwachsen sieht. Ich war daher nicht überrascht, als er träumte, in einem Brutkasten zu liegen. Er überlegte sich, daß das Baby gefüttert, umsorgt, geliebt und »mit Kultur versorgt« werden müsse. Ich dachte mir, daß die Schläuche, die in das Baby *hinein-* und aus ihm *heraus*gingen, die *introjektiv-projektive* Bezogenheit widerspiegelten, die seit kurzem zugenommen hatte. Mir war klar, daß ein solcher Prozeß schließlich zu neuen Identifikationen mit mir führen würde, auch wenn William zuerst gegen solche Identifikationen ankämpfen mußte. Fast die gesamten dreieinhalb bis vier Jahre seiner Analyse hatte er Distanz zu mir gehalten. Falls wir uns nahegekommen wären, fürchtete er, hätte ich sterben können, oder er hätte mich vielleicht getötet. Nähe machte ihm Angst. Er überprüfte dann die Reifen meines Wagens, der vor meiner Praxis geparkt war, um zu sehen, ob sie verkehrssicher seien. So wie er sich früher auf der Farm seines Stiefvaters wie ein Sklave abgemüht hatte, bemühte er sich jetzt darum, daß ich nicht sterben würde. Er überprüfte nicht nur meine Reifen, sondern auch die Brandschutzeinrichtungen meines Gebäudes. An der Oberfläche war er der Masochist, der sich mir unterwarf; darunter jedoch war er zu extremer Wut fähig, die mich töten konnte. Er wehrte sich lang dagegen, irgend etwas von seiner Wut zu erfahren oder sie zu erleben. Schließlich wurde sie doch offensichtlich, und er sprach von seiner Phantasie, mich zu schlagen oder zu erschießen. Nachdem er gemerkt hatte, daß ich das aushielt und überlebte, fing er an, mich als ein »neues« und integriertes Objekt zu sehen.

In dieser Zeit stieß ihm etwas Unerwartetes zu: Als er eine Straße entlangging, wurde er von einem Hund gebissen. Der Leser wird sich erinnern, daß er als Teenager einen ganzen Wurf Welpen getötet hatte. Daß ihn nun ein Hund gebissen hatte, hielt er für die gerechte Strafe Gottes. Das Durcharbeiten dieses Vorfalls und seines Kindheitstraumas (des Umzugs auf die Farm des Stiefvaters) in der Übertragung (wobei er sein Kommen in die Analyse so erlebte, als sei er auf eine neue Farm gekommen) erlaubten ihm, eine völlig neue Beziehung mit mir zu entwickeln. Noch wichtiger war, daß er eine ganz andere Identität und ein neues Bild von sich selbst für möglich hielt.

Zum ersten Mal in seinem Leben lernte er Tanzen; außerdem belegte er einen Kurs über edle Weine mit Weinproben. Von anderen hatte er gehört, daß ich ursprünglich Türke bin und aus Zypern stamme. Jetzt wurde er neugierig auf mich und meine türkische Kultur. Er äußerte »introjektive« Vorstellungen, wollte »mich in sich hineinnehmen« und sagte zum Beispiel: »Nehmen Sie mich auf Ihre Reise mit ... nehmen Sie mich in die Türkei mit, und geben Sie mir türkisches Essen ... adoptieren Sie mich und machen Sie mich zum Moslem.« Solchen introjektiven Bewegungen folgten jedoch bald wieder projektive Mechanismen. In seiner Wut machte er mich dann zum schrecklichen Türken, wodurch er mich wieder auf Distanz halten konnte. Als er zu dem Gas assoziierte, das aus einem der Schläuche strömte, fiel ihm ein, daß es für seine Darmgase stehen könnte. Er erinnerte sich an den Geruch in einem bestimmten Stall auf der Farm und wie dieser Gestank die Leute vom Reinkommen abgehalten habe.

Ganz offensichtlich gibt es in Williams Traum auch psychosexuelle Aspekte. Das Wesentliche damals war jedoch die Entwicklung eines neuen Selbst in ihm, das gefüttert, umsorgt, geliebt und mit Kultur versorgt werden mußte. Es war wichtig, daß er diese Aufgabe selbst übernahm; sein Bedürfnis nach Hilfe von mir blieb immer noch zumeist im Verborgenen und durfte sich nur gelegentlich offen zeigen.

Am nächsten Tag eröffnete William seine Stunde mit einem neuen Traum:

»Eine Frau gebar ›*Das Ding*‹. ›*Das Ding*‹ konnte durch Liebe beruhigt werden. Es konnte nicht getötet werden«.

»*Das Ding*« war der Titel eines Horrorfilmes, den er vor Jahren gesehen hatte. Wie im Traum war es auch im Film nicht möglich, »Das Ding« zu töten, es konnte nur durch Liebe gezähmt werden. Er bemerkte seine Furcht, sein neues Selbst könne dem ursprünglichen Selbst ähneln, das ein »Opfer des Schicksals« gewesen war, voller Neid und Wut. Er sprach darüber, wie er sich verändere und wie er lerne, sich selbst zu lieben. Seit kurzem gehe er zum Bodybuilding. Er erzählte auch, daß er sich jeden Tag im Spiegel betrachte (so wie Narziß sein Spiegelbild in der Quelle betrachtet hat) und sich darüber freue, daß er am Oberkörper und an den Armen muskulös geworden war. Im Spiegel inspizierte er auch sein Gesicht und hatte den Eindruck, daß es schmaler werde und er so sein schmollendes Aussehen verliere. Er berichtete auch, daß er an seinen Beinmuskeln arbeite. – Das Baby im Brutkasten lag flach. Wenn seine Muskeln stark genug werden würden, könnte es aufstehen und den Brutkasten verlassen.

Ein Kollege lud William zum Mittagessen ein und erzählte ihm, daß er umziehen werde. Da er Williams Meinung zu schätzen gelernt habe, bat er ihn um Rat, worauf er achten solle, wenn er an dem neuen Ort eine Praxis eröffnen werde. Während William sich mit seinem Kollegen unterhielt, beobachtete er sich die ganze Zeit fasziniert. Er dachte daran, daß er früher, wenn ihn jemand um seine Meinung gebeten hätte, automatisch auf zweierlei Weise reagiert hätte. »Zuerst einmal wäre ich dagesessen und hätte mir gedacht, daß dieser Kerl mit seiner Frage an den Falschen geraten sei. Ich hätte nicht gewußt, was ich hätte sagen sollen. Ich hätte ihm keinen Rat geben können und wäre überrascht gewesen, wie überhaupt jemand auf die Idee verfallen könnte, ich hätte irgendetwas zu sagen, das es wert wäre, angehört zu werden«. Außerdem wäre er mit Sicherheit errötet. Inzwischen wußte William, daß Erröten seine »geheime« Grandiosität widerspiegelte. Wenn ihn jemand um seine Meinung bat, bedeutete dies, daß er, William, wirklich ein überlegener und ganz besonderer Mensch war. Es deckte sich mit seiner insgeheimen Überzeugung, daß seine Mutter letzten Endes sich doch an *ihn* wenden würde, wenn sie Schwierigkeiten hätte, und nicht an seinen Stiefvater. Wieder einmal hätte er einen ödipalen Triumph erreicht. Das Erröten wäre ein Anzeichen dafür, daß seine geheime Überlegenheit entdeckt worden war.

Als er nun mit seinem Kollegen bei Tisch saß, reagierte er anders als bisher. Weder fühlte er sich dumm, noch errötete er. »Es war ein *neues* Erlebnis. Es war so, als würde ich mich auf einem Gebiet zwischen meinen beiden früheren automatisch ablaufenden Reaktionen befinden. Dieses Mal war ich voller Selbstvertrauen.«

Bald berichtete er von einem weiteren Traum. Es ging um eine Verfolgungsjagd aus einem Spionageroman, den er gerade las. Der Autor des Romans war Robert Ludlum, der, in der Realität, bisher drei Romane geschrieben hat: »*Bournes Identität* (Bourne's Identity)«, »*Bournes Überlegenheit* (Bourne's Supremacy)« und »*Bournes Ultimatum* (Bourne's Ultimatum)«. In diesen Romanen hatte die Figur des Bourne ursprünglich einen anderen Namen, bekam jedoch als Spion einen neuen Namen. Dies bedeutet, daß er als ein »anderer« Mensch wiedergeboren worden war. Der Leser sollte wissen, daß sich »Bourne« und »geboren« im Englischen fast identisch anhören. William war noch einmal auf das Thema zurückgekommen, das im Traum über das Baby im Brutkasten enthalten war. Er machte sich Sorgen um seine »(neu)geborene Identität« (Bourne's Identity).

Sollte sie wie seine frühere versteckte, »überlegene« Identität (Bourne's Supremacy) werden? Würde er anderen ein »Ultimatum« (Bourne's Ultimatum) stellen, falls seine neue Identität in Gefahr käme?

Das Verständnis dieses Traumes erlaubte es William, offener über seine Erniedrigung in der Vergangenheit zu sprechen, und wie er sie verinnerlicht hatte, während er insgeheim immer noch das Gefühl gehabt hatte, daß ihn niemals irgendetwas verletzen könnte. Er sprach über seine sexuelle Unerfahrenheit vor der Ehe und darüber, wie er sich nicht erlaubt hatte, kulturelle Interessen zu entwickeln; über sein Gefühl, nicht einmal auf die Idee kommen zu dürfen, Elizabeth könnte an ihm interessiert sein. »Ich bin ein anderer Mensch geworden. Ich mag mich jetzt, aber ich muß mich noch daran gewöhnen.«

An diesem Abend lieh er sich einige Videos eines berühmten französischen Regisseurs aus. So etwas hatte er noch nie zuvor getan. Ihm gefielen die Videos; er erlaubte seinem neuen Selbst, »mit Kultur versorgt zu werden«.

Ein reparierter Porsche

Unmittelbare Kinderbeobachtung (Greenspan 1989) zeigt, daß ein Mangel an Empathie oder eine grenzverletzende, übermäßige Kontrolle durch die bemutternde Person der ersten Lebensjahre zu schmerzhafter Demütigung, Wut und Angst vor Objektverlust führen. Solche negativen Gefühle wirken sich auf die Erlebnisse des Kindes mit seinen Objekten und deren Repräsentanzen störend aus. Dies wiederum führt zu Defiziten bei der Entwicklung von Selbstwertgefühl und dessen Regulation. Wie O.F. Kernberg (1975) möchten wir dem hinzufügen, daß diese Bedingungen auch zum Weiterbestehen von Spaltung als Abwehrmechanismus und zu nichtintegrierten Selbst- und Objektrepräsentanzen führen.

Manchmal ist man im Verlauf der psychoanalytischen Behandlung von Erwachsenen in der Lage, die Traumata aus der frühesten Kindheit und die dagegen gerichtete Abwehr sicher zu rekonstruieren. Bei William konnte ich die Ereignisse seiner ersten Lebensjahre nicht rekonstruieren. Bei ihm wirkten sich die Traumata während seiner ödipalen Phase – der Tod seines

Vaters und der Umzug auf die Farm seines Stiefvaters, ohne Gelegenheit, sich innerlich darauf vorzubereiten und einzustellen – so verheerend auf ihn aus, daß sie jede mögliche frühere Demütigung, fehlende Bewunderung, übermäßige Kontrolle oder jedes intrusive Verhalten, das seine Eltern möglicherweise in seinen ersten Lebensjahren ihm gegenüber an den Tag gelegt haben, absorbierten.

So, wie wir die Entwicklung eines gesunden Narzißmus bei der Kinderbeobachtung sehen können, suchen wir in der Analyse von Erwachsenen nach »therapeutischen Geschichten« wie der eben beschriebenen von William als Hinweis darauf, daß der Narzißmus gesundet und wie der Patient diesen Prozeß erlebt. In Williams Fall konnten wir die Entwicklung eines gesunden Narzißmus aus der Position eines offensichtlichen Mangels an Narzißmus beobachten.

Ein zweiter und äußerst versteckter Teil seiner Selbstvorstellung, der mit übermäßigem Narzißmus besetzt war, wurde jedoch ebenfalls gezähmt. Bald nach der Stunde, in der er über Robert Ludlums Buch gesprochen hatte, hatte William den Wunsch, sich einen Porsche zu kaufen. Er wußte, daß er dafür nicht genügend Geld hatte. Es war nur ein Wunsch. Als er dazu assoziierte, wurde deutlich, daß er in den fünf Jahren für seine Analyse gerade so viel Geld ausgegeben hatte, wie ein neuer Porsche kosten würde. Er sagte, daß er nicht einen nagelneuen Wagen wollte. Der wäre ja nur zum Angeben gut. – Er hatte also nicht mehr ein »geheimes« Gefühl, überlegen zu sein und groß dastehen zu wollen. – Er wünschte sich vielmehr einen alten Porsche aus der Zeit, als er mit der Schule fertig war und aufs College ging und das Gefühl hatte, keinen Anspruch auf irgendetwas Gutes im Leben zu haben. Dieser Porsche sollte ein neu überholter Wagen sein. Sein »Inneres« wäre also sorgfältig überprüft und repariert worden. – Plötzlich verstand William ohne Intervention von mir die Bedeutung dessen, was er mir erzählte, und sagte: »Ich bin der reparierte Porsche.«

Einen Monat später erzählte William, daß er sich zwar keinen Porsche gekauft habe, aber daß er und seine Frau nun ernsthaft planten, die großen Kulturstädte Europas zu besuchen. – Obwohl sie dafür mehr als genug Geld gehabt hatten, hätten sie sich früher nicht einmal vorstellen können, so etwas zu tun.

Von nun an wird dieses Buch vor allem von Menschen handeln, die von sich aus keinen gesunden Narzißmus aufrechterhalten können und deswegen ein ständiges Bedürfnis nach übermäßiger narzißtischer Bestätigung ihrer grandiosen Selbstrepräsentanzen durch andere haben. Da auch diese Menschen nicht über eine integrierte Selbstvorstellung verfügen, wird nur ein Teil ihrer Selbstrepräsentanz, wie dominierend er auch erscheinen mag, übermäßig von ihnen »geliebt«, während ein anderer Teil, der vom ersten abgespalten ist und völlig im Schatten bleiben kann, entwertet wird. Diese Situation ist die Umkehrung der Störung, die William zeigte. Bei diesen Menschen diagnostizieren wir eine *narzißtische Persönlichkeitsorganisation* und bezeichnen den dominanten Teil als das »Grandiose Selbst« und den verborgenen Teil als das »Hungrige Selbst«.

III

Narzißtische Persönlichkeitsorganisation: Theoretische Überlegungen

In der psychoanalytischen Literatur werden die Begriffe »narzißtisch« und »Narzißmus« in so unterschiedliche Bereichen wie der klinischen Phänomenologie, der Theorie und der Metapsychologie eingesetzt. Es wird damit unter anderem ein Entwicklungsstadium, das Selbstwertgefühl, die Form der Objektwahl und eine sexuelle Perversion bezeichnet. AKHTAR (1992), PULVER (1970), VAN DER WAALS (1965) und VOLKAN (1982) haben verschiedene Definitionen und Anwendungsgebiete dieser Begriffe zusammengefaßt. Wir werden in diesem und den folgenden Kapiteln diese Termini nur in bezug auf einen *Persönlichkeitstyp* anwenden.

Die 3. Ausgabe des »Diagnostic and Statistical Manual of Mental Disorder (DSM III)« der American Psychiatric Association aus dem Jahr 1979 nahm neue nosologische Einheiten auf, darunter die »narzißtische Persönlichkeitsstörung«, die beschrieben wurde als »ein grandioses Gefühl der eigenen Bedeutung und Einmaligkeit; ständige Beschäftigung mit Phantasien über unbegrenzten Erfolg; exhibitionistisches Bedürfnis nach ständiger Aufmerksamkeit und Bewunderung; charakteristische Reaktionen auf Bedrohungen des Selbstwertgefühls; charakteristische Störungen der zwischenmenschlichen Beziehungen, wie zum Beispiel das Gefühl, Anspruch auf etwas Besonders zu haben; ausbeuterische zwischenmenschliche Beziehungen; Beziehungen, die schwanken zwischen extremer Überidealisierung und Entwertung; und ein Mangel an Empathie.« Später gab die überarbeitete Ausgabe, DSM-III/R, eine revidierte zusammenfassende Beschreibung und betonte wieder das durchgehende Muster von Grandiosität, Überempfindlichkeit und mangelhafter Empathie.

Die Psychoanalyse hat in den sechziger und siebziger Jahren durch die Konzentration ihres Interesses auf die Arbeit mit solchen Patienten und durch den Versuch, ihr klinisches Bild von einem psychoanalytischen, metapsychologischen Standpunkt aus zu verstehen, entscheidend zur Bestimmung und Einordnung dieser neuen spezifischen diagnostischen Kategorie beigetragen. Diese diagnostische Kategorie ist als eigene und klar abgegrenzte Einheit relativ neu. Sie wurde bis heute weder in dem am weitesten verbreiteten Lehrbuch für Psychiatrie in Deutschland (Tölle 1991) noch, laut Akhtar (1992), im wichtigsten Lehrbuch in den USA erwähnt.

In den psychoanalytischen Veröffentlichungen hingegen fand diese diagnostische Kategorie großes Interesse, da der Versuch, die psychische Struktur dieser Patienten metapsychologisch zu verstehen, zu unterschiedlichen Betrachtungsweisen geführt und zu hitzigen Debatten auf den Treffen der psychoanalytischen Gesellschaften Anlaß gegeben hat.

Da in diesem Buch unser Hauptaugenmerk vornehmlich auf dem metapsychologischen Verständnis der inneren Welt unserer Patienten liegt und wir uns wenig mit dem von außen erkennbaren Erscheinungsbild beschäftigen werden, ziehen wir es vor, eher von narzißtischer Persönlichkeits*organisation* als von einer Persönlichkeits*störung* zu sprechen. Der Einfachheit halber werden wir diese Patienten auch als narzißtisch oder als Narzißten bezeichnen.

Einige Autoren (Lasch 1978, Lifton 1971) vertreten die Ansicht, daß das Auftreten von Menschen mit narzißtischer Persönlichkeitsorganisation und deren Erwähnung im DSM-III im Zusammenhang mit bestimmten Entwicklungen in der westlichen Kultur stehen könnte. Immer wenn Volkan in den letzten 10 Jahren Vorlesungen zu diesem Thema hielt, kam aus dem Publikum unausweichlich die Frage, ob die gegenwärtige westliche Gesellschaft eine Kultur von Narzißten fördere. Unsere Antwort darauf lautet, daß es die narzißtische Persönlichkeitsorganisation auch bei Menschen gibt, die in Kulturen aufwuchsen und leben, die nicht dem westlichen Kulturkreis angehören (Akhtar und Thomson 1982), und daß solche Patienten nicht plötzlich in den sechziger und siebziger Jahren auftauchten, sondern ihre Existenz schon früher bekannt war. Uns liegt es fern, den Einfluß sozialer, politischer und kultureller Phänomene auf die intrapsychischen Prozesse von Menschen zu leugnen, die diesen Phänomenen ausgesetzt sind. Sebek (1992), ein tschechoslowakischer Psychoanalytiker, beschrieb überzeugend, wie das kommunistische Regime dieses Landes das individuelle psychische Erscheinungsbild der Bürger beeinflußte. In unserer Darstellung der narzißtischen Persönlichkeitsorganisation werden wir jedoch der Frage nachgehen, aufgrund welcher *intrapsychischen* Kräfte sie entsteht, ohne näher auf den Einfluß sozialer, politischer oder kultureller Faktoren aus der Umgebung einzugehen.

Freud über Narzißmus und Narzißten

Der Begriff Narzißmus wurde von Paul Näcke (1899) geprägt und basierte auf Havelock Ellis' (1898) Beschreibung einer Geisteshaltung, die ihn an den griechischen Mythos von Narziß erinnerte. Freud formulierte 1905 Anmerkungen zu Näcke und Ellis, erstmals erwähnt hat er dies Thema jedoch sogar noch früher. In einem Brief an Fließ 1899 deutete er an, daß er den Narzißmus als energetisches Konzept verwenden werde, um das Schicksal der libidinösen Energie bei psychotischen Störungen zu erklären. Am 10. November 1909 beschrieb Freud in einem Vortrag vor der Wiener Gesellschaft Narzißmus von einem metapsychologischen Standpunkt aus als ein Zwischenstadium der menschlichen Entwicklung beim Übergang vom Autoerotismus zur Objektliebe (Jones 1955). Später (Freud 1911) schrieb er, daß es zwischen dem Stadium des Autoerotismus und der Objektliebe bei jedem Menschen eine Zeit gebe, in der er sich selbst zum Liebesobjekt nehme. Dieses Stadium nannte Freud narzißtisch, wobei er es in der Entwicklung für vermutlich unerläßlich hielt und annahm, daß jeder Mensch es durchlaufe. Damals ging Freud auch kurz auf das klinische Bild ein, indem er feststellte, daß viele Personen ungewöhnlich lange in diesem Stadium aufgehalten werden und vieles von diesem Zustand in späteren Entwicklungsstufen virulent bleibe. 1914 beschrieb Freud in seinem Aufsatz »Zur Einführung des Narzißmus« den *primären* und den *sekundären* Narzißmus und systematisierte die libidinösen Stadien, deren erstes der Autoerotismus sei. Triebe seien von Anfang an vorhanden und suchten anfangs autoerotische Befriedigung. Der primäre Narzißmus sei eine Folge der libidinösen Besetzung des eigenen Selbst. Später werde ein Teil der ursprünglichen Besetzung des Selbst an die Objekte abgegeben. FREUD glaubte, daß dabei die ursprüngliche Selbstliebe (primärer Narzißmus) – neben der Objektliebe, in der die libidinöse Besetzung auf Objekte in der äußeren Welt übertragen werde – grundsätzlich bestehen bleibe. FREUD wies auf ein viertes Stadium der libidinösen Entwicklung hin, das er sekundären Narzißmus nannte, von dem er unter anderem schrieb, daß dabei die Libido aufgrund der Identifikation mit Objekten, die verlassen worden sind (sei es physisch oder durch Entzug der Besetzung), zur eigenen Person zurückfließe. Er beschrieb auch die narzißtische Grundlage des Ich-Ideals, wobei sein Hauptinteresse nicht auf dem klinischen Bild lag. Er erwähnt aber Menschen, die durch die narzißtische Beständigkeit Interesse erwecken, mit der sie es schaffen, von ihrem Ich alles fernzuhalten, was es verkleinern könnte.

In seinem Aufsatz »Die Disposition zur Zwangsneurose« (1913) vertritt er die Auffassung, daß die libidinöse Fixierung bei der Paranoia und der Dementia praecox in der Phase des Autoerotismus und des Narzißmus zu suchen seien. Hypochondrische Körpermißempfindungen und Größenwahn seien auf den Abzug der Libido von der Außenwelt mit sekundär libidinöser Besetzung des betreffenden Organs beziehungsweise (sekundärer) Zuschlagung der Libido zum Ich (Selbst) zur »Ichvergrößerung« zurückzuführen. In der klinischen Arbeit unterschied er die narzißtische und die neurotische Übertragung.

FREUDS (1914) Theorien über Narzißmus wurden von ihm nach der Entwicklung der strukturellen Theorie nicht mehr überarbeitet. Außerdem stellte er vor 1931 nie ein *klinisches Bild* dar, das narzißtisch hätte genannt werden können. Erst zu diesem Zeitpunkt beschrieb er einen Charaktertyp, den er als narzißtisch bezeichnete:

»Keine Spannung zwischen Ich und Über-Ich – man würde von diesem Typus her kaum zur Aufstellung des Über-Ich gekommen sein – keine Übermacht der erotischen Bedürfnisse, das Hauptinteresse (ist) auf die Selbsterhaltung gerichtet, unabhängig und wenig eingeschüchtert. Dem Ich ist ein großes Maß von Aggression verfügbar, das sich auch in Bereitschaft zur Aktivität kundgibt; im Liebesleben wird das Lieben vor dem Geliebtwerden bevorzugt. Menschen dieses Typus imponieren anderen als ›Persönlichkeiten‹, sind besonders geeignet, anderen als Anhalt zu dienen, die Rolle von Führern zu übernehmen, der Kulturentwicklung neue Anregungen zu geben oder das Bestehende zu schädigen« (S. 511).

Zusammenfassend kann man sagen, daß der Begriff der Narzißmus bei FREUD neun verschiedene Bedeutungen umfaßt. BARRANGER (1991) faßt diese neun Bedeutungen zu drei Gruppen zusammen:

»Die erste Gruppe bezieht sich im wesentlichen auf Narzißmus als eine Form oder ein Schicksal der Libido. In der zweiten Gruppe richtet sich das Hauptaugenmerk auf das Objekt während des narzißtischen Stadiums; hier fallen die Probleme des Narzißmus mit den Problemen der Identifikation in ihrer introjektiven Form zusammen. Die letzte Gruppe wird von den Bedeutungen des Begriffes gebildet, die sich auf Haltungen, Gefühle und Charakterzüge (eines Individuums) beziehen und die für die Wertschätzung, Geringschätzung oder Überschätzung einiger Aspekte der (eigenen) Person bezeichnend sind« (BARRANGER 1991, S. 109f.).

Unser Buch befaßt sich vor allem mit der letzten Gruppe, auf die FREUD nicht besonders ausführlich eingegangen ist.

Bevor wir fortfahren, wollen wir noch klären, was mit den Begriffen Charakter und Persönlichkeit gemeint ist, da diese Begriffe in der Literatur üblicherweise als untereinander austauschbar verwendet werden. AKHTARS (1993) Beschreibung dieser Termini ist überzeugend. Er schreibt, daß die Konzepte des »Temperamentes« und des »Charakters« dem Oberbegriff der »Persönlichkeit« untergeordnet sind. Temperament bezieht sich auf ein Konstrukt, das von genetisch vererbten und konstitutionell determinierten affekten, kognitiven und motorischen Fähigkeiten und Verletzbarkeiten eines Individuums gebildet wird. Auf der anderen Seite bezeichnet Charakter eine ich-syntone und rationalisierte Art des Denkens, des Phantasierens und des Verhaltens, die ihren Ursprung in Erlebnissen während der Entwicklungsjahre eines Menschen hat. Wenn wir Temperament und Charakter unter den Oberbegriff der Persönlichkeit subsumieren, so können wir sagen, daß das Konzept der Persönlichkeit ein breiteres Anwendungsgebiet hat. Tatsächlich sprechen wir ja auch von der Persönlichkeit als einer Organisation. Persönlichkeit oder Persönlichkeitsorganisation bezieht sich auf ein üblicherweise beobachtbares und unter durchschnittlich zu erwartenden Umständen einigermaßen vorhersagbares alltägliches Verhaltensmuster eines Individuums. Dieses Verhaltensmuster ist relativ stabil und weitgehend ich-synton. Sein Ziel ist die Herstellung einer intrapsychischen und interpersonellen Harmonie und die Aufrechterhaltung einer stabilen wechselseitigen Beziehung zwischen der Person und ihrer Umgebung. Die Persönlichkeitsorganisation kann jedoch auch chronisch unangepaßt und eine ständige Quelle von Objektbeziehungskonflikten und interpersonellen Schwierigkeiten sein. Dennoch sind pathologische Persönlichkeitsorganisationen, ebenso wie die »normalen« Persönlichkeitsorganisationen, ich-synton; das heißt, daß sie vom Individuum akzeptiert und nicht in Frage gestellt werden. Eine der möglichen pathologischen Persönlichkeitsorganisationen wird narzißtische Persönlichkeitsorganisation genannt.

Andere Autoren

Es würde den Rahmen dieses Buches sprengen, eine vollständige Übersicht der psychoanalytischen Schriften über Narzißmus und narzißtische Patienten zu geben. Wir wollen jedoch festhalten, daß diese Patienten anderen Analytikern auch schon vor Freuds Beschreibung des narzißtischen Charaktertypus 1931 aufgefallen waren. JONES (1913) beispielsweise beschreibt Personen, die »eine exzessive Bewunderung für und Vertrauen in die eigenen Kräfte, ihr Wissen und ihre körperlichen und geistigen Eigenschaften haben« (S. 244). Diese Patienten haben laut Jones einen »Gotteskomplex« und weisen omnipotente Phantasien auf. WAELDERS (1925) Beschreibung dieser Patienten schloß eine intensive Selbstbezogenheit und einen ausgeprägten Mangel an Sorge um andere mit ein.

Im Laufe der Jahre gab es viele Veröffentlichungen über solche Patienten. Entsprechend der von JONES verwendeten Art der Namensgebung schlug FENICHEL (1945) »Don Juan der Leistung« vor, NEMIAH (1961) schrieb über einen »Gefangenen (seiner eigenen) hochgesteckter Ziele« und TARTAKOFF (1966) wählte den Begriff »Nobel-Preis-Komplex«. Eine systematische Untersuchung dieser Patienten jedoch bedurfte der Weiterentwicklung auf theoretischem Gebiet, da die scheinbare Austauschbarkeit der Begriffe »*Ich*« und »*Selbst*« in der Literatur über Narzißmus zu einem Mangel an Klarheit führte. FREUD verwendete häufig den Begriff »Ich«, wenn er eigentlich vom Selbst sprach.

Ein anderes theoretisches Problem war die Frage, ob der primäre oder aber der sekundäre Narzißmus zur exzessiven Beschäftigung mit dem Selbst führt. HARTMANN, der 1950 die Verwendung des Begriffs »Narzißmus« in der psychoanalytischen Literatur als »facettenreich und noch problematisch« bezeichnete, fing damals an darauf hinzuweisen, daß der Narzißmus als libidinöse Besetzung des Selbst statt als libidinöse Besetzung des Ich angesehen werden sollte. Er unterschied diese beiden Begriffe mit der Begründung, daß das *Ich* eine Struktur innerhalb des psychischen Apparates sei, wohingegen das *Selbst* die eigene Person sei – die körperlichen und seelischen Eigenschaften, die in einer äußeren Welt existieren.

Nach der heutigen Auffassung ist das Ich ein Konstrukt, das durch seine Funktionen definiert wird: Wahrnehmung; Aufnahme und Gestaltung von Beziehung zu Objekten und zur Realität; Entwicklung von Abwehrmechanismen; Regulation von und Anpassung an die innere und äußere Welt; Überarbeitung, Differenzierung und Integration des Erlebten. Weitere Funktionen des Ich sind die Definition des Selbstwertgefühls und der eigenen Identität sowie die Bildung der Selbstrepräsentanzen und der korrespondierenden Objektrepräsentanzen.

Die *Selbstrepräsentanz* ist eine organisierte geistige Struktur und spiegelt wider, wie sich eine Person auf bewußter und auf unbewußter Ebene in körperlicher und geistig-seelischer Hinsicht wahrnimmt, wobei diese Wahrnehmung realistisch oder verzerrt sein kann. Die Selbstrepräsentanz – oder auch Selbstvorstellung – ist mit Trieben und Affekten verbunden und hierarchisch organisiert. Entsprechendes gilt für die Objektrepräsentanzen. »Selbst ist ein umgangssprachlicher Begriff, der für ein Alltagskonzept verwendet wird« und der sich auf »die gesamte Person eines Individuums in der Realität« bezieht (MOORE u. FINE 1990, S. 174).

Nachdem HARTMANN und andere Autoren »Ich« und »Selbst« voneinander differenziert hatten, war der Boden dafür bereitet, daß Analytiker systematisch damit beginnen konnten, die Selbstrepräsentanz derer zu untersuchen, die einen »Gotteskomplex« oder »Nobel-Preis-Komplex« hatten. Ebenso konnten nun die durch die Ich-Funktionen dieser Menschen bestimmten Beziehungen zwischen ihren Selbst- und ihren Objektrepräsentanzen erforscht werden. Wir konnten dabei beobachten – und werden es in diesem Buch zeigen – daß das Ich bei diesen Menschen seine vielen Funktionen einschließlich jedes verfügbaren Abwehrmechanismus primär für die Aufrechterhaltung des grandiosen Selbst einsetzt und zur Vermeidung von allem, was das übermäßige Selbstwertgefühl bedrohen könnte.

Gegenwärtige Vorstellungen über Narzißmus haben zwar die Vorstellung der libidinösen Besetzung des Selbst beibehalten, erkennen jedoch auch aggressive Elemente bei narzißtischen Phänomenen an. Um *sowohl* die libidinösen *als auch* die aggressiven Aspekte des Narzißmus zu untersuchen gab JACOBSON (1964) FREUDS Vorstellungen vom primären und sekundären (rein libidinösen) Narzißmus auf und richtete ihr Augenmerk auf ein primär *psychophysiologisches* Selbst, innerhalb dessen die aggressiven und libidinösen Triebe noch nicht differenziert sind. MAHLERS (1958; 1968) Beobachtungen zur autistisch-symbiotischen und zur Separations-Individuations-Phase integrierte sie in ihr Konzept.

Nach JACOBSON differenzieren sich libidinöse und aggressive Triebe nur langsam. Während der ersten Lebenswochen hat der Säugling als Folge seiner Interaktion mit der Mutter eine verschmolzene Selbst-Objekt-Repräsentanz. Mit dem Auftauchen differenzierter libidinöser Triebe erfolgt eine Besetzung eines Teils der verschmolzenen Selbst-Objekt-Repräsentanz mit diesen Trieben. Später wird eine andere, verschmolzene Selbst-Objekt-Repräsentanz, die mit differenzierten aggressiven Trieben besetzt ist, das Gegenstück zur ersten Konstellation. JACOBSON beschreibt nun eine bipolare und hierarchisch organisierte Entwicklung der intrapsychischen Welt der Selbst- und Objektrepräsentanzen. Zuerst existieren »gute« und »böse« Konstellationen, die mit Libido beziehungsweise Aggression besetzt sind, nebeneinander. Dann werden Selbstrepräsentanzen und Objektrepräsentanzen voneinander getrennt. Nun existieren »gute« und »böse« Selbstrepräsentanzen und korrespondierende »gute« und »böse« Objektrepräsentanzen. Dies ist das Stadium der *entwicklungsbedingten Spaltung* (VOLKAN und AST 1992), die durch die Unfähigkeit des unreifen Ich zur Integration bedingt ist. Wenn die Entwicklung normal verläuft, erwirbt das Ich mit der Zeit zunehmend integrative Fähigkeiten und kann die libidinös besetzten Selbstrepräsentanzen mit den aggressiv besetzten Selbstrepräsentanzen integrieren. Ebenso werden die libidinös und die aggressiv besetzten Objektvorstellungen miteinander verbunden. Am Ende dieser Entwicklung verwendet das Ich praktisch keine Spaltung mehr, sondern kann statt dessen Ambivalenz gegenüber den neuen, integrierten und mehr der Realität entsprechenden Repräsentanzen aushalten.

Zu dieser Zeit bemerkt das Kind die Mängel sowohl der früheren Repräsentanzen als auch der neu integrierten Vorstellungen und bildet *idealisierte* Selbst- und Objektrepräsentanzen, die realitätsnah oder realitätsfern sein können. Diese idealisierten Selbst- und Objektrepräsentanzen unterscheiden sich von den früheren, total »guten« Repräsentanzen dadurch, daß sie vom Ich eines älteren Kindes als Reaktion auf die Folgen der Entwicklung der integrativen Funktion geschaffen wurden. Die total »guten« Repräsentanzen dagegen haben ihren Ursprung in der Unfähigkeit des frühen Ich zur Integration, da sie vom jüngeren Kind im Stadium der entwicklungsbedingten Spaltung gebildet wurden.

Der Entwicklung idealisierter Selbst- und Objektrepräsentanzen entspricht eine neuartige Entwertung unerwünschter Aspekte der Selbst- und Objektrepräsentanzen. Dadurch entsteht eine neue Form der Spaltung, die nicht das Resultat der Unfähigkeit zur Integration ist, sondern vielmehr das Ergebnis einer Reaktion auf den Verlust der total »guten« und »bösen« Repräsentanzen. Da das Kind nun zur Integration fähig ist, zähmt es durch wiederholte Erlebnisse sowohl mit seinen idealisierten als auch mit seinen seit kurzem entwerteten Selbst- und Objektrepräsentanzen die mit diesen Repräsentanzen verbundene Idealisierung und Entwertung. Diese gezähmten idealisierten Selbstrepräsentanzen und die frühere, total »gute« Selbstvorstellung gehen ebenso wie die nun gezähmten, seit kurzem entwerteten Selbstrepräsentanzen mit der früheren, total »schlechten« Selbstvorstellung eine weitgehende Verbindung ein, während beide Gruppen in die gesamte Selbstvorstellung integriert werden. Das entsprechende geschieht mit den Objektrepräsentanzen.

Wir möchten darauf hinweisen, daß die Integration sowohl der »guten« und »schlechten« als auch der idealisierten und entwerteten Repräsentanzen niemals vollständig geschieht. Wir behalten daher unser ganzes Leben über einige Anteile von uns selbst und von einigen Objekten, die mit total »guten« oder »bösen« Repräsentanzen oder auch mit idealisierten und entwerteten Repräsentanzen behaftet sind. Solange der Mensch jedoch eine im Kern integrierte Selbstrepräsentanz und im Kern integrierte Objektrepräsentanzen hat, kann er mit den verbleibenden unintegrierten Anteilen in einer differenzierten und adaptiven Weise umgehen. Zum Beispiel kann er nichtintegrierte Repräsentanzen verdrängen; oder er kann die idealisierten Repräsentanzen auf passende »Ziele« projezieren, die er mit anderen Angehörigen seiner Gruppe teilt. So kann er beispielsweise die Symbole seiner Kultur oder seiner ethnischen Zugehörigkeit idealisieren. Er kann auch die unintegrierten, total »bösen« und die entwerteten Aspekte in einer stabilen und innerhalb seiner Kultur allgemein akzeptierten Art projezieren. Die »Feinde« seiner Gruppe können so zu Trägern seiner unerwünschten Aspekte werden.

Uns interessieren hier jedoch die Menschen, die den Kern ihrer Selbstrepräsentanz und der Repräsentanz wichtiger Objekte nicht integrieren können. In diesem Fall verändert die entwicklungsbedingte Spaltung ihre Funktion und übernimmt die führende Rolle in der Abwehr. Nun wird die Spaltung zum Vermeiden von Spannungen verwendet, die beim Versuch der Integration entstehen würden. Diese Art der Spaltung wird *Spaltung zu Abwehrzwecken* oder *defensive Spaltung* genannt und sollte von der oben erwähnten normalen, entwicklungsbedingten Spaltung unterschieden werden.

Die Kernberg-Kohut-Kontroverse

Das wesentliche Ziel der Spaltung zu Abwehrzwecken ist es nach Kernberg (1976b), die internalisierte »gute« Beziehung mit der Mutter vor der Kontaminierung mit den schlechten Erfahrungen, die der Patient mit ihr hatte, zu schützen. Seit 1966 zeigte Kernberg, daß einige Erwachsene, bei denen er eine Borderline-Persönlichkeitsorganisation diagnostizierte, Spaltung als dominierenden Abwehrmechanismus verwenden. Dafür kann es viele Gründe geben, beispielsweise »konstitutionelle

Faktoren«, die den gegenseitigen Austausch zwischen Mutter und Kind behindern, oder auch exzessive Frustrationen, die die Einheiten der »bösen« Selbst- und Objektrepräsentanzen übermäßig stark mit aggressiven Triebderivaten kontaminieren. Menschen, deren »böse« Repräsentanzen extrem stark mit aggressiven Triebderivaten kontaminiert sind, empfinden beim Versuch, diese mit den »guten« Einheiten zu verbinden, große Angst, da sie unbewußt befürchten, daß die »bösen« Einheiten die »guten« zerstören würden; sie müssen daher die Trennung (Spaltung) beibehalten, um die Regression in einen nicht differenzierten Zustand zu vermeiden. KERNBERG erkannte, daß die Spaltung, wenn sie als dominanter Abwehrmechanismus verwendet wird, durch Mechanismen wie Verleugnung, Introjektion, Projektion, Idealisierung und Entwertung unterstützt wird. In der Folge dieser Konstellation ergibt sich die von ihm so bezeichnete *Borderline-Persönlichkeitsorganisation.* Ensprechend diesem Konzept fehlen bei der Borderlineorganisation integrierte Selbstrepräsentanzen und integrierte Objektrepräsentanzen. Nach KERNBERG sind die bei dieser Persönlichkeitsorganisation vorhandenen Selbst- und Objektrepräsentanzen in »gute« und »schlechte« Einheiten aufgeteilt, die mit den dazu korrespondierenden Affekten verbunden sind.

KERNBERG stellte fest, daß die Abwehrorganisation der narzißtischen Persönlichkeit erstaunliche Ähnlichkeiten mit der der Borderline-Persönlichkeitsorganisation aufweist. Beide stützen sich im wesentlichen auf dieselben primitiven Abwehrmechanismen, deren zentraler die Spaltung ist. Der Patient mit narzißtischer Persönlichkeitsorganisation verwendet im Vergleich zum Patienten mit Borderline-Persönlichkeitsorganisation auch oft reifere, um die Verdrängung herum gruppierte Abwehrmechanismen, da seine dominierende Selbstrepräsentanz, das grandiose Selbst (grandiose self)/Größenselbst* zwar pathologisch, aber dennoch besser intergriert ist als die des Borderline-Patienten. Vor allem in emotional ›intimen‹ Beziehungen jedoch, bei der das äußere Objekt und seine Repräsentanz – mit primitiver Symbolik – entweder als Unterstützung oder als Bedrohung für das grandiose Selbst des Patienten

* »Grandiose self« wird in den Schriften von KERNBERG und KOHUT üblicherweise mit »Größenselbst« übersetzt. Wir halten den Ausdruck »grandioses Selbst« jedoch für die zutreffendere Übersetzung.

wahrgenommen wird, tritt die Fähigkeit des Patienten zur Verdrängung gegenüber seiner Tendenz zur Spaltung ganz in den Hintergrund.

Das von KERNBERG beschriebene Größenselbst/grandiose Selbst ist aus der Verschmelzung der Repräsentanzen dreier Elemente aufgebaut: dem realen Selbst, dem idealen Selbst und dem idealen Objekt. Als das *reale Selbst* wird die Besonderheit des Kindes beschrieben, die durch frühe Erlebnisse verstärkt wurde. Das *ideale Selbst* ist das Selbstbild, das mit Macht, Reichtum und Schönheit ausgestattet ist, um das kleine Kind für die Frustrationen, die es auf der oralen Ebene erlebt hat und auf die es mit Wut und Neid reagiert hat, zu entschädigen. Das *ideale Objekt* ist das Phantasiebild der grenzenlos gebenden Mutter. Inakzeptable Aspekte des realen Selbst, entwertete äußere Objekte und ihre Repräsentanzen und sadistische Über-Ich-Vorläufer werden bei der narzißtischen Persönlichkeit vom grandiosen Selbst abgespalten. Trotz der Verwendung vieler primitiver Abwehrmechanismen kann ein solcher Mensch aufgrund der partiell integrierten, wenn auch pathologischen Repräsentanz seines grandiosen Selbst üblicherweise im Alltag relativ gut seine Ich-Funktionen aufrechterhalten.

Es ist eindeutig, daß in KERNBERGS Formulierung die Selbst- und Objektrepräsentanzen von der primären, undifferenzierten Selbst-Objekt-Repräsentanz (JACOBSON 1964) herkommen, aus der sich die narzißtische und die Objektbesetzung gleichzeitig entwickelt. KOHUTS Formulierungen (1966, 1971, 1972) unterscheiden sich drastisch von denen KERNBERGS. Er fügte der Ansicht FREUDS, nach der sich der Narzißmus vom Autoerotismus zur Objektliebe bewegt, ein weiteres Konzept hinzu und postulierte eine zweite, unabhängige Linie in der Entwicklung von einer archaischen Form des Narzißmus hin zu einer reifen Form, die adaptiv und kulturell wertvoll sei. Er verwendete erstmals den Begriff der *narzißtischen Persönlichkeitsstörung* und bezeichnete damit Patienten, die Störungen in dieser zweiten Linie der Entwicklung aufweisen, wodurch sie den infantilen Narzißmus nicht in den höher entwickelten Narzißmus umformen konnten. KOHUT betonte, daß die intensivsten narzißtischen Erfahrungen aus den Beziehungen zu Objekten stammen, die entweder im Dienste des Selbst verwendet oder als Teil des Selbst (Selbstobjekte) erlebt werden. Die Perfektion des primären Narzißmus, die durch die unausweichlichen Unzulänglichkeiten der Mutter in Frage gestellt werde, werde durch die Errichtung eines grandiosen und exhibitionistischen Selbst-Bildes ersetzt, welches KOHUT als *grandioses Selbst/Größenselbst* bezeichnete (dieser Begriff wurde später von KERNBERG übernommen), oder aber durch die Übertragung der ursprünglichen Perfektion auf ein bewundertes, omnipotentes Selbstobjekt, das KOHUT die *idealisierte Elternimago* (idealized parent image) nannte. Narzißtische Patienten, das heißt Patienten, die auf einer Ebene unterhalb der Ebene des adaptiven Narzißmus fixiert seien, aktivieren in der Übertragung eine dieser Vorstellungen.

Wenn die Unzulänglichkeiten der Mutter jedoch nicht zu groß gewesen sind, werde das grandiose Selbst in ein Selbst mit reifen Ambitionen und Selbstwertgefühl umgewandelt. Deprivation und Traumata in der Kindheit haben nach KOHUT bei Patienten mit narzißtischer Persönlichkeitsstörung zu einem Entwicklungsstillstand geführt und damit zur Aufrechterhaltung eines grandiosen Selbstbildes oder einer idealisierten Elternimago.

Mit der Veröffentlichung der »Heilung des Selbst« (1977) verließ KOHUT völlig die Trieblehre und die Strukturtheorie. In diesem Buch geht er von der Existenz eines rudimentären Selbst beim Säugling aus. Dieses ist anfällig gegenüber dem, was in seiner Beziehung zu seinen Selbstobjekten geschieht, wodurch es geschwächt oder sogar fragmentiert werden kann. KOHUT (1977) schreibt, daß der isolierte infantile Sexualtrieb keine primäre psychische Einheit sei, weder auf oraler, analer, urethraler noch auf phallischer Ebene. Die primäre psychische Einheit (innerhalb derer der Trieb nur einer der Bestandteile sei) sei das Erlebnis zwischen Selbst und empathischem Selbstobjekt. Isolierte Triebmanifestationen entstünden erst durch Traumata oder durch lang anhaltende unzureichende Empathie der Selbstobjektumgebung.

Aufgrund ihrer Untersuchungen dieser *primären psychischen Einheit* entwickelten KOHUT und seine Anhänger die eigenständige *Selbstpsychologie*: Eine primäre Selbstpathologie, das heißt ein Defekt in der Organisation des Selbst, kann zu unanalysierbaren Borderline-Störungen (deren Konzept sich von dem KERNBERGS unterscheidet) und zur Psychose führen, oder aber zur narzißtischen Persönlichkeitsstörung, die mit KOHUTS Methoden analysierbar ist. Eine sekundäre Selbstpathologie führt zur Neurose, das heißt daß die Triebe (und die Abwehr gegen sie) nicht die zentrale Pathologie verursachen, sondern nur die Nebenprodukte eines in seiner Organisation geschwächten Selbst sind. KOHUT (1977) betont, daß es sich bei den narzißtischen Persönlichkeitsstörungen nicht um das Resultat unbefriedigender Lösungen von Konflikten zwischen Strukturen handelt, die im wesentlichen intakt sind, sondern um Formen psychischer Dysfunktionen als Folge von Defekten zentraler Strukturen der Persönlichkeit – der Strukturen des Selbst. Während der letzten zwei Jahrzente wurden in psychoanalytischen Kreisen heftige Diskussionen über die sogenannte KOHUT-KERNBERG-Kontroverse geführt. SPRUIELL (1975) beispielsweise fragte sich, ob KOHUT und KERNBERG von derselben Art von Patienten sprechen, oder ob die Beobachtungen, die zu ihren jeweiligen Theorien führten, von unterschiedlichen Patientengruppen stammten. Es wurde auch die Möglichkeit diskutiert, daß es zwei verschiedene Gruppen narzißtischer Patienten geben könne, deren oberflächliches klinisches Bild zwar gleich zu sein scheine, von denen jedoch die eine Gruppe an einem Entwicklungsstillstand leide, während die andere Gruppe ungelöste Konflikte aufweise, die Triebe, mit Triebderivaten besetzte Objekte und die Abwehr dagegen miteinschlössen.

Es ist offensichtlich, daß KERNBERG und KOHUT sich in ihrem Verständnis des theoretischen Fundamentes der narzißtischen Persönlichkeit sehr scharf und grundlegend unterscheiden. Wenn es auch Versuche gab, eine Brücke zwischen den beiden Schulen zu bilden, so »gibt es doch weiterhin keine Einigung in dieser Debatte« (COOPER 1989, S. 543). Wir meinen darüber hinaus, daß diese beiden Theorien so unterschiedlich sind, daß es nicht notwendig ist, sie miteinander zu verbinden.

Natürlich haben auch andere Analytiker zur Theorie der narzißtischen Persönlichkeitsorganisation beigetragen. Deren Arbeiten wurden an anderer Stelle zusammengefaßt (AKHTAR 1992, KERNBERG 1989). Statt hier noch weiter darauf einzugehen, werden wir ab dem nächsten Kapitel die Ergebnisse unserer klinischen Erfahrungen darlegen und uns an passender Stelle auf die entsprechenden Autoren beziehen.

Unser Konzept

Wir schließen uns KERNBERGS (1975) Formulierungen an. In seiner Beschreibung des grandiosen Selbst/Größenselbst (grandiose self) verwendet er nicht den Begriff der Repräsentanz. Wenn er über die Zusammensetzung des grandiosen Selbst spricht wird jedoch deutlich, daß er eine Verbindung der geschätzten Aspekte der realen Selbstrepräsentanz, der idealisierten Selbstrepräsentanz und der idealisierten Objektrepräsentanz meint, wobei die idealisierte Objektrepräsentanz durch den Prozeß der Identifikation in das grandiose Selbst aufgenommen wurde. Die Kohärenz der grandiosen Selbstvorstellung kann von Patient zu Patient unterschiedlich sein.

Das grandiose Selbst ist vom entwerteten Selbst, das wir in diesem Buch das »hungrige Selbst« nennen, abgespalten. Dieses enthält die gedemütigten und entwerteten Aspekte der realen Selbstvorstellung einschließlich der Identifikationen mit entwerteten Objektrepräsentanzen. Wie JACOBSON (1964) und KERNBERG meinen wir, daß bei Menschen, deren Narzißmus entweder übermäßig stark oder zu schwach ausgebildet ist, das grandiose Selbst mit libidinösen Triebderivaten, das heißt mit angenehmen Gefühlen besetzt ist, während das hungrige Selbst mit aggressiven Triebderivaten, das heißt mit unangenehmen Emotionen besetzt ist. Da diese beiden Selbstvorstellungen bei narzißtisch gestörten Patienten voneinander getrennt gehalten werden, ist bei ihnen auch die Integration entgegengesetzter Triebderivate, wie etwa der Affekte, unzureichend. Dies bedeutet jedoch nicht, daß wir im grandiosen Selbst keine aggressiven Elemente und im hungrigen Selbst keine libidinösen Elemente sehen. Tatsächlich wird ein Mensch, der den Alltag bewältigt, indem er an seinem grandiosen Selbst festhält, auch Wut zeigen, wobei dies eine defensive Aggression ist, deren Ziel es ist, das grandiose Selbst zu schützen und aufrechtzuerhalten. Die aggressiven Triebderivate, mit denen die Repräsentanzen des hungrigen Selbst besetzt sind, »bestrafen« und entwerten diese Repräsentanzen und machen sie unerwünscht.

Gleichzeitig jedoch verhält sich der narzißtisch-masochistische Patient so, als ob er sein hungriges Selbst »liebe« und als ob er ohne es nicht leben könne. Es ist von ihm libidinös besetzt, so daß er es beschützt und aufrechterhält. Ohne die Einzigartigkeit seines hungrigen Selbst wird der narzißtisch-masochistische Patient Angst empfinden. *Theoretisch* können wir uns vorstellen, daß in einer solchen Lage das grandiose Selbst aktiviert werden könnte, das bei narzißtisch-masochistischen Menschen ebenfalls vorhanden ist, wenn auch im Schatten und abgespalten. Nach unseren Erfahrungen geschieht dies jedoch nur selten, und zwar aus folgendem Grund: Das hungrige Selbst jedes Patienten hat seine eigene Entwicklungsgeschichte; seine Verwendung als dominierende Selbstvorstellung dient der Abwehr, die im Laufe der Zeit erstarrt ist. Ein narzißtisch-masochistischer Mensch, der sein hungriges Selbst nicht aufrechterhalten kann, wird eine Identitätskrise erleben; er wird Angst davor haben, seine erstarrte psychische Organisation zu verlieren und vernichtet zu werden. Außerdem lädt die ausgeprägt masochistische Position des Patienten ein idealisiertes Objekt dazu ein, ihn zu retten, wobei die Einstellung des Patienten jedoch keine Rettung erlaubt. Statt dessen »sammelt« der Patient weitere Ungerechtigkeiten. Wenn er aber wirklich sein hungriges Selbst nicht mehr aufrechterhalten könnte, würde damit auch der Anreiz für das idealisierte Objekt, sich um ihn zu kümmern, verloren gehen. Er wäre dann seiner Angst und Wut vollständig ausgeliefert, weil er dadurch ganz die Hoffnung verlieren würde, jemals von einem Objekt – oder seiner Repräsentanz – angenommen zu werden.

KERNBERG stellte fest, daß das entwertete Selbst auch Über-Ich-Vorläufer beinhaltet. Da ein reifes und gutartiges Über-Ich aus der Verbindung des eigentlichen Über-Ich (welches der hemmende, Schuldgefühle auslösende Anteil ist) mit idealisierten Objektrepräsentanzen resultiert, ist es besser zu sagen, daß sowohl das grandiose Selbst als auch das hungrige Selbst Über-Ich-Vorläufer enthalten. In anderen Worten heißt dies, daß es auf beiden Seiten der Spaltung Identifikationen mit Objektrepräsentanzen gibt, die letzten Endes an der Bildung des Über-Ich beteiligt gewesen wären, wenn es nicht zu einer Fixierung gekommen wäre. Bei Menschen mit gestörtem (übermäßigem oder geschwächtem) Narzißmus gibt es kein ausgeformtes, reifes und gutartiges Über-Ich. Das ist der Grund, weshalb uns die strukturelle Theorie bei dem Versuch, ihre innere Welt zu verstehen, nicht viel weiterhilft.

KERNBERG sieht den Beginn der narzißtischen Persönlichkeitsorganisation vor allem in der oralen Phase. Wir meinen, daß wir beim Umgang mit diesen Patienten mehr auf den gesamten

Entwicklungsprozeß achten sollten. So ziehen wir, sowohl theoretisch als auch klinisch, nicht nur Einflüsse aus der oralen, sondern auch aus der analen, phallischen und ödipalen Phase in Betracht. Reaktionen auf Kränkungen und Demütigungen von jeder Ebene der psychosexuellen Entwicklung verbinden sich miteinander und tragen zur endgültigen Struktur der inneren Welt des Narzißten bei. In Williams Fall (Kapitel II) zum Beispiel reaktivierte das Trauma auf der ödipalen Ebene regressiv orale Elemente, als William mit seinen Stiefgeschwistern um die Liebe seiner Mutter (die Hühnchenbrust) konkurrierte. In dieser Situation verbanden sich orale Wut und Neid mit seinen ödipalen Gefühlen gegenüber dem Stiefvater. In anderen Fällen kann etwa die grandiose Idee, alleinigen Anspruch auf all die »Milch« der Welt zur oralen Befriedigung zu haben, kondensiert sein mit der Vorstellung, die besten »analen Produkte« zu erschaffen oder das beste »phallische Instrument« zu besitzen.

Außerdem richten wir unser Interesse mehr auf die Rolle der unbewußten Phantasien, sowohl des Kindes als auch der Mutter und des Vaters. VOLKAN (1979, 1980) und VOLKAN und AST (1992) sprechen vom Phänomen der »Kontinuität über Generationen«, die sich unter anderem darauf bezieht, daß die sich entwickelnde psychische Organisation des kleinen Kindes ein Reservoir für die unbewußten Phantasien seiner Mutter über dieses Kind ist. Eine Mutter, die eine relativ gut ausgebildete geistige Vorstellung von einem toten Kind oder von toten Eltern hat, kann beispielsweise diese geistige Repräsentanz in ihr Kind hineinverlagern und es so zu einem besondern »Gefäß« (Container) machen. Ein solches Kind wird Schwierigkeiten haben bei der Integration seiner Erlebnisse mit der Mutter, wenn sie wirklich mit *ihm* umgeht, und der Erlebnisse mit ihr, wenn sie mit ihm unbewußt als dem Vertreter einer Objektrepräsentanz umgeht, die sie in dem Kind deponiert hat.

Wie KERNBERG sehen auch wir das grandiose Selbst als Resultat einer pathologischen Entwicklung an und halten konstitutionelle Faktoren – besonders jene, die aggressive Triebderivate stimulieren – für wichtig, da sie die Integration der aggressiv besetzten Selbst- und Objektrepräsentanzen mit den libidinös besetzten Repräsentanzen verhindern können. KOHUT sagt sehr viel weniger darüber aus, welche Rolle die Aggression bei der Entstehung des grandiosen Selbst spielt. Dies ist einer der Gründe, weshalb seine theoretischen Überlegungen für uns unannehmbar sind. Selbstverständlich erkennt KOHUT eine beträchtliche narzißtische Wut an. Die Aggression, um die es dabei geht, ist jedoch nicht dieselbe, von der wir sprechen, da KOHUT den Begriff der Wut verwendet, um eine Reaktion auf Frustrationen zu bezeichnen, und nicht einen aggressiven Trieb *per se*.

Weiter geben wir GREENSPAN (1989) recht, wenn er meint, daß auf der frühen Stufe des Lebens Entwicklungsdefizite (d.h. die Unzulänglichkeit der Mutter, empathisch auf die Versuche des Kindes zu reagieren, Liebe zu sich selbst zu entwickeln, und somit auch der inadäquate Narzißmus des Kindes) unausweichlich zu Konflikten in der Entwicklung führen. Wir können uns nicht vorstellen, frühe Defizite und Konflikte voneinander zu trennen.

Wenn wir auch KOHUTS theoretischem Verständnis (und seiner klinischen Methodologie [siehe Kap. 8]) nicht zustimmen, so gibt es doch keinen Grund, weshalb wir seinen ausgezeichneten (wenn auch unvollständigen) Schilderungen narzißtischer Übertragungen und seiner Beschreibung (gemeinsam mit WOLF 1978) von fünf narzißtischen Persönlichkeitstypen nicht zustimmen sollten. Seine Darstellungen dieser Übertragungen und Persönlichkeitstypen sind korrekt, ob man nun das grandiose Selbst als Resultat einer pathologischen Entwicklung oder als Ergebnis eines Entwicklungsdefizites ansieht.

Da es beim Narzißten, wie auch KERNBERG schreibt, eine Integration innerhalb des pathologischen grandiosen Selbst gibt, schließen die entsprechenden Ich-Funktionen nicht nur Spaltung und der Spaltung verwandte Abwehrmechanismen mit ein, sondern auch Verdrängung und die um sie gruppierten Abwehrmechanismen. Wir möchten zum Schluß jedoch noch einmal betonen, daß das Ich des Narzißten *eine* wesentliche Aufgabe hat: die Aufrechterhaltung des grandiosen Selbst.

IV

Narzißtische Persönlichkeitsorganisation: Klinische Beobachtungen

VOLKAN (1982) schlug vor, daß man bei der Diagnose der typischen narzißtischen Persönlichkeitsorganisation, bei der das grandiose Selbst dominiert und vom nicht dominierenden, entwerteten (»hungrigen«) Selbst abgespalten ist, im wesentlichen auf drei Punkte achten sollte:

- auf Äußerungen des grandiosen Selbst (z. B.: »Ich bin die Nummer Eins auf der ganzen Welt«);
- auf die Abwehrmechanismen des Ich, die vom Patienten ständig dazu verwendet werden, sein grandioses Selbst aufrechtzuerhalten (z. B.: »Ich pflege nur Umgang mit unter mir stehenden Leuten, so daß ich im Vergleich zu ihnen immer glänze«);
- auf Anzeichen für das Vohandensein der »Kehrseite der Medaille«, des hungrigen Selbst, das der Patient zu verstecken versucht (z. B.: »Jetzt bin ich jung und schön, aber ich habe im Kühlschrank einen großen Vorrat einer besonders guten Gesichtscreme. Sollte ich eines Morgens aufwachen und ein Fältchen in meinem Gesicht entdecken, kann ich gleich etwas dagegen tun«).

Wenn das grandiose Selbst geschwächt wird, kann ein typischer (grandios-)narzißtischer Patient vorübergehend einem masochistisch-narzißtischen Menschen wie William (Kapitel II) ähneln: Er wird zur Nummer Eins im Leiden. Üblicherweise jedoch hält dieser Zustand bei jemandem mit typischer narzißtischer Persönlichkeitsorganisation nicht lange an. Es ist so, als ob er nur auf einen Knopf zu drücken bräuchte, und die Vorherrschaft seines grandiosen Selbst stellt sich wieder ein.

Wenn Jennifer (Kapitel V) beispielsweise im Country-Club am offenen Kamin stand, um die Bewunderung vor allem der Männer zu sammeln, fühlte sie ihr grandioses Selbst bedroht, sobald sie eine andere schöne Frau hereinkommen sah. Ein solches Gefühl der »Niederlage« konnte sie jedoch wie durch Knopfdruck von einer Sekunde zur anderen abstellen, zum Beispiel indem sie dachte, daß die Beine ihrer Rivalin »zu dünn« seien. Dies versicherte sie wieder ihrer Position als Frau, die allen anderen Frauen überlegen ist.

Akhtar (1992) und Akhtar und Thomson (1982) haben unserer Ansicht nach gründlicher als irgendjemand sonst auf der phänomenologischen Ebene die klinischen Charakteristika der Patienten mit narzißtischer Persönlichkeitsorganisation systematisch zusammengefaßt. Sie betonen besonders die Äußerungen des grandiosen Selbst, die sie »offene Charakteristika« nannten, und die des hungrigen Selbst, die sie (S. 133) als »verdeckte Charakteristika« bezeichneten. Diese Merkmale kommen vor allem in den folgenden sechs Dimensionen zum Ausdruck:

1. Selbstkonzept,
2. zwischenmenschliche Beziehungen,
3. soziale Anpassung,
4. Liebe und Sexualität,
5. Ethik, Werte und Ideale,
6. kognitiver Stil.

Für jede dieser Dimensionen beschrieben Akhtar und Thomson sowohl »offene« als auch »verdeckte« Charakteristika, die wir hier in einer kurzen Zusammenfassung wiedergeben.

Beim Narzißten wird das Selbstkonzept offen durch die Grandiosität und verdeckt durch die Inferiorität bestimmt. Das offen liegende Merkmal der zwischenmenschlichen Beziehungen ist das Bedürfnis, in seichten Beziehungen Zeichen der Anerkennung durch andere zu sammeln; verdeckt zeigt sich eine Unfähigkeit, anderen zu vertrauen. Auf der sozialen Ebene können diese Patienten charmant und erfolgreich sein (Kernberg 1975 sprach von ihren Pseudosublimationen), während sie verdeckt viele nur oberflächliche Interessen haben oder ganz ziellos sind. Während narzißtische Menschen nach außen hin verführerisch wirken und ein ungehemmtes Sexualleben haben können, sind sie nicht wirklich fähig zu lieben. In ihrer Ethik, ihren Werten und Idealen scheinen sie eine Karikatur von Bescheidenheit zu sein, voller Enthusiasmus für bestimmte Ideale. Dahinter steht aber ihre Bereitschaft, jederzeit ihre Werte durch andere zu ersetzen, falls ihnen dies opportun erscheint. Schließlich scheinen sie auf den ersten Blick auch beeindruckend viel zu wissen. Bei genauerer Betrachtung zeigt sich jedoch meist, daß sich ihr Wissen in Trivialitäten erschöpft und ihre Fähigkeit zum Lernen beeinträchtigt ist.

Schutz und Aufrechterhaltung des grandiosen Selbst

Die immer wiederkehrenden Äußerungen des grandiosen Selbst – »Ich bin der schönste, reichste, intelligenteste Mensch« – sind ein erstes Zeichen dafür, daß wir es mit einem Menschen mit narzißtischer Persönlichkeitsorganisation zu tun haben. Wie oben erwähnt, wird man bei genauerem Hinhören jedoch auch versteckte Äußerungen des hungrigen Selbst heraushören – »ich fühle mich deprimiert und verwirrt, da ich das Gefühl habe, ein Nichts zu sein. Deshalb brauche ich jemanden, der mich mit dem versorgt, was ich benötige« – wobei das hungrige Selbst beim Narzißten normalerweise im Verborgenen bleibt und nicht dominiert. Beim narzißtischen Masochisten hingegen dominiert das hungrige Selbst, und der Patient muß diese Identität schützen. Ausgesprochen würde es sich etwa so anhören: »Ich bin ein Weltmeister im Leiden; es gefällt mir, der größte Sammler von Ungerechtigkeiten und von Situationen zu sein, in denen ich zum Opfer gemacht werde«. Kehren wir zu den Menschen mit typisch narzißtischer Persönlichkeitsorganisation zurück. Noch wichtiger als ihre eigene Beschreibung ihrer Selbstvorstellung ist unsere Beobachtung, wie sie ihre Ich-Funktionen für die Aufrechterhaltung ihres grandiosen Selbst einsetzen. Die endgültige Bestätigung der Diagnose geschieht dann in der Therapie, wenn diese Patienten narzißtische Übertragungen entwickeln.

Im folgenden werden wir eine Reihe von Ich-Funktionen beschreiben, die narzißtische Patienten einsetzen, um ihr grandioses Selbst aufrechtzuhalten, und wir werden Beispiele dafür geben, wie sich diese Erscheinungen im klinischen Setting zeigen. Diese Aufzählung ist jedoch notwendigerweise unvollständig, da grundsätzlich jede Ich-Funktion dafür eingesetzt werden kann. Die von uns gewählte Reihenfolge bedeutet keine Abstufung der Wichtigkeit der Phänomene. Das Entscheidende ist jedoch die Feststellung, daß das Ich eines narzißtischen Menschen *eine* zentrale und beherrschende Aufgabe hat: die Überlegenheit des Patienten zu schützen und aufrechtzuerhalten. Dies trifft auch dann zu, wenn der Patient noch andere Symptome hat, wie beispielsweise Zwänge oder ein bestimmtes Sexualverhalten. Sogar in diesen Symptomen kann der Beobachter oft einen Wiederschein der Grandiosität erkennen. Ein Patient mit narzißtischer Persönlichkeitsorganisation kann etwa Zwangsgedanken darüber haben, zwei Galaxien aufeinander zu oder voneinander wegzubewegen. Er hat die Aufgabe, den Abstand von Himmelskörpern zu kontrollieren, und ist somit omnipotent. Ein anderer narzißtischer Patient, der homosexuell war, war nicht einfach ein durchschnittlicher Homosexueller. Er kaufte sich den besten französischen Champagner und badete darin. Wenn er aus seiner exquisiten Badewanne aufstand und am ganzen Körper mit dem wohlschmeckendsten Champagner benetzt war, ließ er sich von seinen Liebhabern bewundern und ablecken.

Die Verwendung von Übergangsphantasien, die das grandiose Selbst bestätigen

Volkan (1973) beschrieb den vollständigen analytischen Prozeß eines narzißtischen Anwalts namens Brown. Brown hatte bestimmte Phantasien, mit denen er sich ebenso exzessiv wie ein Kind beschäftigte, das mit seinem Übergangsobjekt spielt oder es mißhandelt (Winnicott 1953). Manchmal erzählte er eine seiner Phantasien vollständig, wiederholte sie dann, baute an verschiedenen Stellen einige leichte Variationen ein, um sie dann nochmals mit neuen Variationen zu erzählen. Im vierten Jahr seiner Analyse gab er seinen Phantasien sogar Namen und erzählte manchmal nicht mehr die ganze Phantasie, sondern sagte nur, er habe seine »XY«-Phantasie gehabt, und ging nur noch auf seine Ausschmückungen ein. Es war so, als ob er voller Vergnügen an einem greifbaren Objekt zupfte und zerrte. Er war süchtig nach seinen Phantasien; sie waren ihm lieb und teuer, da sie ihn beruhigten, wenn er zu Bett ging. Nachdem VOLKAN Browns spezifische Phantasien und bildhafte Vorstellungen als Übergangsphänomene verstanden hatte, prägte er den Begriff »*Übergangsphantasien*«. Später beobachtete er solche Phantasien auch bei anderen Patienten mit narzißtischer Persönlichkeitsorganisation.

Übergangsphantasien weisen unterschiedliche Grade der Verdichtung auf und mehrere Ebenen psychosexueller und aggressiver Bedeutungen. Auf die eine oder andere Art beziehen sie sich auf Wünsche und die Abwehr gegen diese, die durch eine bestimmte Lebenssituation stimuliert worden sind. Das Wichtigste aber ist, daß sie neben den oben beschriebenen Bedeutungen die Funktion eines Übergangsobjektes haben. Wie ein Kind, das durch seine Kontrolle über das Übergangsobjekt die Illusion hat, die Beziehung zwischen seiner sich entwickelnden Selbstrepräsentanz und der äußeren Welt zu kontrollieren, entwickelt auch der erwachsene narzißtische Patient durch eine Übergangsphantasie das Gefühl, das Schicksal seines grandiosen Selbst kontrollieren und es vor gefährlichen äußeren Einflüssen schützen zu können. Brown hatte beispielsweise immer wieder die Phantasie, mit einer zahnlosen Frau Geschlechtsverkehr zu haben. Auf einer Ebene stand die zahnlose Frau für seine Abwehr seiner Kastrationsangst. Solch eine Frau konnte bei ihm Fellatio ausüben, ohne seinen Penis abbeißen zu können. Die Interpretation auf dieser Ebene war zwar richtig und wurde auch gegeben; dennoch gab Brown diese Phantasie nicht auf. Sie hatte eine tiefergehende Funktion: die Bestätigung seiner Überlegenheit. In der Realität hatte er tatsächlich mit einer zahnlosen Frau eine Affäre gehabt. Er konnte sich mit dem in seinen Phantasien von ihr aufbewahrten Bild vergleichen. Sie hatte nicht nur alle ihre Zähne verloren, sondern auch schon viele Operationen hinter sich. Ihr Körper war entwertet, und im Vergleich zu ihr war Brown der schönste Mann der Welt.

Brown hatte noch eine andere oft wiederkehrende Phantasie, die er seine »vergewaltigte Freundin-Phantasie« nannte. Lange Zeit während seiner Analyse konnte er ohne die Aktivierung dieser Phantasie nicht einschlafen, wie ein Kind, das ohne seinen Teddybären nicht einschlafen kann. Ein Aspekt dieser Phantasie war seine Vermutung, daß seine Mutter von seinem Vater vergewaltigt worden sein mußte, da er neun Monate nach ihrer Hochzeit zur Welt kam. Die Phantasie hatte verschiedene andere psychosexuelle Bedeutungen, aber der wichtigste Aspekt war der, daß er ein glorreicher Krieger war, der sich dazu herabließ, ein mißbrauchtes Mädchen zu retten, das daraufhin seine ihn bewundernde Sklavin wurde.

Der analytische Prozeß zeigte, daß zuerst die Art, in der ihm diese Übergangsphantasien dabei halfen, die Kohäsion seines grandiosen Selbst immer wieder herzustellen und zu schützen, analysiert werden mußte, bevor dann auch ihre psychosexuellen Aspekte durchgearbeitet werden konnten.

Narzißtische Patienten benützen Übergangsphantasien, wenn von der Umgebung eine Gefahr für das grandiose Selbst droht; die Phantasien errichten dann eine Barriere zwischen der bedrohlichen äußeren Welt und dem Selbst. Solche Phantasien werden außerdem oft in Situationen verwendet, in denen es zu einer Regression der Kontrolle des Ich kommt, etwa vor dem Einschlafen. Narzißtische Patienten können jedoch auch zu jeder anderen Zeit bei ihren Phantasien Zuflucht suchen.

Glaskugelphantasie

VOLKAN (1979a) prägte auch den Begriff der *Glaskugelphantasie* (glass bubble fantasy). Dies ist eine besondere Form der Übergangsphantasie, die er für ein wichtiges diagnostisches Kriterium hält. Der Patient hat dabei die Phantasie, einsam, aber glorreich an einem Ort zu leben, der von etwas Undurchlässigem – wie zum Beispiel Glas – umgeben ist. Ähnliche Phantasien tauchen immer wieder auf. Es gibt zwar viele Variationen dieser Phantasie, letzten Endes können sie aber alle als Phantasie darüber, innerhalb einer »Glaskugel« zu leben, zusammengefaßt werden. MODELL (1968; 1976) bezeichnete ähnliche Phantasien als »Kokonphantasie«. Wenn wir auch nicht prinzipiell etwas gegen diese Bezeichnung einzuwenden haben, so meinen wir doch, daß die Analogie mit einer Plastik- oder Glaskugel nützlicher ist, da sie einen Bereich beschreibt, der von einem festen, transparenten Material umschlossen wird und von dem aus der Bewohner die Welt draußen beurteilen kann, ohne selbst in sie verwickelt zu werden; dadurch wird sein Gefühl der Omnipotenz und Selbstgenügsamkeit erhöht.

Obwohl narzißtische Patienten völlig in ihrem Interesse an sich selbst aufgehen, haben sie dennoch intensive Beziehungen mit anderen Menschen, die jedoch nicht wechselseitig sind, sondern primär dazu dienen, die narzißtischen Bedürfnisse des Patienten zu erfüllen. So beobachten sie gewissermaßen ihre Mitmenschen durch ihre Glaskugel, um zu sehen, ob sie von ihnen bewundert oder verachtet werden. Der Patient reagiert auf die anderen entsprechend seiner bewußten und unbewußten Einschätzung von ihnen. Die Objektbeziehungen narzißtischer Menschen zeugen davon, daß sie sich selbst »unter Glas« halten. Viele unserer Patienten haben selbst ihre Beziehungen so beschrieben. Ein kaltes und undurchlässiges Material wie Glas oder Plastik spiegelt auch die Kälte ihrer Persönlichkeit wider.

Meistens sind noch weitere Bedeutungen in der Glaskugelphantasie verdichtet. Eine typische Bedeutung bezieht sich auf den unbewußten Wunsch des Patienten, das *einzige* Kind der Mutter zu sein und ihre *ganze* Liebe zu bekommen. Die Glaskugel steht dann für den Uterus der Mutter, wo der Patient beziehungsweise die Repräsentanz des Patienten in seiner unbewußten Phantasie residiert und jedem anderen Geschwister den Zugang verwehrt.

Außerdem werden bekanntlich nur die allerwertvollsten Dinge, wie Juwelen und feinste Leckereien, unter Glas ausgestellt.

Brown jedoch nannte den Bereich, den er als Schutzschild für sein kohärentes Selbst verwendete, seine »eiserne Kugel«. Diese Bezeichnung hatte natürlich auch psychosexuelle Bedeutungen; aber diese Vorstellung gab ihm vor allem ein Königreich, innerhalb dessen er die absolute Macht besaß und aus dem er nach Belieben alle anderen ausschließen konnte. In seiner »eisernen Kugel« war er König: einsam, aber omnipotent.

Eine andere Patientin war in ihrem eigenen Raumschiff ebenfalls einsam, aber omnipotent.

Ein von VOLKAN behandelter narzißtischer Patient Anfang 40 aktivierte in der Therapie eine Glaskugelphantasie, nachdem er durch den Einfluß, den die Analyse auf sein grandioses Selbst ausübte, Angst bekommen hatte. Er hatte damals in einem Zeitungsartikel gelesen, daß es im Disney-Land in Florida »Ein-Mann-Unterseeboote« zu leihen gäbe, mit denen man tauchen und die Welt unter Wasser durch das Glas beobachten könne.

Dieser Patient *mußte* damals nach Florida fliegen und eines dieser »Ein-Mann-Unterseeboote« mieten, um seine Illusion, niemanden zu brauchen und völlig autark zu sein, abzusichern. Später wiederholte er dieses Unternehmen noch einmal.

Es gibt Variationen der Glaskugelphantasie, bei denen der Patient nicht in einem umschlossenen Raum ist, die aber dieselbe Bedeutung haben. Ein Patient stellte sich, um einschlafen zu können, vor, auf einer einsamen Insel zu sein, wo er sich ohne jede Hilfe von anderen versorgen konnte, Fische fing, Wild jagte und eine Unterkunft baute. Das Entscheidende für ihn war dabei, daß er das Gefühl hatte, auf absolut niemanden angewiesen zu sein. Er nannte diese immer wiederkehrende Phantasie seine »Robinson-Crusoe-ohne-Bedürfnis-nach-dem-Mann-Freitag-Phantasie«. In dieser Phantasie bildete Wasser die Begrenzung dessen, was für das Selbst stand.

Unbelebte Objekte

Der Mann, der sich im Disney-Land ein »Ein-Mann-Unterseeboot« mietete, zeigte uns schon, wie unbelebte Objekte zur Unterstützung einer Glaskugelphantasie verwendet werden können. Einige unbelebte Objekte, die narzißtische Patienten häufig benützen, erleichtern lediglich ein »Auftanken« der narzißtischen Besetzung ihrer Selbstrepräsentanz. Ein einfaches Beispiel dafür wäre etwa ein Spiegel.

Ein Patient trug immer das Bild eines gut aussehenden und berühmten Schauspielers bei sich. Jeden Tag schaute er sich dieses Bild an und bestätigte sich, daß er noch schöner sei als dieser Filmstar.

Ein anderer narzißtischer Patient veröffentlichte eine Sammlung seiner Gedichte. Da die Buchbesprechung nicht besonders gut ausfiel, schrieb er sich viele bewundernde Briefe und setzte die Unterschriften verschiedener namhafter Literaturkritiker darunter. Er reiste in verschiedene Städte, schickte von dort die Briefe an seine eigene Adresse und zeigte sie dann seinen Bekannten als Beweis für seine bewundernswerten Qualitäten als Dichter.

Die interessantesten unbelebten Objekte jedoch, die von narzißtischen Patienten verwendet werden, dienen nicht nur der Unterstützung ihres Gefühls der Grandiosität, sondern sind eher Varianten von Übergangsobjekten.

Die Hauptfunktion des *ursprünglichen* Übergangsobjektes besteht darin, dem kleinen Kind, das die Fürsorge einer ausreichend guten Mutter erfahren hat, die Entwicklung der »Illusion, daß es eine äußere Realität gebe, die mit der eigenen Fähigkeit zum Erschaffen übereinstimmt« (WINNICOTT 1953, S. 22) zu ermöglichen. Ein »Nicht-Ich«-Besitz wird erschaffen. Das ursprüngliche Übergangsobjekt ist das erste »Nicht-Ich«, aber es ist niemals vollständig »Nicht-Ich«, da es das »Nicht-Ich« mit dem »Mutter-Ich« verbindet (GREENACRE 1969). Es ist das greifbare Symbol einer sich verändernden Beziehung und ein Hilfsmittel des frühen Wachstums (GREENACRE 1970; VOLKAN 1976). MODELL (1970) betonte, daß das Übergangsobjekt sowohl progressive als auch regressive Seiten aufweise und diese mit der Akzeptanz oder Nichtakzeptanz äußerer Objekte übereinstimmen. Das heranwachsende Kind verwendet das Übergangsobjekt als Brücke, über die es zu anderen Menschen und Objekten gehen kann, um herauszufinden, was es da draußen gibt. Es kann sich aber auch so intensiv mit seinem Übergangsobjekt beschäftigen, daß es die äußere Welt auslöscht.

FINTZY (1971) folgend vertrat VOLKAN (1976, 1982) die Ansicht, daß eine Fixierung in der Phase, in der das Kind ein Übergangsobjekt verwendet, dazu führt, daß sich die Funktion des Übergangsobjektes (und der Übergangsphantasien) im Lauf des Lebens allmählich verändert. VOLKAN wies auch darauf hin, daß die Verwendung dieser umgewandelten Übergangsobjekte (und Übergangsphänomene) die *Kontrolle* der Beziehung mit den Objekten ermöglicht. Wir meinen, daß viele Menschen mit narzißtischer Persönlichkeitsorganisation dazu neigen, verdeckt Übergangsobjekte zu haben oder in Zeiten, in denen sie in ihren Objektbeziehungen Spannungen ausgesetzt sind, neue Übergangsobjekte für sich zu reaktivieren, um die Kohärenz ihres grandiosen Selbst zu schützen. Wir sollten hier feststellen, daß das, was sie reaktivieren, nicht ihr ursprüngliches Übergangsobjekt ist; der erwachsene Narzißt wird nicht seinen Teddybären wieder hervorholen. Was er reaktiviert, ist die *Funktion* des Übergangsobjektes.

Darüber hinaus kombiniert er die Funktion der globalen Kontrolle (VOLKAN 1976) seiner Objektbeziehungen mit Hilfe der Verwendung von Übergangsobjekten (orale Ebene) mit der analen Kontrolle, indem er sich anal-narzißtisch verhält. Beispielsweise kann er so auftreten, als sei er dazu berufen, den Lebensstil der entwerteten anderen (von analem Schmutz) zu »reinigen«, während er sich, auf einer tieferen Ebene, von eben diesen anderen durch eine Übergangsobjektbeziehung trennt.

Volkan (1976) stellte detailliert die Analyse von George, eines narzißtischen Medizin-Studenten dar. Einmal war George nach Griechenland gefahren, wo er am Strand spazierenging, um sich von allen bewundern zu lassen. Dabei stellte er sich vor, ein griechischer Gott zu sein. Er kaufte sich damals einen goldenen Anhänger, den er an einer Halskette trug. Später, nachdem er einen Menschen verloren hatte, der die Hauptquelle seines narzißtischen Nachschubs gewesen war, wurde es ihm unmöglich, jemals diese Halskette mit dem Anhänger abzulegen. Er mußte das Gold beim Baden oder auch beim sexuellen Verkehr mit einer Frau unbedingt an seinem Körper spüren – selbst dann, wenn der Anhänger seine Partnerin erheblich störte. Die Analyse der Bedeutung dieses Goldanhängers zeigte, daß er ihm als Grenzfläche zwischen Beziehung und Nichtbeziehung diente, wobei immer *George* die Kontrolle darüber behielt. Indem der Anhänger während des Geschlechtsverkehrs zwischen ihm und seiner jeweiligen Freundin war, hatte er durch das unbelebte Objekt Kontrolle über das Ausmaß der Intimität zwischen sich und der Frau, zwischen seinem und ihrem Körper.

Beziehung zum Selbst

»Durchschnittlich« zu sein hieße für einen narzißtischen Menschen, integrierte Selbstvorstellungen zu haben. Statt sich mittelmäßig zu fühlen, zieht er es in Situationen, in denen er sein grandioses Selbst(erleben) nicht aufrechterhalten kann, vor, die Nummer Eins im Leiden zu sein, wodurch er immer noch grandios ist, wenn auch im negativen Sinn. Durchschnittlichkeit bedeutet für einen narzißtischen Patienten, der Angst aus Objektbeziehungskonflikten (Volkan und Ast 1992) ausgesetzt zu sein, die dann entsteht, wenn nicht integrierte, entgegengesetzte Selbst- und Objektrepräsentanzen zusammengebracht werden. Mit Hilfe der Spaltung zu Abwehrzwecken schützt er sich in seinem Erleben ständig davor, daß seine grandiose Selbstvorstellung mit seiner entwerteten Selbstvorstellung in Berührung kommt. Funktioniert die Spaltung nicht, so erleben diese Patienten ihren Neid und ihre Wut wieder und sind letzten Endes ihrem ursprünglichen Gefühl ausgeliefert, von der Mutter nicht genug geliebt und bewundert worden zu sein. Wenn es auch zutrifft, daß die meisten narzißtischen Menschen solche Mütter gehabt zu haben scheinen, so möchten wir doch feststellen – wie wir später bei der Beschreibung der familiären Verhältnisse noch weiter ausführen werden – daß auch die Erbanlagen des Kindes und seine konstitutionsbedingte Sensibilität sowie äußere Faktoren eine Rolle spielen können, wenn ein Kind das Gefühl bekommt, nicht genug geliebt zu werden. Ein narzißtischer Mensch scheint jedenfalls, oberflächlich gesehen, ständig damit beschäftigt zu sein, Dinge zu tun, die nicht dem Durchschnitt entsprechen.

Für George, einen narzißtischen jungen Arzt, war es undenkbar, mit nur einer Frau eine Beziehung zu haben; er mußte unbedingt mehrere Freundinnen gleichzeitig haben. Bei genauerer Betrachtung schienen diese Frauen austauschbar zu sein, da sie vor allem einem Zweck dienten: sein Gefühl der Überlegenheit zu bestätigen. Er war in keine der drei Frauen wirklich verliebt. Auf der Couch beschrieb er, wie er es schaffte, sich mit allen drei Frauen in nur zwei Stunden zu verabreden. Eine solche Leistung versicherte ihn seines grandiosen Selbst. Mit der ersten ging er ins Kino und verließ sie mit der Begründung, er müsse unbedingt noch etwas im Krankenhaus, in dem er arbeitete, erledigen. Tatsächlich aber traf er sich mit seiner zweiten Freundin in einem Café; auch sie verließ er bald darauf mit irgendeiner Ausrede, um schnell zu seiner dritten Freundin zu gehen, die schon in ihrer Wohnung auf ihn wartete. Nachdem er mit ihr geschlafen hatte, beeilte er sich, rechtzeitig seine erste Freundin vom Kino abzuholen.

Der Narzißt sieht seinen Körper als perfekt und unzerstörbar an. George arbeitete einmal als Nacktmodell für einen Maler. Er hatte dabei die Phantasie, daß es zu einem Verkehrschaos kommen würde, da die ganze Stadt versuchen würde, in dieses Atelier zu kommen, um seinen Körper zu bewundern. Ein anderers Mal war George in einen Verkehrsunfall verwickelt und erlitt innere Verletzungen. In der Notaufnahme des Krankenhauses brachte er den jungen diensthabenden Arzt dazu, ihn nach Hause gehen zu lassen. Er lud eine seiner Freundinnen zu sich ein und schlief mit ihr. Dabei wurde er ohnmächtig. Als er im Krankenhaus wieder aufwachte, sagte ihm ein erfahrener Arzt, daß er sofort operiert werden müsse, da er sonst verblute. George erklärte sich mit der Operation jedoch erst einverstanden, nachdem ihm der Chirurg das Versprechen gegeben hatte, den Schnitt so zu führen, daß George später eine »ganz besonders schöne Narbe« haben werde.

Trotz Georges Beharren auf seiner Schönheit und Unverletzlichkeit hatte er doch »verdeckte« Verhaltensweisen, die auf sein »hungriges Selbst« hinwiesen und darauf, wie er sich gegen eventuell auftauchende Forderungen seines »hungrigen Selbst« schützte. Er mußte unbedingt mindestens 100 Fertiggerichte zu Hause haben, sonst bekam er Angst und kaufte sich sofort wieder »ausreichenden« Vorrat.

Narzißtische Menschen sammeln ununterbrochen Ruhm, wobei es nicht darauf ankommt, ob dieser Ruhm auf trivialen oder auf bedeutenden Dingen beruht. Es kann beispielsweise sein, daß jemand, der am Tag zuvor für eine wissenschaftliche Arbeit einen hochangesehenen Preis einer Universität erhalten hat, dessen ungeachtet am nächsten Tag stundenlang am Rande es Schwimmbeckens sitzt, um sich von zufällig Anwesenden bewundern zu lassen; das Schwimmen selbst kann er nicht genießen, da während der Zeit, die er im Wasser verbringt, niemand seinen Körper sehen kann (siehe Kapitel IX über Jerry).

Wenn es so aussieht, als ob sich ein narzißtischer Mensch für eine Sache einsetzt, so geht es ihm dabei nicht um die Sache selbst. RANGELL (1976) schreibt, daß übermäßiger Narzißmus als dominierender Teil der Selbstrepräsentanz Ehrlichkeit und Integrität diametral entgegenstehe. Für einen Narzißten ist ausschließlich seine Überzeugung maßgebend, auf alles Anspruch zu haben. Somit wechselt er opportunistisch seine Einstellung zu seinen Idealen und seinen Beziehungen mit anderen Menschen entsprechend dem, was ihm gerade am günstigsten erscheint, um seine Ziele zu erreichen. KRIEGMANN (1988) schreibt, daß die Haltung dieser Menschen folgendes auszudrücken scheint: »Die Welt ist für meinen Lebensunterhalt verantwortlich. Alles was ich tue, sollte gutgeheißen werden. Ich kann alles tun, was ich will, und ich kann alles haben, was ich will. Meine Wünsche und Bedürfnisse sind das Wichtigste im Leben. Ich sollte bedient werden« (S. 6).

Beziehungen mit anderen

Bei der Beschreibung der Beziehung, die Menschen mit übermäßigem Narzißmus zu sich selbst haben, haben wir schon dargelegt, wie sie andere Menschen dazu benutzen, ein Gefühl ihr eigenen Wichtigkeit zu erreichen und ihre Grandiosität bestätigt zu bekommen. Andere Menschen sind für sie keine »ganzen« Wesen, sondern werden in verschiedene Gruppen eingeteilt.

Die wichtigste Gruppe sind die, die den Narzißten bewundern und die er mit seinem Charme in seinen Bann ziehen kann. Es kann sein, daß seine Anhänger ihm überallhin folgen und seinen Ruhm verbreiten. Der Narzißt selbst jedoch ist gegenüber seinen Bewunderern nicht loyal. Sobald er das Gefühl hat, von ihnen nicht das zu bekommen, was er braucht, auch wenn das nur vorübergehend sein mag, entzieht er ihnen seine »Freundschaft«.

Außer seinen Bewunderern scheint der Narzißt auch immer einen Menschen, eine Gruppe von Menschen oder eine Organisation zu haben, die entwertet sind. Im Vergleich zu diesen »minderwertigen« anderen kann er sich überlegen fühlen. Wenn der Narzißt jedoch unter Druck gerät, wenn er etwa die Realität nicht mehr leugnen kann, daß seine »Widersacher« mächtiger, schöner oder intelligenter sind als er, entwickelt er paranoid anmutende Vorstellungen und Befürchtungen, von den entwerteten anderen überwältigt zu werden.

Der Narzißt trachtet auch danach, mit bedeutenden Persönlichkeiten in Verbindung gebracht zu werden. In ihnen, »spiegelt« er sich, um KOHUTS Terminologie zu verwenden, oder er »verschmilzt« mit der wichtigen Person. Oft ist seine Verbindung zu diesen Prominenten nicht realistisch, aber in einer oberflächlichen Art »steckt er sich an« mit deren Ruhm. Ein narzißtischer Patient begann seine Montagssitzung mit folgender Erzählung:

»Sie wissen ja, ich fuhr letztes Wochenende nach Washington. Ich kam an einem *unglaublichen* Unfall vorbei. Ein Laster und ein PKW hatten einen Frontalzusammenstoß gehabt. Zwei der Insassen waren schwer verletzt. Viele Leute hatten gehalten, waren ausgestiegen und drängten sich um die Unfallstelle. Ich habe den *besten* Wagen der Welt, der sich *unglaublich* geschickt durch diese Mengen manövrierte. Aber ich hielt trotzdem an, um zu sehen, was los war. Eine *unglaublich* gut aussehende Frau stand dort und blickte mich an (zu keinem Zeitpunkt zeigte der Patient Interesse oder Mitleid mit den Verletzten). Als ich dort stand, wurde es windig, und ich bekam ein Staubkorn in meine Augen. Es brannte *unglaublich.* Ich ging dort ins Krankenhaus und ließ meine Augen untersuchen (der Analytiker nahm an, daß der Anblick des Unfalls den Patienten an seine eigene Verwundbarkeit erinnert hatte und daß er sich bestätigen lassen wollte, daß er in Ordnung war). Meine Augen waren okay. Stellen Sie sich vor! In diesem Krankenhaus wurde schon einmal der *Präsident der Vereinigten Staaten* behandelt. Ich war im selben Raum, in dem der Präsident gewesen war (Kontamination mit Größe und Macht). Mir wurde auch erklärt, daß der Senator XY in der Nähe eine Farm hat: Haben Sie gestern seine Rede gehört? Er verwendete denselben Ausdruck, den ich zuvor schon in einem meiner Gedichte verwendet hatte. Dann fuhr ich nach Washington und hatte ein Rendezvous mit der *schönsten* Stewardess, die es gibt. Wir gingen in ein Restaurant mit einer *unglaublichen* Atmosphäre, wo die Washingtoner High Society verkehrt. Sie sagte mir, ich sähe Robert Redford ähnlich, nur daß ich *noch attraktiver* sei als er. Ich hatte also ein *unglaubliches* Wochenende. Ich wette, daß Ihres (des Analytikers) im Vergleich zu meinem langweilig war«.

Besonderheiten der Sprache

Wie das Beispiel des Patienten zeigt, der attraktiver war als Robert Redford, weisen narzißtische Patienten sprachliche Besonderheiten auf. Dieser Mann war dem Wort »unglaublich« verfallen. Es sollte offensichtlich seine Überlegenheit ausdrükken, verdeckt jedoch spiegelte es seine Überzeugung wider, daß niemand, nicht einmal er selbst, wirklich an seine Überlegenheit glauben konnte. BACH (1977), der die kognitiven Besonderheiten narzißtischer Patienten hervorhob, stellte fest, daß diese Menschen die Sprache in einer egozentrischen Art verwenden, um ihr Selbstwertgefühl zu regulieren. Die bloße Verwendung der Sprache für die Kommunikation mit anderen sei dagegen sekundär. So entstehe der Eindruck, als ob der Narzißt vor allem zu sich selbst spreche.

VOLKAN (1973) beschrieb den häufigen Gebrauch von »ich nehme an« oder »ich glaube« bei narzißtischen Patienten, vor allem dann, wenn es um eine Verpflichtung geht. Ein Patient, der vorhatte, mit seiner Frau am Abend auszugehen, sagte: »Ich werde heute abend mit meiner Frau ins – ich glaube es ist das Holiday Inn – zum Essen gehen«, obwohl er die Realität, das heißt den Namen des Hotels, in dem er und seine Frau essen würden, genau kannte. Wenn der Patient sich über die zu erwartende Position des anderen, in diesem Fall seiner Frau, nicht sicher ist – ob sie zu seinen »Bewunderern« oder zu den »Minderwertigen« gehört – hilft ihm die Formulierung »Ich nehme an« dabei, seine Verabredung zum Abendessen für sich in der Schwebe zwischen real und unreal zu halten.

Dies führt uns zu einem anderen Abwehrmechanismus, der von Patienten mit narzißtischer Persönlichkeitsorganisation verwendet wird.

Das Verwischen der Realität

Metapsychologisch ausgedrückt ist ein Individuum dann zur Realitätsprüfung in der Lage, wenn es eine Differenzierung zwischen seinen Selbstrepräsentanzen und seinen Objektrepräsentanzen erreicht hat. Insgesamt hat ein Narzißt eine solche Differenzierung sicherlich erreicht. Die Realitätsprüfung geschieht jedoch nicht nach dem Alles-oder-Nichts-Prinzip. Ein Narzißt, der unter allen Umständen versucht, sein grandioses Selbst zu schützen und aufrechtzuerhalten, wird ohne Bedenken die Realität verwischen, wenn ihm dies beim Erreichen seines Hauptzieles hilft. Bach (1977) hat bei narzißtischen Menschen leichte Lernschwierigkeiten, ein eingeschränktes Erinnerungsvermögen und scheinbare Wissenslücken nachgewiesen. Wir meinen, daß derartige Eigenschaften Abwehr-Zwecken dienen. Indem ein Patient beispielsweise eine kränkende Realität nicht oder nur in einer veränderten Version erinnert, kann er an seinem Glauben an seine Überlegenheit weiter festhalten. Es ist auch besser, »lernbehindert« zu sein und daher erst gar nicht den Versuch zu machen, eine Aufgabe zu lösen, als sich der Mittelmäßigkeit auszusetzen.

Menschen mit narzißtischer Persönlichkeitsorganisation können nur ein begrenztes Repertoire an Emotionen, zum Beispiel Neid, Wut und Gier, erleben, während sie Traurigkeit, Reue oder Dankbarkeit kaum oder gar nicht empfinden können. CULLANDER (1988) bezeichnete den Neid als das typische Gefühl, den »schmerzhaftesten Affekt« (S. 63) narzißtischer Patienten. Es war vor allem MELANIE KLEIN (1975), die diesen Affekt ins Zentrum des Interesses rückte. Für sie ist der Neid die emotionale Repräsentanz des Todestriebes. Laut MELANIE KLEIN und ihrer Schule ist der (primäre) Neid angeboren, und Dankbarkeit dient dazu, Neid zu überwinden. Auch viele andere moderne Autoren (CULLANDER 1988, JOFFE 1969, OLINICK 1964) meinen, daß Neid ein Ausdruck angeborener destruktiver Impulse sei. Ihnen stimmen wir nicht zu. Nach unserem Verständnis entsteht dieses Gefühl, ebenso wie Wut und Gier, aufgrund früher Beeinträchtigungen bei der Regulation des Selbstwertgefühles in der Zeit, in der das Kind mit der Differenzierung der Selbst- und Objektrepräsentanzen und der Integration entgegengesetzter Selbst- und entgegengesetzter Objektvorstellungen beschäftigt ist.

Ein Kind, das ein pathologisches grandioses Selbst ausbildet, wird gegenüber Personen mit mehr Selbstwertgefühl, von denen es noch abhängig ist, *Neid* empfinden; ihnen gegenüber erlebt es auch *Wut*, wenn diese Personen die Errichtung seiner eigenen narzißtischen Welt bedrohen; das Gefühl der *Gier* bringt das Kind dazu, immer noch mehr narzißtischen Nachschub anzuhäufen.

Umgekehrt empfindet der Mensch, der ein dominierendes, grandioses oder hungriges Selbst entwickelt, *keine* Gefühle der *Dankbarkeit*, der *Reue* oder der *Trauer*. Da er davon überzeugt ist, auf alles Anspruch zu haben, was er zu bekommen wünscht, gibt es für ihn keinen Grund, dankbar für irgend etwas zu sein.

Die Überzeugung, auf alles Anspruch zu haben, hat folgende Ursache: Das Hauptziel des Patienten ist die Aufrechterhaltung des grandiosen Selbst, da er sonst der Gefahr ausgesetzt wäre, Angst oder depressive Affekte zu erleben. Die Aufrechterhaltung des grandiosen Selbst ist von dem Gefühl begleitet, die Welt schulde dem Patienten alles – was auch immer er verlangt. Da er so großartig und omnipotent ist, sind die anderen dafür da, seine Wünsche zu erfüllen. Solange der Patient davon überzeugt ist, Anspruch auf alles zu haben, bestätigt ihm dies, daß sein grandioses Selbst intakt ist.

Umgekehrt hat der Patient, der ein hungriges Selbst hat, das Gefühl, auf Situationen Anspruch zu haben, in denen er zum Opfer wird; dies gibt dem masochistisch-narzißtischen Patienten die Sicherheit, daß seine Identität intakt ist. Aus diesem Grund braucht auch er keine Gefühle der Angst, des depressiven Affektes oder der Dankbarkeit zu erleben.

Der Glaube des Patienten an seinen Anspruch führt auch dazu, daß er bei seinem Bemühen, die Ansprüche des grandiosen oder hungrigen Selbst zu befriedigen, sogar Sadismus oder Masochismus einsetzt. Falls er einen anderen Menschen verletzt (Sadismus), um das zu bekommen, von dem er meint, daß es ihm zustehe, besteht für ihn kein Grund, Reue oder Trauer zu empfinden – wiederum aufgrund seines Gefühls, Anspruch auf alles zu haben. Falls sich ein masochistischer Patient bei dem Versuch, einen anderen Menschen dazu zu zwingen, auf seine masochistischen Bedürfnisse zu reagieren, selbst schadet oder verletzt, so wird auch er keine Reue, Trauer oder gar depressiven Gefühle empfinden, da solche Gefühle sekundär sind zu der Überzeugung, auf die Ansammlung von Ungerechtigkeiten Anspruch zu haben, um sein hungriges Selbst – und damit seine Identität – abzusichern.

Kohut (1972) schrieb über narzißtische Wut. Nach seiner Auffassung liegt der Genese der narzißtischen Wut ein Versagen der unempathischen Mutter zugrunde, dem sich entwikkelnden Ich des Kindes die Anerkennung der inhärenten Begrenzungen der Macht seines grandiosen Selbst zu ermöglichen. Wir halten Kohuts Beobachtung über die unempathische Mutter für korrekt, meinen jedoch, wie wir weiter oben schon feststellten, daß die Wut mehr beinhaltet als nur die Antwort des Kindes auf die unzureichend bewundernde Mutter. Das Endergebnis wird mitbeeinflußt von Anteilen, die ausschließlich vom Kind stammen. Eisler (1922) stellte vor langer Zeit fest, daß Neid eine narzißtische Komponente sei, die von oralen Trieben abstamme. Auf klinischer Ebene sehen wir Patienten, die chronisch voller Neid und Wut zu sein scheinen. Gewöhnlich sind sie rachsüchtig und zeigen sadistische Charakterzüge. Andere reagieren typischerweise eher auf äußere Umstände und unterliegen starken Stimmungsschwankungen, wie Bach

(1977) es darlegte. Der Patient, der vor Neid zu bersten scheint, wenn er bemerkt, daß ein anderer etwas erhalten hat, was er sich selbst gewünscht hat, kann sich im nächsten Augenblick – oder auch einen Tag oder eine Woche später – wieder euphorisch fühlen, sobald er einen Grund gefunden hat, seinen Rivalen zu entwerten.

Familiärer Hintergrund

Volkan (1982) hat auf der Grundlage des Fallmaterials der Studiengruppe für psychoanalytische Psychotherapie in Charlottesville aus den Jahren 1975 bis 1981 und seiner eigenen späteren Analysefälle eine Beschreibung des »typischen« Familienhintergrundes von Patienten gegeben, die später eine narzißtische Persönlichkeitsorganisation entwickelt haben. Solche Patienten wurden als Säugling und Kleinkind von einer kalten, nicht gebenden Mutter emotional hungrig gelassen, wobei sie jedoch durch dieses Erlebnis weniger traumatisiert wurden als andere, die aufgrund ähnlicher Deprivationen eine Borderline-Persönlichkeitsorganisation oder Schizophrenie entwickeln. Wahrscheinlich reagierten die später narzißtischen Patienten gegen Ende des ersten oder im Verlauf des zweiten Lebensjahres auf die Kälte der Mutter, indem sie als pathologisches Abwehrmanöver den Kern einer narzißtischen Organisation entwickelten. Wir stimmen mit Modell (1976) darin überein, daß das psychische Trauma, das dem Kind in einer Zeit zugefügt wird, in der es sein Selbstgefühl aufbaut, zur Errichtung eines frühreifen und verletzlichen Gefühls von Autonomie führt, das durch Phantasien der Omnipotenz unterstützt wird.

Darüberhinaus kann es sein, daß sich solche Patienten als Kinder gegen eine exzessive Einmischung und Grenzüberschreitungen von seiten der Mutter zur Wehr setzen mußten.

Obgleich die Mütter solcher Patienten typischerweise kalt und nicht gebend waren, sahen sie ihr Kind – den späteren Narzißten – dennoch als etwas »Besonderes« an; vielleicht, weil er schöner war als seine Geschwister oder weil er der »Retter des Familiennamens« werden sollte; oder die Mutter sah das Kind als Instrument an, um ihre eigenen narzißtischen Ziele zu erreichen. Eine trauernde Mutter beispielsweise sah ihr Kind als

Bindeglied zu ihren verstorbenen Geschwistern an. So war dieses Kind in ihrer Vorstellung von Anfang an schon unsterblich und omnipotent. Und obwohl ihr Schmerz sie als Mutter kalt und unzugänglich machte, stand sie doch in einer intensiven Beziehung mit dem Kind, das sie dazu brachte, auf ihre eigenen psychischen Bedürfnisse zu antworten. Eine andere, streng katholische Mutter, die auf der Suche nach ihrem eigenen idealisierten Vater war, machte ihren Sohn in ihrer Vorstellung zu etwas Besonderem: Sie hatte die Phantasie, daß er dazu bestimmt sei, später Papst (idealisierter Vater) zu werden. Ihre Wahrnehmung, daß ihr Kind etwas Besonderes sei, wurde durch die Mutter-Kind-Interaktion in das sich entwickelnde Selbst-System des Kindes übertragen und gab diesem, um KERNBERGS (1975, 1976b) Ausdruck zu verwenden, ein *besonderes »reales Selbst«*. In einen solchen Kern werden später die idealisierten Selbst- und die idealisierten Objektvorstellungen des pathologischen grandiosen Selbst eingebaut, während die Repräsentanzen des entwerteten Selbst und der entwerteten Objekte, die die Interaktion mit der kalten Mutter widerspiegeln, davon abgespalten werden. Wenn ein solches Kind in das ödipale Alter kommt und einerseits die weitgehend omnipotente Selbstrepräsentanz, andererseits die »hungrige« Selbstrepräsentanz beibehält, werden sowohl die ödipalen Selbstbilder als auch die ödipalen Vaterbilder durch die Spaltung beeinflußt. Es versucht, eine idealisierte Vater-Repräsentanz in sein Selbstkonzept aufzunehmen, und spaltet dafür die entwerteten Aspekte des Vaters ab.

Zu diesem Thema gibt es weitere Varianten. Wenn ein Kind beispielsweise früh mehrfacher Bemutterung ausgesetzt ist (VOLKAN u. AST 1992), entgeht es einem großen Teil des Kampfes, der sich daraus ergibt, sich sowohl den guten wie den schlechten Aspekten derselben Mutter stellen zu müssen. Diesem Kind wird es schwerfallen, entgegengesetzte Seiten einer Objektvorstellung zu vereinen, da es früh gelernt hat, daß es, wenn es von einer Mutterfigur enttäuscht wird, von der anderen bekommen kann, was es will. Die entsprechenden Selbstrepräsentanzen sind ebenfalls schwer miteinander zu verbinden. Die Spaltung des Kindes kann durch seine Wahrnehmung der familiären Situation noch zusätzlich unterstützt werden. Das Kind, das extrem gute Erfahrungen mit verschiedenen Mutterfiguren sammeln konnte, fühlt sich insofern als etwas Besonderes, als es immer eine Mutterfigur gab, die es nicht ablehnte. An solchen garantierten Befriedigungen kann sich ebenfalls ein grandioses Selbst kristallisieren.

V

Ein Gänseblümchen in einer Glasvase

Nach einer Literaturübersicht von AKHTAR (1992) wird bei Männern häufiger eine narzißtische Persönlichkeitsorganisation diagnostiziert als bei Frauen. Dies wird durch unsere eigenen Fälle und die der Studiengruppe für psychoanalytische Psychotherapie in Charlottesville bestätigt, ohne daß jedoch die Gründe für diese ungleiche Verteilung bisher bekannt sind.

Der nun folgende Überblick über die psychoanalytische Behandlung einer narzißtischen Frau illustriert viele Aspekte des Narzißmus. Ganz besonders deutlich jedoch fiel bei ihr das »Glaskugelphänomen« auf.

Jennifer

Als ich Jennifer, die damals Ende 20 war, das erste Mal sah, schien sie dem Titelbild eines Modemagazins entsprungen zu sein. Sie war schön, ohne einen Funken Wärme auszustrahlen. Ihre Kleidung war exquisit; ihre Erscheinung und ihr Schmuck trugen zu dem Eindruck bei, daß sie gerade unterwegs zu einer Cocktailparty sei. Für jemanden, der zum diagnostischen Erstgespräch kommt, schien mir diese Aufmachung ungewöhnlich. Ich war nicht überrascht zu hören, daß sich ihr Leben vor allem in einem sehr bekannten Country-Club abspielte, in dem sich die Mitglieder der örtlichen High-Society trafen. Jeden Tag verbrachte sie Stunden damit, sich herzurichten. Sie wußte, daß sie schön war, und ihr einziges Ziel im Leben schien darin zu bestehen, bewundert zu werden. Während der Nachmittagscocktails stand sie immer mitten in der Empfangshalle nahe beim offenen Kamin und lächelte jeden an, der sie anschaute.

An wirklichem Kontakt mit den Menschen dort war sie ebensowenig interessiert wie an den Themen, über die die anderen sich unterhielten.

Das einzig Wichtige für sie war es, die schönste Frau in dieser Gesellschaft zu sein.

Der Wunsch nach psychotherapeutischer Hilfe kam auf, nachdem eine aggressive Handlung ihres Mannes sie in Angst versetzt hatte. Sie verbrachten ihren gemeinsamen Urlaub am Meer, als ihr Mann wegen der bewundernden Blicke, die sie auf sich zog, eifersüchtig wurde. Beim Schwimmen drückte er sie plötzlich so lange unter Wasser, daß sie befürchtete, er würde sie umbringen. Ihr war bekannt, daß er paranoid (wie sie es ausdrückte) und deswegen seit Jahren in psychoanalytischer Behandlung war. Vor ihrer Eheschließung zwei Jahre zuvor hatte sie mit dem Analytiker ihres zukünftigen Mannes gesprochen. Dieser hatte ihr etwas über den psychischen Zustand ihres Verlobten erzählt und dabei angedeutet, daß eine Ehe mit ihm nicht einfach werden würde. Diese Warnung stieß jedoch auf taube Ohren.

Jennifers Mann hatte von seinem Vater, einem Industriemagnaten, ein riesiges Vermögen geerbt und es durch geschicktes Investieren noch vermehrt. Das Anhäufen von Geld diente Abwehrzwecken und gab ihm das Gefühl innerer Sicherheit. Die meiste Zeit verbrachte er in seinem Arbeitszimmer und studierte die Börsenberichte.

Jennifer erzählte, daß ihr Mann gelegentlich charmant sein könne, meistens jedoch recht gehemmt und exzentrisch war. Manchmal äußerte er sich sehr mißtrauisch über andere. Bei einigen Gelegenheiten hatte sie ihn auch schon extrem verängstigt oder rasend vor Wut erlebt. Oft umkreiste er mit seinem eigenen Flugzeug stundenlang das Gebäude, in dem sich die Praxis seines Analytikers befand.

Jennifer kannte ihren Mann noch von der High-School her. Später hatten sie sich aus den Augen verloren. Beide hatten das College ohne Abschluß vorzeitig verlassen. Als sie ihren Mann auf einer Party wieder traf, wußte sie, daß er die Art von Mann war, mit dem sie den Rest ihres Lebens verbringen könnte. Sein Lebensstil schien der eines sorgenfreien reichen Mannes zu sein; und obwohl sie selbst aus einer durchaus wohlhabenden Familie stammte, hatte sie doch das Gefühl, Anspruch auf die viel größeren Reichtümer zu haben, die dieser Mann ihr bieten konnte. Sie stellte sich vor, durch die Heirat mit ihm das Leben einer »Prinzessin« führen zu können, die auf andere keine Rücksicht mehr nehmen mußte.

An Sexualität hatte ihr Mann wenig Interesse. Er behandelte sie eher wie ein Schmuckstück. Als sie jedoch am Strand bewundernde Blicke auf sich zog, wurde er rasend vor Eifersucht und brachte sie fast um. Ihre Wunschvorstellung, eine »Prinzessin« zu sein, und ihre Überzeugung, daß es auf der Welt nichts geben könne, was ihren Anspruch auf ein sorgenfreies Leben in Gefahr bringen könnte, waren erschütttert worden. Sie war verwirrt und wandte sich in ihrer Angst an den Analytiker ihres Mannes, der sie an mich überwies.

Als ich sie das erste Mal sah, war die panische Angst schon wieder abgeebt. Sie erweckte den Eindruck, über jede Schwierigkeit erhaben zu sein, die in ihrem Leben noch auf sie zukommen könnte. Verstandesmäßig jedoch schien sie zu wissen, daß sich für sie die Frage stellte, ob sie bei ihrem Mann bleiben sollte oder nicht. Ihre Entscheidungsunfähigkeit in diesem Punkt störte sie. Sie sprach auch davon, keine Kinder zu wollen, da eine Schwangerschaft ihrer Schönheit abträglich sein könnte. Andere junge Frauen aus ihrem Bekanntenkreis hatten Kinder, und sie wußte, daß bei ihr anscheinend irgendetwas anders war als üblich.

Sie wünschte eine Analyse. Da ich aber bemerkt hatte, daß sie in mir keine emotionale Reaktion ihr gegenüber ausgelöst hatte, fragte ich mich, ob sie überhaupt analysierbar sei. Theoretisch war mir die Schwere ihres Leidens klar. Mein Kollege, bei dem ihr Mann in Analyse war und der sie zu mir überwiesen hatte, hatte mir mitgeteilt, daß die Wut von Jennifers Mann Realität war und es für sie gefährlich werden könnte, wenn sie nicht lernen würde, sich davor zu schützen. Die Ehe der beiden verschlechtere sich zusehends und steuere möglicherweise auf eine Katastrophe zu. Falls Jennifer noch einmal versuchen würde, ihren Mann extrem eifersüchtig zu machen, hielt sein Analytiker es für denkbar, daß ihr Mann sie ernsthaft verletzen oder gar umbringen könnte. So entschied ich mich dafür, mit Jennifer zu arbeiten.

Kurzer Überblick über die Lebensgeschichte

Jennifer war die älteste Tochter eines wohlhabenden Gynäkologen, der in einer traditionsbewußten Kleinstadt im Süden der Vereinigten Staaten praktizierte. Ihre Mutter war eine sehr schöne Frau. Das Leben der Eltern schien vom Konkurrenzkampf um gesellschaftliche Anerkennung bestimmt zu werden, mit all den dazugehörenden Auftritten im Country-Club und bei anderen gesellschaftlichen Anlässen. Es kam vor, daß der Vater bis zum Exzeß trank oder daß er ziellos mit dem Gewehr um sich schoß, wenn er jähzornig wurde. Weder er noch seine Frau waren ihren Kindern emotional nahe, wie dies bei anderen Eltern der Fall ist. Ihnen fehlten die Warmherzigkeit und ein liebevolles Interesse an ihren Kindern. Die Mutter behandelte die Patientin und deren um drei Jahre jüngere Schwester so, als seien sie ganz besonders wertvolle Anziehpuppen. Die beiden Schwestern waren ungewöhnlich hübsch, und die Mutter konkurrierte mit ihnen schon, als sie noch kleine Kinder waren. Die Gespräche von Mutter und Töchtern miteinander drehten sich hauptsächlich darum, wer am besten aussah oder das hübscheste Kleid anhatte. Ihre Beziehung untereinander war so sehr von Neid und Bösartigkeit geprägt, daß die geringste Gunst, die eine von ihnen erwiesen bekam, von den beiden anderen gleich zutiefst als Kränkung erlebt wurde. Von Kindheit an blieb Neid das vorherrschende und bestimmende Gefühl in Jennifers Leben.

Nach Angaben meiner Patientin hatten die üblichen mütterlichen Funktionen wie den Säugling zu tragen und zu liebkosen, zu füttern und zu wickeln, nie zum Selbstbild ihrer Mutter gehört. Sie hatte ihre Töchter eigentlich nur dann ertragen können, wenn sie hübsch angezogen und herausgeputzt waren, ohne allerdings dadurch den Effekt, den sie selbst auf andere ausübte, in den Schatten zu stellen. Eine schwarze Hausangestellte kümmerte sich um die Kinder und kochte für sie. Meine Patientin konnte sich noch als Erwachsene an den Geruch der von ihr zubereiteten Speisen erinnern. Manchmal nahm diese Frau Jennifer zu sich auf den Schoß, wenn sie im Schaukelstuhl saß, wiegte sie in ihren Armen und sang ihr ein Lied vor. Später spielte sie auch Verstecken mit ihr. Diese Beziehung mit dem Hausmädchen war Jennifers »heimlicher« Trost, den sie aber vollständig verleugnete, wenn sie zur seelenlosen »Puppe« ihrer Mutter wurde. Als »Puppe« konnte sie nicht spielen. Dadurch entstand eine »Verarmung der Fähigkeit, im kulturellen Bereich Erfahrungen zu sammeln« (WINNICOTT 1966). Alle Erinnerungen daran, liebevolle Zuwendung erfahren zu haben, waren mit der schwarzen Frau verbunden. Wegen ihrer niederen Stellung und der Verachtung, die die wichtigsten Familienmitglieder dieser Frau entgegenbrachten, mußte Jennifer jedoch jegliche gefühlsmäßige Bindung an sie leugnen. Die Situation der Patientin glich der von Menschen, die im »alten Süden« der Vereinigten Staaten eine mehrfacher Bemutterung erfahren hatten, so wie sie von SMITH (1949), CAMBOR (1969) und VOLKAN u. AST (1992) beschrieben wurde. Das Kind, das praktisch zwei Mütter hat, die es im Erleben getrennt halten muß, zeigt häufig eine »Verzögerung bei der Errichtung stabiler Objektrepräsentanzen, wobei diese Verzögerung noch verstärkt werden kann durch Störungen beim Verbinden der guten und bösen mütterlichen Objektrepräsentanzen. Dies führt dann sowohl zu Schwierigkeiten bei der Separation-Individuation als auch zu Störungen bei der zunehmenden Reifung von Identifikationsprozessen und fördert den regressiven Wunsch nach Verschmelzung mit der idealisierten, nur guten Mutter« (CAMBOR 1969). Ein Kind, das diesen regressiven Wunsch nach Verschmelzung verspürt, fürchtet sich gleichzeitig vor dem mit der Verschmelzung verbundenen Selbstverlust.

Es dauerte lange, bis Jennifer mir anvertraute, daß sie von der schwarzen Hausangestellten bemuttert worden war. Der größte Teil ihrer Erinnerungen daran war nicht verdrängt, sondern eher vermieden worden. Nach der Geburt von Jennifers Schwester hatte sich das Kindermädchen abrupt weitgehend von ihr ab- und der Schwester zugewandt. Zu Beginn von Jennifers Latenzphase, ging diese schwarze Frau weg. Zu diesem Zeitpunkt war Jennifers frühe Kindheit vorbei, und sie konnte sich schon teilweise um ihre eigenen Bedürfnisse kümmern. Sie hatte sich in der Zwischenzeit von jeglicher Intimität mit dem Hausmädchen distanziert und war ganz zur »Puppe« der Mutter geworden – eine Konkurrenz für Mutter und Schwester. Noch ein weiterer Umstand spielte eine wichtige Rolle dabei, daß sich Jennifers Selbstgefühl als »Puppe« oder als »Prinzessin« herauskristallisierte, die nur existierte, um bewundert zu werden. Die gynäkologische und geburtshilfliche Klinik des Vaters war nur durch einen Garten vom Wohnhaus getrennt. Von früher Kindheit an und natürlich auch während ihrer ödipalen Phase hörte Jennifer von dort oft die Schreie der Frauen während der Entbindung. Damals war sie davon überzeugt, daß ihr Vater den Frauen auf eine sehr schmerzhafte Art ihren Penis entfernte und sie so zu erwachsenen Frauen machte, die Kinder bekommen konnten. So war ihr die Möglichkeit versperrt, ihrem Vater zuliebe erwachsen zu werden, da dies für sie bedeutet hätte, schmerzhaft von ihm verstümmelt zu werden. Eine erwachsene Frau oder Mutter zu werden, war für sie gleichbedeutend mit Schmerzen und Leiden. Die Arbeit und das Verhalten des Vaters spielten somit ebenfalls eine wichtige Rolle bei der Kristallisation von Jennifers Identität als »Puppen-Kind«. Vor ihrer Heirat war Jennifer auch mit anderen jungen Männern ausgegangen; sie hatte sich dabei jedoch nie verliebt oder auf eine sexuelle Beziehung eingelassen. Ich nehme an, daß diese Männer sie trotz ihrer Schönheit auf Dauer ziemlich langweilig fanden, da ihr einziges Interesse darin bestand, bewundert zu werden.

Jennifer wußte, daß sie ihren Mann vor allem deshalb geheiratet hatte, weil er ihr jede Art von Luxus bieten konnte und ihr den Zugang zur wohlhabenden und einflußreichen Gesellschaft eröffnete. Ihre Träume von Luxus waren zum großen Teil Wirklichkeit geworden, auch wenn ihr Mann, wie nicht anders zu erwarten war, sich als eher geizig erwies.

Sie blieb ein Ziergegenstand. Mit ihren außergewöhnlichen Kleidern konnte sie sicher sein, bei jeder Party im Zentrum der Aufmerksamkeit zu stehen. Sie zog die Männer an wie eine Blume die Bienen. An irgendein ernsthaftes Thema, über das auf einer dieser Gesellschaft gesprochen worden war, konnte sie sich nicht erinnern. Ihre Erinnerungen beschränkten sich auf die Komplimente, die sie dort bekommen – oder nicht bekommen – hatte und auf ihren *Neid* gegenüber anderen Frauen, die in irgendeiner Weise Aufmerksamkeit auf sich gezogen hatten. Neid schien mir das einzige menschliche Gefühl zu sein, das sie lange genug empfinden konnte, um es von anderen Gefühlen unterscheiden und benennen zu können. Gefühle wie Leidenschaft, Reue oder Trauer schien sie in ihren Beziehungen zu anderen Menschen nicht zu erleben.

Wenn ihr Mann ihr auch jede offen gezeigte Bewunderung vorenthielt, so war er doch das Mittel, durch das sie die Bewunderung anderer Männer erlangen konnte. Aufgrund seiner spezifischen Persönlichkeit drängte ihr Mann sie nicht dazu, mit ihm intim zu werden – und sie empfand diesen Mangel an Verlangen infolge ihres Charakters als vollkommen in Ordnung. Wurden sie doch einmal miteinander intim, so kam sie nicht zum Orgasmus.

Oft geschah es, daß ihr Mann eine Party, auf die sie gemeinsam gegangen waren, bald wieder verließ und erst am Ende wieder erschien, um sie abzuholen, was mir ein weiteres Indiz dafür zu sein scheint, wie gut beide »zusammenpaßten«: Ohne männliche Begleitung auf Partys zu sein ermöglichte es ihr, die Aufmerksamkeit der dort anwesenden Männer auf sich zu lenken und sich in deren Bewunderung zu sonnen. Ihr Mann hingegen teilte sie auf diese Weise mit anderen Männern und konnte so möglicherweise homosexuelle Bedürfnisse befriedigen. Der Analytiker des Ehemannes, der Jennifer an mich überwiesen hatte, hatte mir keine Einzelheiten über den psychischen Zustand seines Patienten mitgeteilt. Er hatte jedoch angedeutet, daß die Konflikte, die Jennifers Mann in bezug auf seine unbewußten homosexuellen Wünsche hatte, der Grund dafür sein könnten, daß er sie dazu veranlaßte, sich am Strand verführerisch zu geben, daß aber dieselben Konflikte auch diese mörderische Wut auslösen könnten. Auch bei Differenzen zwischen ihnen in anderen Bereichen geriet ihr Mann in Jähzorn.

Die Analyse

Die ersten eineinhalb Jahre

Jennifer kam viermal in der Woche zu mir. In der ersten Zeit sprach sie von wenig anderem als von ihrem Neid auf den Erfolg anderer Frauen, insbesondere ihrer Mutter und ihrer jüngeren Schwester, die verheiratet war und in einer anderen Stadt lebte. Für die Sitzungen kleidete sie sich immer exklusiv, und auf der Couch schien sie eine große Puppe zu sein, die darauf wartete, von mir bewundert zu werden - die einzige Beziehung, die sie sich zwischen uns vorstellen konnte. Ein therapeutisches Arbeitsbündnis im klassischen Sinn kam über lange Zeit nicht zustande. Im Verlauf ihrer Analyse, als ich allmählich mehr Informationen über ihr Leben bekam, bestätigte sich mein erster Eindruck, daß sie eine narzißtische Persönlichkeitsorganisation hatte.

Nach einigen Monaten sprach sie davon, das Gefühl zu haben, unter einer Glaskuppel zu leben. Dies sei schon vor der Analyse so gewesen. Beispielsweise hatte sie das Gefühl, von ihren Bewunderern durch eine Glaswand getrennt zu sein. Ich war nicht erstaunt, das zu hören, da ich mich einmal, als ich sie auf der Couch liegen sah, an eine Puppe erinnert hatte, die ich in einem Spielwarengeschäft, unter einem Glassturz, ausgestellt gesehen hatte. Mir war aufgefallen, daß ich von Jennifer einen ähnlichen Eindruck hatte.

Sie hatte das Gefühl, als ob meine Stimme an der Außenfläche des Glasbehälters abpralle, ohne sie im geringsten zu erreichen. Oft bat sie mich, etwas zu wiederholen, was ich gesagt hatte, sie schien Schwierigkeiten zu haben, aufmerksam zu sein. Es war nicht mein türkischer Akzent, den sie nicht verstehen konnte. Ich spürte, daß sie mich beherrschte, indem sie mich dazu brachte, zu wiederholen, was ich gesagt hatte; sie sammelte meine Bemerkungen, unabhängig von deren Wert. Ich hörte daher auf, meine Worte zu wiederholen. Bei den seltenen Gelegenheiten, bei denen ich doch noch einmal ihrem Wunsch nachgab, »vergaß« sie innerhalb weniger Minuten den Sinn meiner Worte wieder. Die Durchlässigkeit ihres Glasbehälters war völlig unter ihrer Kontrolle.

Ich war mir klar darüber, daß er primär zu dem Zweck errichtet worden war, die Distanz in ihren Objektbeziehungen zu kontrollieren. Es tauchten aber langsam auch noch andere symbolische Bedeutungen auf, die mit ihm verknüpft waren. Sie beneidete ihre jüngere Schwester. Als sie in der Analyse das erste Mal die Geburt ihrer Schwester erwähnte, sprach sie auch über ihren Todeswunsch ihr gegenüber. In der darauffolgenden Nacht träumte sie davon, gemütlich in einem rosaroten Zimmer zu sitzen. Durch das Glasfenster konnte sie beobachten, wie ihre Schwester versuchte, hereinzukommen. Es erfüllte sie mit Befriedigung zu wissen, daß die Tür abgesperrt war und keine Möglichkeit bestand, daß ihre Schwester jemals hereinkommen könnte. Langsam verstand ich, daß die Glaskugel auch der Uterus der Mutter war. Indem sie in der Gebärmutter blieb, löschte sie ihre Konkurrentin aus! Außerdem ist keine Geburt nötig, wenn das Kind im Uterus bleibt; somit entfällt die Notwendigkeit, in die Klinik des Vaters (die Folterkammer) zu kommen.

Mit der Zeit erzählte sie mehr über die Sexualität zwischen ihr und ihrem Mann. Er hatte eine grundsätzliche Abneigung gegen jede Form der Sexualität; und es ängstigte ihn, einer Frau in der Dunkelheit nahe zu sein. Daher fanden ihre seltenen sexuellen Kontakte nur tagsüber statt und erst, nachdem ihr Mann sie auf das Gesäß geschlagen hatte, da er sonst impotent war und nicht mit ihr hätte verkehren können. Da sie selbst sexuell empfindungsunfähig war, fügte sie sich seinen Wünschen und stellte sich dabei, als Ausgleich für die Demütigung, geschlagen zu werden, vor, vom schönsten ihrer Bewunderer geliebt zu werden.

Dann erzählte sie erstmals die sonderbare Geschichte, daß sie am Tag vor ihrer Hochzeit zu einem Gynäkologen gegangen war, um sich das Hymen chirurgisch perforieren zu lassen. Sie sagte, daß sie ihren Mann nicht hatte wissen lassen wollen, daß sie noch Jungfrau war. Nachdem ich sie ermutigt hatte, zu diesem Verhalten zu assoziieren, tauchten ödipale Elemente auf, die vermuten ließen, daß sie sich die Liebe des Vaters wünschte und vom Gynäkologen/Vater entjungfert werden wollte, bevor sie sich einem anderen Mann hingab. Außerdem initiierte sie auf kontraphobische Weise die Penetration durch den angsterregenden Gynäkologen/Vater.

Die Hülle, die sie umgab, entsprach auf einer Ebene auch einer Externalisation ihres Hymens, und ich hatte das Gefühl, daß die Kontrolle, die sie darüber ausübte, was in ihre Glaskugel eindringen dürfte, Ähnlichkeit hatte mit der Kontrolle, die sie über ihr Hymen ausübte. Als ich jedoch versuchte, dieses Thema weiter mit ihr zu erkunden, stießen meine Vermutungen auf taube Ohren. Die Annahme, daß ihre Phantasie der gläsernen Umhüllung eine symbolische Bedeutung enthielt, die auf strukturelle Konflikte und damit verbundene psychosexuelle Themen zurückzuführen seien, ging in den vorherrschenden narzißtischen Assoziationen unter; diese wiesen darauf hin, daß für sie die Vorstellung unerträglich gewesen war, ihr Ehemann könne annehmen, daß sie nicht von allen bedeutenden Männern geliebt worden war, und daß er der erste sei, der sie für sich haben wollte. Ihr Jungfernhäutchen auf diese Art zu verlieren bedeutete auch, daß sie die erste gewesen war, die Anspruch darauf erhoben hatte.

In einem Traum, der sich mehrmals wiederholte, sah sie ein Gänseblümchen auf dem Grund einer Glasvase. Schnell fiel ihr auf, daß sie selbst die Blume war, und sie äußerte – intellektualisierend und ohne Affekt –, daß sie sich wohl in den Bauch der Mutter zurückwünsche.

Ich erkundete mit ihr anfangs den defensiv-protektiven Aspekt der phantasierten Glaswand – ihr Gefühl, dadurch vor der Möglichkeit geschützt zu sein, noch einmal so enttäuscht zu werden, wie sie durch die Kälte ihrer Mutter enttäuscht worden war.

Selten äußerte sie den Wunsch, daß es zumindest einen Sprung in ihrer phantasierten Glaskugel gebe – sie sagte dann, daß sie spüre, wie wichtig es für sie sei, sich ihrer Wut – insbesondere gegenüber ihrer Mutter – zu stellen, und daß sie dies nicht tun könne, solange sie in ihrer Glaskugel bliebe.

Nachdem ich die Glaskugelübertragung über Monate hatte andauern lassen, benützte ich ihren Traum vom Gänseblümchen in der Glasvase dazu, ihr zu sagen, daß ihre gläserne Hülle zwei Seiten hatte: Obwohl diese Glaswand mich und meine Worte ausschloß, war sie doch durchsichtig genug, daß sie mich »sehen« konnte, indem sie kleine Veränderungen in der Umgebung wahrnahm, etwa wenn ich andere Bücher auf dem Tisch liegen hatte. So sei sie sich meiner Gegenwart bewußt, obwohl sie mich von der Couch aus nicht sehen konnte. Ich konfrontierte sie damit, daß sie – trotz ihrer Unnahbarkeit, die gekoppelt war mit dem Wunsch nach totaler Bewunderung durch mich – auch daran interessiert sei, nach und nach mehr über mich in Erfahrung zu bringen.

Die Blume erschien mir außerdem als etwas Zartes, Vielversprechendes – etwas, das sich noch zur vollen Blüte entwickeln könnte; und sie hatte mir einen Blick darauf erlaubt!

Daraufhin sprach sie von den Zornesausbrüchen ihres Ehemannes, den Wutanfällen ihres Vaters, seiner Schießwut und davon, daß er Frauen Schmerz zufügte. Ich spürte – neben ihrem Wunsch, von mir bewundert zu werden – auch ihre paranoiden Befürchtungen mir gegenüber: daß ich mich auf sie stürzen oder, noch schlimmer, kalt zu ihr sein könnte, und daß sie auch aus diesem Grund das Gefühl hatte, in ihrer Eingeschlossenheit bleiben zu müssen.

Ungefähr um diese Zeit wagte sie zum ersten Mal, das schwarze Hausmädchen zu erwähnen. Sie glaubte, daß ich sie dafür verachten würde, so warme Gefühle einer Schwarzen gegenüber empfunden zu haben, selbst wenn dies schon Jahrzehnte zurücklag. Nachdem ihre Befürchtungen nicht eintrafen und sie sah, daß ich sie nicht verachtete, veränderten sich ihre Erwartungen gegenüber ihrer Umwelt ein wenig. Daraufhin änderte sich auch meine Einstellung, und ich begann, mich auf unsere Stunden zu freuen, auch wenn Jennifer weiterhin immer wieder Langeweile in mir auslöste und sie oft nicht einmal meine bloße Existenz zur Kenntnis nahm.

Die Blume wird sichtbar

Ich wurde hellhörig, als Jennifer in der Mitte des zweiten Analysejahres ziemlich aufgeregt von einem Traum erzählte. Wieder war es der Traum von der Blume und der Vase. Aber diesmal fiel die Vase vom Tisch, das Glas zerbrach und die Blume lag offen dar. Wenn ich zu diesem Zeitpunkt die Entstehung einer Übertragungsneurose im klassischen Sinn erwartet hätte, so wäre ich enttäuscht worden. Meine Patientin lebte immer noch ganz alleine unter ihrer phantasierten Glaskuppel. Diese schloß die Couch mit ein, solange sie darauflag und sich mir präsentierte, damit ich mich – ohne ihr Zutun – um sie kümmerte, wobei sie jedoch gelegentlich das Gefühl hatte, daß ich dabei versagte. Mir schien es möglich, daß der Traum, in dem die Glasvase zerbrach, ein Zeichen dafür sein könnte, daß ihr Glaskäfig zerbrach und sie davon befreit war. Ich dachte, daß sie nun vielleicht eher bereit wäre, mir die Bedeutung des Gänseblümchen zu offenbaren. Aber ich mußte feststellen, daß sich der Traum nur auf ihren Wunsch und, wie ich hoffte, auf ihre Vorbereitung auf eine progressive Entwicklung bezog.

Es wurde nur allzu deutlich, daß sie immer noch in ihrem von Glas umgebenen Reich lebte, auch wenn sich dieses nun weit über meine Couch hinaus ausbreitete. In dieser Arena ging sie nun wie rasend Tätigkeiten nach, die darauf ausgerichtet waren, ihre Objektbeziehungskonflikte aus der Kindheit *allein* zu meistern. Immer noch war es so, als ob sie mit *mir* nichts zu tun hätte. Ich hatte das Gefühl, daß sie mich als Zuschauer für ihr exhibitionistisches Verhalten brauchte.

Diese Situation wies einige Ähnlichkeit auf mit der, die Kohut als Spiegelübertragung bezeichnet hat. Dabei versucht der Patient, der »Glanz im Auge« des Analytikers zu werden. Mit »Spiegelübertragung« ist, auch bei KOHUT (1971), eine *intrapsychische* Konstellation im Erleben des Patienten gemeint, und nicht, wie oft fälschlicherweise angenommen wird, das Aufgeben der analytischen Position durch den Therapeuten – etwa durch Lob, Bewunderung oder Ermunterung des Patienten. Man muß sorgfältig darauf achten, daß KOHUTS metapsychologischen Vorstellungen nicht zu einer Form der supportiven Psychotherapie verwendet werden, die den analytischen Prozeß stören würde.

Anders als KOHUT meinen wir jedoch, daß diese Konstellation auch in Objektbeziehungskonflikte verwickelt ist, so daß das Erleben des Patienten, der »Glanz im Auge« des Analytikers zu sein, nur die eine Hälfte der Geschichte erzählt. Bei genauerer Betrachtung zeigt sich oft, daß der Patient gleichzeitig, wenn auch möglicherweise verdeckt, eine paranoide Einstellung gegenüber dem Therapeuten eintwickelt hat.

Auch bei Jennifer führte ihr Gefühl, daß ihre Aktivitäten viel mit ihrer Beziehung zu mir zu tun hatten, zu »paranoiden« Tendenzen. Sie fürchtete, daß ich vielleicht das, was sie tat, nicht gutheißen oder sie sogar dabei stören könnte.

Ihr neues »Programm« begann, als auf einer Pferdeauktion ihr Blick von einem dürren, ausgemergelten Pferd angezogen wurde. Sie mußte dieses Pferd unbedingt kaufen und »aufpäppeln«. Mit der Zeit wurde in der Analyse deutlich, daß dieses ausgemergelte Pferd eine Repräsentanz ihres »hungrigen« Selbst war. Anfangs betonte sie nur, wie schlecht ernährt dieses Tier war. Später sollte dieses Pferd jedoch noch andere Bedeutungen für sie bekommen.

Eine alte schwarze Frau arbeitete in dem Stall, in dem sie ihre neue Errungenschaft unterstellte. Beide Frauen kümmerten sich gemeinsam um das Tier, und Jennifer fühlte sich dieser Frau nahe, wobei sie jedoch darauf achtete, mir ihre Gefühle nicht mitzuteilen und sogar lange Zeit mir gegenüber nicht einmal die Existenz dieser Frau erwähnte. Ich war die kalte Mutter, und die schwarze Frau aus dem Stall war das schwarze Hausmädchen ihrer frühen Kindheit. Die Wut auf die kalte Mutter/Vater/Analytiker wurde sichtbar, als ich ihr interpretierte, daß sie die Situation ihrer Kindheit wiederhergestellt hatte, in der sie ihrem Kindermädchen gegenüber zärtliche Gefühle empfunden und die Vorstellung ihrer frühen Mutter gespalten hatte, und daß dies der Grund sei, weshalb sie von mir erwartete, ihr gegenüber kalt und ablehnend zu sein und ihre neuen Erlebnisse nicht zu billigen. Sie lehnte meine Interpretation ab und reduzierte mich weiterhin darauf, Zuschauer ihrer Aktivitäten zu sein.

Statt ihrer bisherigen eleganten, glitzernden Partykleider trug sie nun häufig Reitkleidung und verbrachte den größten Teil ihrer Zeit bei den Ställen. In ihren Träumen kam nun auch das Pferd vor, das sich dank ihrer Fürsorge in wenigen Monaten erholte. Interpretationen ihrer Träume, die davon handelten, wie sehr ihr Pferd Zuwendung und Futter brauchte, ließen sie langsam verstehen, daß dieses Tier ihre Selbstvorstellung als vernachlässigtes, alleingelassenes Kind repräsentierte, gegen die als Reaktion defensiv eine glorifizierte Selbstvorstellung errichtet worden war; und sie lernte dadurch auch ihre Dankbarkeit sowohl gegenüber dem schwarzen Dienstmädchen als auch gegenüber der schwarzen Frau aus den Ställen kennen.

Im Alltag hielt sie ihr Leben im Stall von ihrem Leben auf den Cocktailpartys getrennt. Immer noch war es für sie notwendig, das Erleben von Lebendigkeit, das sie mit den Schwarzen hatte, von dem Erleben abgespalten zu halten, eine Puppe zu sein, die nur existiert, um bewundert zu werden.

Verstehen von Jennifers Selbst- und Objektwelt

Zu diesem Zeitpunkt hatte ich schon ein besseres Verständnis der Komplikationen in Jennifers gespaltenen Selbst- und Objektrepräsentanzen. An der Oberfläche schien Jennifer an ihrer Identität als Puppe festzuhalten – »geliebt« und bewundert von ihrer Mutter und der für sie stehenden Personen. Ihre Existenz als Nummer Eins, als schönstes Kind/Frau, die Anspruch hatte auf prächtige Kleider, Geld und eine gehobene Stellung in der Gesellschaft, war die Widerspiegelung ihres grandiosen Selbst.

Der Teil ihrer Selbstrepräsentanz, der ihre Beziehung mit dem schwarzen Hausmädchen einschloß, war von diesem grandiosen Selbst abgespalten und wurde von ihr als etwas »Geheimes«, Verachtenswertes behandelt. In kultureller Hinsicht haben ihre Mutter und andere wichtige Weiße ihrer Kindheit – ihr Vater oder ihre reichen Tanten – Jennifers Spaltung dadurch unterstützt, daß sie Schwarze als fremdartig und als weniger »wertvoll« ansahen.

Es gab aber noch einen weiteren, persönlich wichtigen Grund, weshalb Jennifer ihr schwarzes Hausmädchen entwertete. Jennifer hatte sich von ihr »geliebt-und-verlassen« gefühlt. Nach der Geburt ihrer Schwester wurde das schwarze Kindermädchen für Jennifer zum »verlorenen Objekt«, da sich die Aufmerksamkeit dieser Frau nun vor allem der kleinen Schwester zuwandte.

Jennifers innere Welt gestaltete sich jedoch deswegen besonders kompliziert, weil all diesen verwirrenden Erlebnissen, die Jennifer mit wichtigen Personen ihrer Kindheit hatte und die Jennifers innere Welt wesentlich mitgeformt hatten, während ihrer allerersten Lebensjahre die Kernerfahrung mit dem schwarzen Hausmädchen vorausging. Dieses grundlegende Erlebnis war »gut« gewesen und hatte ihr das Potential gegeben, zu blühen wie ein Gänseblümchen im Frühling. Die Repräsentanz der sie abweisenden und verlassenden schwarzen Frau (und die dazugehörende Selbstrepräsentanz) wurden Teil ihres abgespaltenen »hungrigen Selbst«, die Repräsentanz der warmherzigen und sinnlichen Schwarzen (und die entsprechende Selbstrepräsentanz) wurden dagegen durch Identifikation Teil ihres abgespaltenen idealisierten Selbst, wobei jedoch dieser Teil von der idealisierten Puppen-Selbstrepräsentanz getrennt gehalten werden mußte. Die Spaltung innerhalb eines abgespaltenen Teils ihrer psychischen Organisation machte die Situation in Jennifers innerer Welt komplizierter, als wir sie sonst bei narzißtischen Menschen sehen. Bevor Jennifer ihre grandiose und ihre entwertete Selbstrepräsentanz verbinden konnte, mußte sie die »guten« Erlebnisse, die sie mit dem schwarzen Kindermädchen und mit ihrer Mutter gehabt hatte, miteinander verknüpfen.

Nachdem ich Jennifers innere Welt besser verstanden hatte, konnte ich ihr helfen zu verstehen, weshalb sie ihr inneres Erleben mit der warmherzigen schwarzen Frau von den inneren Erlebnissen mit ihrer Mutter getrennt gehalten hatte, die sie wie ein Schmuckstück behandelt hatte. Ihre Reaktion auf meine Interpretationen dieser Spaltung war der Versuch, ihre »zwei Leben« zu integrieren. Morgens trug sie Kleidung wie eine Frau, die mit Pferden arbeitet, und nachmittags war sie wie eine Puppe herausgeputzt. Sie wechselte immer häufiger ihre Kleidung, die mal die eine, dann die andere Seite ihres grandiosen Selbst repräsentierte. Sie pendelte zwischen »Pferde-Versorgen« und »Sich-bewundern-Lassen« hin und her. Dieser schnelle Wechsel war wie das Zusammenbringen und Vernähen zweier Stoffbahnen – einer mit warmen und einer anderen mit glitzernden Farben. Als dieser Prozeß eine Weile gedauert hatte und Jennifer verstand, wofür diese äußeren Aktivitäten standen, schien sie ihr grandioses Selbst durch die allmähliche Integration seiner beiden Anteile zu bändigen, wodurch auch ihr Bedürfnis nach fortlaufender Bewunderung nachließ.

Psychosexuelle Phantasien und damit verbundene strukturelle Konflikte

Jennifer wurde nachdenklicher. Zu dieser Zeit konnte ich schließlich beobachten, wie sich ein echtes Arbeitsbündnis zwischen uns entwickelte und wie sich eine Übertragungsneurose entfaltete, die strukturelle Konflikte widerspiegelte. Sie träumte auch jetzt noch von Pferden. Der vorherrschende Symbolgehalt hatte sich jedoch verändert. Das Pferd war wie ein Penis zwischen ihren Schenkeln; im Traum ließ sie es über Hindernisse jagen und voller Kraft »hochgehen«. Sie wurde ein »Wildfang« und verbrachte viel Zeit damit, ihr Pferd zu striegeln und mit ihm auf Turniere zu gehen.

Eines Tages erzählte sie einen Traum, in dem ihr Pferd stürzte, als es über einen Zaun sprang, und sich am Hals verletzte, so daß es blutete. Ich interpretierte ihr jetzt, welche »neue« Bedeutung das Pferd für sie bekommen hatte. Die Vorstellung, ihren Penis aufzugeben, machte sie wütend. – Oft empfinden Menschen, die eine narzißtische Persönlichkeitsorganisation entwickeln, die Kastrationsangst auch als narzißtische Bedrohung und reagieren daher auf eine solche Vorstellung mit narzißtischer Wut.

Einige Wochen später träumte sie von einer Tasche voller kleiner Tiere. Ihre Assoziationen dazu bezogen sich auf Schwangerschaft, wobei sie jedoch die Vorstellung, jemals schwanger zu werden, entschieden von sich wies. Sie war in ihre narzißtische Sorge um ihr Aussehen zurückgefallen, und eine Schwangerschaft war für sie einzig und allein eine Entstellung ihres schönen Körpers. Die Phantasie der Glaskuppel aus dem ersten analytischen Jahr war wiedergekehrt. Dennoch träumte sie, obwohl sie es nicht wollte, immer wieder von dem Pferd »zwischen ihren Schenkeln« und von Blut.

Sie freundete sich mit dem Besitzer des Stalles, einem älteren weißen Mann an. Dieser Mann wurde für sie zum »guten« Vater, so wie die scharze Frau zur »guten« Mutter geworden war.

Ein Jahr, nachdem sie das dürre Pferd erworben und dort untergestellt hatte, war eine der Stuten aus diesem Stall hochträchtig. Jennifer ließ sich vom Besitzer versprechen, sie auf jeden Fall sofort zu benachrichtigen, sobald die Geburt des Fohlens unmittelbar bevorstand, egal zu welcher Zeit das der Fall sein sollte. Es war 2.00 Uhr nachts, als der Besitzer des Stalles ihr Bescheid gab. Sie beeilte sich, rechtzeitig zum Stall zu kommen, und konnte so tatsächlich miterleben, wie das Fohlen geboren wurde. Am nächsten Tag war sie ganz aufgeregt, als sie erzählte, was sie gesehen hatte. Als die Fruchtblase erschien und die langen schwarzen Beine darin zu sehen waren, hatte sie den Einfall, daß die Stute vielleicht einen Penis gebären würde.

In den folgenden Wochen verbrachte sie viel Zeit mit der »neuen Mutter und ihrem Baby«, so als ob sie »lernen« wollte, was Mutterschaft und Babysein bedeuteten. Während dieser Zeit arbeitete sie abwechselnd an strukturellen und an Objektbeziehungskonflikten.

Das Auftauchen der Übertragungsneurose im dritten Jahr

Durch die Beschäftigung mit der Stute und ihrem Fohlen »lernte« Jennifer, Mitgefühl, Sorge um andere, Trauer und andere damit zusammenhängende Gefühle zu erleben. Sie entwickelte ein besser integriertes Selbstgefühl und brachte den Sorgen und Nöten anderer Menschen mehr Verständnis entgegen. Auf einer anderen Ebene schien sie die Furcht davor durchzuarbeiten, ihren Penis aufzugeben und eine Frau zu werden, schwanger zu sein und Kinder zu gebären.

Im dritten Jahr der Analyse kam sie mir affektiv sehr nahe, als sie errötend und lange Zeit schweigend auf der Couch lag, bis sie schließlich den Mut fand, mir zu erzählen, daß sie gerade ihre Regel bekommen hatte. Obwohl sie nie Unregelmäßigkeiten oder Schwierigkeiten mit ihrer Regel gehabt hatte, war es für sie damals in meiner Praxis so, als ob sie an diesem Tag ihre *erste Regelblutung* erlebte, von der sie mir verschämt erzählte. Früher bei ihr zu Hause war nie über solche intimen Dinge gesprochen worden. Daß sie sich mir in dieser Art anvertraute, war ein Zeichen dafür, daß eine klassische Übertragungsneurose heranreifte.

Bei Patienten, die eine narzißtische Persönlichkeitsorganisation hatten, scheint die klassische Übertragungsneurose übertrieben zu sein, so als ob die Grandiosität auf sie abgefärbt hätte. Jennifer verlangte von mir, daß ich sie bedingungslos lieben sollte. Da sie auch Phantasien über meine Frau hatte, entsprach dies einer triangulären Situation. Zur Abwehr sprach sie davon, einen Penis zu haben, so daß sie mich nicht mehr bräuchte.

Ihr Interesse am Reitstall ließ nach, und sie verkaufte das Pferd, von dem sie sich ein Jahr zuvor nicht hätte trennen können. Ihre Versuche, ihr Problemm allein und in externalisierter Form zu lösen, hatte sie aufgegeben, da sie nun mit mir beschäftigt war.

Ich spürte, wie Jennifer nun auch begann, ihrem Mann gegenüber Zuneigung zu empfinden, und ihn nicht mehr fast ausschließlich als jemanden ansah, der ihr die Mittel zur Verfügung stellte, mit Hilfe derer sie von anderen Bewunderung erringen konnte. Nun hörte ihr Mann auch auf, sie vor dem Geschlechtsverkehr zu schlagen. Das Paar kaufte sich ein einfaches Haus und verließ die exklusive Wohngegend, in der sie bis dahin gewohnt hatten. Sie hatten mehr Freunde als früher, und Jennifer beneidete andere Frauen nicht mehr um ihre Schönheit..

In Gedanken war sie nun damit beschäftigt, wie sie mit den Frauen, die sie mir in ihrer Phantasie zuschrieb, konkurrieren könnte. Schönheit und Reichtum bedeuteten ihr kaum noch etwas. Jetzt galt ihr ganzes Interesse der Aufgabe, meine Lebensgefährtin zu werden. Sie wußte, daß ich Türke war, und stellte sich vor, mit mir verheiratet zu sein und auf einem fliegenden Teppich gemeinsam nach Instanbul zu reisen, wo wir bis ans Ende unserer Tage glücklich und zufrieden leben würden. Diese Phase ihrer Analyse, in der sie sich das ewige Glück von Prinz und Prinzessin ausmalte, ähnelte atmosphärisch den Erzählungen aus 1001 Nacht.

Bei diesem Geschehen ist das ödipale Thema deutlich sichtbar. Mir fiel jedoch noch etwas anderes auf, das COPPOLILLO (1967) beschrieben hat, als er von einem Patienten mit einem spezifischen Symptom berichtete, das aufgrund einer kulturellen Deprivation entstanden war. COPPOLILLO nahm Bezug auf die Erkenntnisse BOYERS (1956) und GIOVACCHINIS (1964), die feststellten, daß sich bestimmte Ich-Defekte direkt auf massive Grenzüberschreitungen der Mutter dem Kind gegenüber zurückführen lassen. Zu der Zeit, als COPPOLILLOS Patient in seiner Kindheit für den Zauber der Märchen und anderer kultureller Ausdrucksformen empfänglich gewesen wäre, griff seine Mutter ein und lenkte seine Aufmerksamkeit auf ein viel fesselnderes Thema: die Mutter selbst. Trotz seines Doktortitels wies dieser Patient als Erwachsener erhebliche Lücken in seinem Wissen um menschliche Ausdrucksformen auf und war kulturell unbedarft geblieben.

Die Atmosphäre von 1001 Nacht und die damit verbundenen Phantasien und Wünsche förderten nicht nur die Durcharbeitung ödipaler Themen in der Übertragungsneurose, sondern weckten auch Jennifers Interesse an der Welt insgesamt und an der Kultur. Dank ihrer Träumereien von Istanbul begann sie, sich für Geschichte und Geographie zu interessieren – Gebiete, auf denen sie bis dahin für ihren gesellschaftlichen und Bildungs-Hintergrund erstaunliche Lücken aufgewiesen hatte. Erstmals besuchte sie aus eigenem Interesse Kunstgalerien und entwickelte mit der Zeit eine tiefreichende Wertschätzung für die kreativen Ausdrucksmöglichkeiten für menschliche Erfahrungen.

COPPOLILLO stellt in Übereinstimmung mit WINNICOTT (1953, 1966) fest, daß die kulturellen Äußerungen der Menschheit ausgezeichnete Übergangsobjekte seien. Die Märchen beispielsweise, die einem in der Kindheit erzählt werden, werden zwar beiseite gelegt, sind aber jederzeit wieder abrufbar, falls sich die Notwendigkeit ergibt. Sie wurden weder verdrängt noch externalisiert. Die Bedeutung von Jennifers Interesse an Kunst entsprach der Bedeutung der Übergangsphänomene, wie sie von WINNICOTT beschrieben wurden. Sie nutzte ihr neues Interesse an Kunst auch dazu, neues Wissen über diese Welt zu erlangen. Das schwarze Kindermädchen hatte ihr Lieder vorgesungen und ihr vermutlich auch Geschichten erzählt. Jennifer mußte jedoch das, was sie auf diese Weise an kulturellem Erbe mitbekommen hatte, schon nach den allerersten Jahren ihrer Kindheit abspalten, als sie nicht mehr direkt von der schwarzen Frau versorgt wurde, die ihre Aufmerksamkeit der kleinen Schwester zugewandt hatte. Statt dessen war sie zur »Puppe« ihrer Mutter geworden, und weil die Mutter zu sehr daran interessiert war, daß Jennifer diese »Puppe« bleiben sollte, hatte sie ihre kulturelle Entwicklung gestört.

Sie wußte jetzt mehr über das Leben und entwickelte neue Lebenskonzepte für sich. Mit Hilfe ihrer Analyse, die nun im vierten Jahr war, erlernte sie neue Funktionen und erwarb sogar die Fähigkeit, finanzielle Investitionen kompetent zu handhaben. Ihr Wissen darum, daß sie im Falle einer Trennung überleben und für sich selbst sorgen könnte, da ihr nun diese Fähigkeit, die bisher nur ihr Mann erfolgreich angewandt hatte, selbst zur Verfügung stand, gab ihr ein Gefühl der Sicherheit. Zwar hatte sich der Zustand ihres Mannes in der Zwischenzeit durch die Therapie gebessert, aber ihr war klar, daß er nicht geheilt war. Während sie nun über ein Leben ohne ihn nachdachte, war sie auch in der Lage, die Möglichkeit in Betracht zu ziehen, die Realität, aber, was noch wichtiger war, auch die lange Zeit gehegte Phantasie, aufzugeben, daß er nur dazu da sei, sie mit narzißtischem Nachschub zu versorgen.

Jennifer hatte keine Angst mehr davor, schwanger zu sein, sondern wollte nun unbedingt ein Kind von mir. Ich erfuhr, daß ihre Frigidität verschwunden war – die erotische Übertragung war, gelinde gesagt, extrem. Ihre narzißtische Persönlichkeitsorganisation, die sie ständig modifizierte, war mir noch gegenwärtig, und so wußte ich, daß ihre erotische Übertragung die »Nummer Eins« sein mußte. Da ich ihre grandiosen Forderungen gewohnt war, fühlte ich mich wohl dabei, meine analytische Haltung beizubehalten.

Sie erklärte, sie sei bereit, ihren Mann zu verlassen, um mich zu heiraten. Um mich eifersüchtig zu machen, hatte sie eine Affäre, die jedoch nicht länger als eine Woche andauerte, nachdem ihre Übertragungsbedeutung analysiert worden war. Sie begann, sich mehr mit ihrer Ehe zu beschäftigen und sich mit dem realistischen Problem auseinanderzusetzen, ob sie bei ihrem Mann bleiben solle oder nicht. Ich fuhr fort, ihre Übertragungsverzerrungen zu interpretieren, und gab keinen Kommentar dazu, wie das Ergebnis ihrer Überlegungen aussehen sollte.

Jennifer zog sorgfältig Bilanz über ihr Leben mit ihrem Mann und kam zu dem Schluß, daß sie vieles an ihm mochte. Sein Mißtrauen, das deutlich nachgelassen hatte, und sein eingeengter Lebensstil, der nicht mehr ganz so starr war wie früher, wogen nicht die Sicherheit auf, die sie in der Routine ihres Zusammenlebens fand. Als sie sich dafür entschied, ihre Ehe mit ihm fortzusetzen, sprach sie auch davon, Kinder mit ihm zu haben.

Mit dieser Entscheidung kamen wir zur Beendigungsphase ihrer Analyse und einigten uns darauf, daß diese drei Monate dauern sollte. Am darauffolgenden Tag hatte sie frische Gänseblümchen in ihr Haar gesteckt, als sie in meine Praxis kam. Sie sah sehr weiblich und glücklich aus. Erst in der Stunde wurde ihr klar, daß ihre blumengeschmückte Frisur die Botschaft an mich enthielt, daß die Blume in der Glasvase nun frei war von ihrer gläsernen Umhüllung, und daß sie blühte. Zu meiner Freude stellte ich fest, daß ich sie nicht mehr als das »Puppen-Kind« sah, sondern als schöne und empfindungsfähige Frau.

Wie erwartet, tauchten in der Beendigungsphase sowohl »ödipale« Wünsche und die Abwehr gegen sie als auch die »Glaskuppel«-Phantasie für einen letzten Rückblick wieder auf.

Unter dem Blick eines gut entwickelten, beobachtenden und integrationsfähigen Ich arbeitete sie einen Monat vor dem Ende der Analyse noch einmal ihren Wunsch durch, mich als ihren sexuellen Partner zu haben. Dann sprach sie davon, mit ihrem Mann eine Farm zu kaufen und dort zu leben. Seit langem schon trug sie nicht mehr die aufwendigen exclusiven Kleider oder die Reitsachen, die diese abgelöst hatten. Sie fühlte sich jetzt sehr weiblich und mütterlich und kleidete sich dementsprechend. Sie malte sich aus, auf der Farm viele Tiere aufzuziehen – Pferde, Schafe, Hunde und Katzen – und erinnerte sich dabei an ihren Traum von der Tasche voller kleiner Tiere. Sie fürchtete sich nicht mehr davor, schwanger zu sein, sondern wünschte sich, eine wirklich gute Mutter zu sein – eine »Erd-Mutter« (wie die schwarze Kinderfrau). Solche Übertreibungen waren ein Überbleibsel ihrer alten narzißtischen Selbsteinschätzung. In der Vergangenheit hatte sie sich in ihrem glorifizierten Entwurf von sich selbst allein gesehen, mit der Ilusion, niemanden zu brauchen. Solange sie an einem solchen Selbstkonzept festgehalten hatte, hatte sie die warmherzigen Gefühle verleugnet, die sie dem Bild des schwarzen Kindermädchens entgegengebracht hatte, das entwertet gewesen war. Dieses aus Abwehr errichtete Selbstkonzept hatte sie nicht mehr nötig, und ihre Identifikation mit dem Bild des schwarzen Kindermädchens durfte auftauchen. Als jedoch schließlich ihre Identifikation mit dieser Vorstellung sichtbar geworden war, wurde sie überbewertet. Falls es ihr gelingen würde, auf den grauen Gebieten zwischen der »Erd-Mutter« und der »kalten Mutter« zu bleiben, wäre sie sich selbst gegenüber realistischer eingestellt. Diese Überlegungen konnten wir miteinander besprechen.

Sie suchte nun nach einer geeigneten Farm und fand eine, an der irgendetwas war, was sie faszinierte, ohne daß sie feststellen konnte, was es war. Es blieben noch drei Wochen bis zum Ende der Analyse, als sie mir erstmals von dieser Farm erzählte. Damals trat sie auch mit dem Makler in Verhandlungen. Immer noch konnte sie nicht ganz verstehen, was sie an diesem Ort so anzog. Als sie noch einmal hinfuhr, wurde ihr plötzlich klar, was es war: Diese Farm war – im Gegensatz zu fast allen anderen Farmen in dieser Gegend – von einer Steinmauer umgeben (wie die Farmen in Neu-England oder Irland). Noch nie hatte sie eine Farm gesehen, die statt von einem weißen Holzzaun von einer Mauer eingefaßt war. Sie sagte mir, daß sie erkannte, daß diese Mauer für sie ihre alte, unsichtbare Glasumgrenzung repräsentierte, mit der sie ihr grandioses Selbst geschützt hatte. Dieses Mal hatte sie ihr »Erd-Mutter«-Bild schützen wollen. Diese Einsicht führte dazu, daß sie sich nicht weiter um diese Farm bemühte – sie brauchte keine Mauern mehr. Die Analyse wurde zum vereinbarten Termin beendet.

14 Monate später kam sie wegen eines Sturzes vom Pferd, bei dem sie sich nicht verletzt hatte, zur Untersuchung in die Klinik, in der ich arbeite. Sie nutzte die Gelegenheit dazu, zu mir zu kommen und mit mir zu sprechen; leider war die Zeit zu kurz, um sehen zu können, ob vielleicht psychische Faktoren zu dem Unfall geführt hatten. Sie sprach jedoch selbst davon, sich beim Reiten keiner Gefahr mehr aussetzen zu wollen; sie könne sich keine Verletzung leisten, die sie davon abhalten könnte, sich um ihre kleine Tochter zu kümmern, die *neun* Monate nach dem Ende der Analyse geboren worden war. Im Stillen fragte ich mich, ob sie die Phantasie hatte, daß ich der Vater ihres Kindes sei. Da sie schwanger geworden war, sobald wir unsere

gemeinsame Arbeit beendet hatten, dachte ich mir, daß ihre Tochter für sie möglicherweise die Funktion hatte, sie mit mir und ihrer Analyse zu verbinden, teilte ihr aber meine Gedanken nicht mit. Sie erzählte mir von ihrem Baby und beschrieb, wie schön es war. Ich spürte ihr Verlangen, mir mitzuteilen, daß sie eine zufriedenstellende Mutter war, und ich war mir sicher, daß ihr Stolz auf ihr Kind der normalen Liebe einer Mutter gegenüber ihrem Säugling entsprach.

Nachdem Jennifer ihre Therapie beendet hatte, konnte auch ihr Mann seine Analyse in gebessertem Zustand abschließen. Während der gesamten Analyse meiner Patientin hielt ich es nie für nötig, mich mit dem Analytiker ihres Mannes in Verbindung zu setzen, und auch er hat sich nie an mich gewandt.

Nachtrag

Zehn Jahre später rief mich Jennifer an und bat mich um einen Termin, bei dem sie mir erzählte, daß sie nach der Tochter, von der ich schon gehört hatte, noch einen Sohn bekommen hatte. Sie liebte ihre beiden Kinder sehr und schien eine warmherzige und umsichtige Mutter zu sein.

Der Zustand ihres Mannes, der sich am Ende seiner Analyse verbessert hatte, war stabil geblieben, während sie weiter aufgeblüht war. Sie hatte echte Freundschaften geschlossen, hatte ihr Interesse an Kunst weiterentwickelt und sich in der Gemeinde engagiert. Sie hatte nie ganz den Gedanken aufgegeben, sich von ihrem Mann zu trennen, um ein neues Leben zu beginnen, hatte es sich jedoch aus Angst vor finanziellen Schwierigkeiten bis vor zwei Jahren nicht zugetraut. Damals begann sie eine berufliche Ausbildung und verdiente sich seither ihren Lebensunterhalt selbst. Auf einer Ebene war ihr klar gewesen, daß sie sich darauf vorbereitete, ihre ausgesprochen unbefriedigende Ehe aufzugeben. Ein Jahr vor unserem jetzigen Treffen war sie eine außereheliche Beziehung eingegangen, in der sie erstmals sexuelle Intimität für sich entdeckt hatte. Jetzt stand sie kurz davor, die Scheidung einzureichen und hatte sich dafür schon einen Anwalt genommen. Ob sie ihren Freund später heiraten wollte, wußte sie noch nicht. Ihr Scheidungswunsch hing für sie jedoch nicht primär mit dieser Beziehung zusammen. Sie wollte einfach »frei« sein von der Art von Objektbeziehungen, die Überbleibsel ihres alten Selbst waren. Leider hatte ihr Mann in diesen Jahren keinen entsprechenden »Wachstumsprozeß« mitgemacht.

Jetzt war sie zu mir gekommen, um sich mit mir darüber zu beraten, wie sie ihren Entschluß am besten ihren Kindern beibringen könne. Vor allem aber befürchtete sie, daß ihr Mann einen Wutanfall bekommen und sie verletzen könnte, wenn sie ihm ihren Entschluß mitteilte. Ich hielt ihre Angst für realistisch und teilte ihr das mit, ebenso wie ich ihre Gründe anerkannte, sich scheiden lassen zu wollen. Aber ich gab ihr keinen Ratschlag, wie sie das Problem am besten angehen könne, und zwar einfach aus dem Grund, weil ich nicht gewußt hätte, welchen Rat ich ihr hätte geben können. Sie bat mich darum, in dieser Phase ihres Lebens Stunden bei mir haben zu können. So vereinbarten wir einen weiteren Termin nach einer Woche.

Als wir uns wiedertrafen, schien ihre Angst nachgelassen zu haben. Sie hatte sich überlegt, wie sie am besten mit ihrer realistischen Angst umgehen könne, und war zu dem Schluß gekommen, daß es für sie am ungefährlichsten sei, an einem öffentlichen Ort mit ihrem Mann zu sprechen. Sie hatte ihn in ein Restaurant eingeladen und ihm dort erzählt, daß sie sich entschlossen habe, sich von ihm scheiden zu lassen. Entgegen ihren Befürchtungen hatte er keinen Wutanfall bekommen. Bald darauf begann Jennifer mit den gesetzlichen Formalitäten.

Sie kam nicht weiter zu mir; aus anderen Quellen hörte ich später, daß sie sich tatsächlich hatte scheiden lassen ohne jedoch ihren damaligen Freund zu heiraten.

Was ich hier betonen möchte ist, daß Jennifer zehn Jahre nach Beendigung ihrer Analyse ganz anders war als zu der Zeit, als sie das erste Mal zu mir gekommen war. Sie war zwar älter geworden, war aber immer noch schön. Die jüngere Jennifer war kalt gewesen und hatte sich hinter einer Glaswand versteckt. Die ältere war voller Wärme und Lebensfreude und suchte emotionale Kontakte. Während sie früher sich selbst übermäßig geliebt hatte und das Zentrum der Welt sein wollte, hatte sie nun ein gesundes Selbstvertrauen und eine realistische Selbsteinschätzung.

VI

Maligner Narzißmus

Der Begriff des malignen Narzißmus bezieht sich auf den exzessiven Einsatz sadistischer Mittel zur Bestätigung und Aufrechterhaltung des grandiosen Selbst. Mit den Menschen mit narzißtischer Persönlichkeitsorganisation hat der maligne Narzißt das ständige Bemühen gemein, die »Nummer Eins« in bezug auf Macht, Schönheit, Brillianz und Reichtum zu sein. Wie sie ist auch er vor allem mit sich selbst beschäftigt und sehr ehrgeizig. Genauere Betrachtung zeigt ferner, daß bei ihm ebenfalls Gefühle der Unterlegenheit und die Notwendigkeit, bewundert zu werden, im Schatten seiner grandiosen Phantasien zu finden sind. Der maligne Narzißt zeichnet sich jedoch noch durch eine andere Eigenschaft aus, die das klinische Bild entscheidend prägt: Durch exzessiv sadistisches Verhalten häuft er einen aggressiven Triumph auf den anderen. Daneben ist er *auch* masochistisch. Im klinischen Setting kann sich Sadismus auf vielfältige Art zeigen. Patienten mit übermäßigem Narzißmus setzen beispielsweise Hänseleien, Verleumdungen, Sarkasmus und sogar passiv aggressive Verhaltensweisen und degradierende oder verletzende Phantasien ein, um entwertete Objekte niederzumachen, die ihre *hungrige Selbstvorstellung* repräsentieren. Bei Menschen mit malignem Narzißmus erwarten wir, noch intensivere, sadistische Verhaltensweisen zu sehen, die mehr Schmerzen und körperlichen Schaden bei anderen verursachen. Einen anderen Menschen umzubringen, um sich überlegen zu fühlen oder seine grandiose Selbstvorstellung aufrechtzuerhalten, ist die bösartigste Form des malignen Narzißmus.

Das sadistische Verhalten einer Person mit malignem Narzißmus kann, muß aber nicht mit dem Erreichen des sexuellen Orgasmus verbunden sein. Wenn die Voraussetzung für eine sexuelle Beziehung und das Erreichen des Orgasmus die Zufügung von körperlichem Schmerz oder die Verletzung einer anderen Person ist, so sagen wir, daß der maligne Narzißt eine sexuelle Perversion hat.

Ursachen

Nachdem maligne Narzißten mit oder ohne sexuelle Perversion üblicherweise nicht auf unserer Couch landen, stammen die meisten Informationen über sie aus nicht-analytischen Untersuchungen. Wir sahen jedoch einige Patienten mit einer milderen Form dieser Erkrankung und bekamen dadurch Informationen, die es uns erlaubten, eine These über deren Ursache aufzustellen. Wir halten folgende drei Faktoren für wesentlich:

Alles, was über die Entwicklung der narzißtischen Persönlichkeitsorganisation gesagt wurde, trifft auch für Menschen zu, die einen malignen Narzißmus entwickeln.

Zu der weiter oben geschilderten Situation kommt ein demütigendes, die Befürchtungen des Kindes (zum Beispiel Trennung oder Kastration) *konkretisierendes Ereignis* hinzu.

Lassen Sie uns zuerst am Beispiel eines Menschen, der keinen malignen Narzißmus entwickelt, erklären, was wir im allgemeinen unter einem konkretisierenden Ereignis verstehen. Stellen Sie sich ein Kind in der ödipalen Phase vor, das in seiner Phantasie von seinem Vater kastriert wird. Solange der Vater nicht in der Realität versucht, das Kind zu kastrieren, verbleiben die Kastrationsphantasie des Kindes und seine Wahrnehmung der symbolischen Versuche des Vaters, es zu kastrieren, im intrapsychischen Bereich. Wenn nun ein Kind gerade am Höhepunkt der ödipale Phase durch einen Unfall am Penis oder am Auge verletzt wird, so verbindet sich das tatsächliche Ereignis (der Unfall) mit der Erwartungshaltung des Kindes, und das Kind gelangt zu der Überzeugung, daß die Kastration einer Tatsache entspricht. Die Kastrationsdrohung kann dadurch als so real erlebt werden, daß alle zukünftigen Erlebnisse mit dem Vater, so gut und liebevoll sie auch sein mögen, die Auswirkungen des konkretisierenden Erlebnisses nicht mehr auszulöschen vermögen. Das Kind wird sich dann den Rest seines Lebens so verhalten, als ob eine Korrektur oder eine Zähmung der Kastrationsdrohung innerhalb des Bereichs des Seelischen nicht möglich sei. Ein solcher Mensch wird viel mehr ein anderes, reales konkretes Erlebnis als Beweis dafür fordern, daß Kastration nicht stattfinden wird; so scheint er dazu verdammt zu sein, das konkretisierende Ereignis immer wieder zu wiederholen, sei es auch in symbolischer oder modifizierter Form. Da er keinen konkreten Beweis zur Widerlegung des ursprünglichen Erlebnisses finden kann, ist er nicht in der Lage, die Wiederholungen aufzugeben.

Das ständige Erleben von Erniedrigungen in der Kindheit kann beim Erwachsenen zur Erwartung erniedrigender Erlebnisse führen. Das Kind wird aber auf ständige Erniedrigungen mit der Zeit auch eine Anpassungsreaktion entwickeln. Wovon wir hier jedoch sprechen, sind ein oder wenige drastische konkretisierende Erlebnisse, bei dem das Kind – innerlich – nicht mehr klar zwischen einer auf Phantasie beruhenden psychischen Erwartung und einem realen äußeren Ereignis unterscheiden kann.

Wenden wir nun unsere Aufmerksamkeit dem konkretisierenden Erlebnis eines späteren malignen Narzißten zu. Unser Beispiel handelt von einem drastischen Verlassenwerden und dessen psychischer Bedeutung für ein Kind im ödipalen Alter. Die Mutter dieses Jungen hatte ihn in einer Art behandelt, als sei er ihr bewunderter Phallus. In der Separations-Individuations-Phase hatte das Kind extreme Schwierigkeiten. Einerseits hatte es unbewußte Phantasien, sich seiner Mutter vollständig zu unterwerfen und mit ihr zu verschmelzen; andererseits hegte es Phantasien, sich drastisch von ihr zu trennen, indem es sie »tötete«. Wenn nicht ein konkretisierendes Ereignis stattgefunden hätte, so wären der innere Kampf des Kindes um Separation-Individuation und die Phantasien, die es darüber hatte, im psychischen Bereich geblieben, in diesem Fall, ohne daß sie gelöst worden wären. Dieser Mensch hätte als Reaktion auf seine Probleme neurotische Symptome oder bestimmte Charaktereigenschaften entwickelt.

Es trat jedoch ein konkretisierendes Ereignis ein. Die Mutter dieses ödipalen Kindes wurde schwanger und hatte nun offenbar das Gefühl, daß sie einen eigenen Phallus in ihrem Bauch hatte. Plötzlich brauchte sie den Jungen als Ausdehnung ihres

Phallus nicht mehr. Bis dahin war sie jeden Abend zu ihm an sein Bett gekommen, hatte auf rituelle Art seinen nackten Körper gestreichelt und ihm erzählt, wie schön er war, und daß er nur ihr gehöre, ausschließlich ihr – und daß er ihr »Leben« sei. Jetzt plötzlich verbannte sie ihn buchstäblich. Sie setzte ihn in ein Flugzeug, das ihn zu Verwandten in einem anderen Land brachte, in dem eine fremde Sprache gesprochen wurde. Er hatte Angst im Flugzeug und fand sich in einer neuen, ihm fremden Welt wieder, ohne zu wissen, wie lange er dort bleiben würde. Sein bisheriges Leben existierte nicht mehr. Täglich fühlte er sich zutiefst gedemütigt, wenn er darum bettelte, zu seiner Mutter zurückkehren zu dürfen, und Versprechungen erhielt, von denen er wußte, daß sie nicht eingehalten würden. Seine unbewußten Phantasien und Bilder, die die intrapsychische Trennung von seiner Mutter durch Mord oder andere Formen drastischen Verschwindenlassens widerspiegelten und die Teil seiner schweren Separations-Individuations-Konflikte waren, waren Realität geworden, ebenso wie die Demütigung, daß es niemanden gab, der seine Bitte erfüllte, diese Trennung ungeschehen zu machen.

Das neue Kind der Mutter hatte keinen Penis, da es ein Mädchen war. Der Junge wurde, nach sechs Monaten Exil, zurückgeholt und wieder »bewundert«. Er reagierte darauf, indem er seine Mutter erneut idealisierte und seinen ödipalen Vater zu einem Monster machte, wobei letzterer in der Realität die Idealisierung der Mutter unterstützte. Das Kind verlegte sein zum Opfer gewordenes (verbanntes) Selbst in seine Mutter und hatte das Gefühl, daß sie ein Opfer des schrecklichen Monsters, seines ödipalen Vaters, sei. Diese Anpassung jedoch war eher oberflächlich; darunter entwickelte er einen malignen Narzißmus und identifizierte sich mit dem von ihm geschaffenen schrecklichen Vater. Als er sich einmal als Jugendlicher wegen einer Kleinigkeit über seine Mutter geärgert hatte, schoß er auf sie und verfehlte sie nur knapp. Als Erwachsener tötete er in einem Kriegsgebiet einige Menschen. Seine Analyse offenbarte, daß einige dieser Todesschüsse ihren Grund nicht in kriegsbedingten »Notwendigkeiten« hatten, sondern durch die Forderungen seines malignen Narzißmus motiviert waren.

Das konkretisierende Ereignis findet nicht in der ganz frühen Kindheit statt, sondern zu einem späteren Zeitpunkt, wenn das Kind schon in der Lage ist, kompliziertere Phantasien zu bilden, das heißt während der Separations-Individuations-Phase, der ödipalen Phase oder sogar erst in der Adoleszenz.

Das konkretisierende Ereignis läßt eine Erwartung Realität werden, die in der Phantasie besteht. Die psychische Struktur des Kindes wird durch das demütigende konkretisierende Ereignis in einer Art organisiert, daß eine nur psychische Anpassung niemals ausreicht, um dem Kind das Gefühl zu geben, daß es dieses Erlebnis auflösen und darüber hinwegkommen könne. Tief in sich hat es das Gefühl, daß ein anderes konkretes Ereignis – eine tatsächliche sadistische Handlung – notwendig ist, um das ursprüngliche konkrete demütigende Ereignis zu bewältigen. Im Erwachsenenleben wiederholt sich die Suche nach konkreten Erlebnissen, da keines von ihnen dies Problem lösen kann. Die Art dieser Wiederholungen läßt sich besser verstehen, wenn wir einen dritten Faktor in unsere Betrachtungen miteinbeziehen.

Die Auswirkungen der beiden oben beschriebenen Elemente reichen als Ursache für die Entwicklung eines malignen Narzißmus noch nicht aus. Diese Kombination kann auch bei den Menschen gefunden werden, die einen geschwächten Narzißmus entwickeln und zu masochistischen Narzißten werden. Masochistische Narzißten tendieren dazu, sich immer wieder erniedrigenden Ereignissen auszusetzen, so daß sie als Opfer die »Nummer Eins« werden. Sie »überleben« psychisch dadurch, daß sie die Negativität ihres Selbstwertgefühls besonders betonen (vgl. Kap. II). Für die Entwicklung eines malignen Narzißmus ist noch ein dritter Faktor notwendig. Das Kind muß die Repräsentanz einer anderen Person, gewöhnlich eines Erwachsenen, idealisieren und sich mit ihr identifizieren, wobei das Kind davon überzeugt ist, daß diese Person es aus seiner erniedrigenden Situation, vor seiner massiven Angst und seinem geringen Selbstwertgefühl retten kann. Diese Objektrepräsentanz, deren Eigenschaften wir gleich schildern werden, dient dem Kind als Modell dafür, daß nur eine sadistische und omnipotente Handlung es aus seiner Lage befreien kann. Diese idealisierte Objektvorstellung weist folgende Eigenschaften auf:

- Das Kind muß aus seinen eigenen inneren Gründen das Objekt als einen Menschen *erleben*, der sich mit Hilfe von *Aggression* zur Wehr setzt.

- Das Objekt der kindlichen Idealisierung stützt sich *tatsächlich* auf *aggressive Handlungen*, um sich vor Demütigungen zu schützen. (Diese Beschreibung trifft gut auf den im Kapitel VII beschriebenen Fall »Peter, der Jäger« zu.)
- Oder das Kind *»erschafft«* sich eine starke *Identifikationsfigur*. Dies war bei dem eben beschriebenen Jungen der Fall, der »verbannt« worden war und der bei seiner Rückkehr aus dem Ausland seinen Vater – in seiner Vorstellung – zu einem sadistischen Monster gemacht hatte. Nach vielen Jahren der Analyse des Patienten stellte sich heraus, daß der Vater in Wirklichkeit ein liebevoller und sanfter Mensch war, dem die Art, wie sein Sohn ihn wahrgenommen hatte, ein Rätsel gewesen war. Offensichtlich hatte die Mutter die »Schöpfung« ihres Sohnes unterstützt. Der Junge idealisierte den Sadismus des Vaters und identifizierte sich mit dieser Vorstellung. Diese projektive Identifikation führte später dazu, daß er andere Menschen verletzte und tötete.

Der Leser wird sich daran erinnern, daß wir weiter oben, KERNBERG (1975) folgend, feststellten, daß es im grandiosen Selbst drei miteinander verbundene Elemente gibt (vgl. Kap. III): Die »reale Selbstvorstellung«, die »ideale Selbstvorstellung« und die »ideale Objektvorstellung«. Das grandiose Selbst des malignen Narzißten schließt die Identifikation mit der Repräsentanz eines idealisierten Objektes mit ein, das von exzessiver Aggression durchdrungen ist. Der Patient ist daher immer wieder in massiv sadistische Aktionen verwickelt, um die Kohärenz seines grandiosen Selbst zu bestätigen und aufrechtzuerhalten. Diese Patienten scheinen »süchtig« danach zu sein, sadistische Handlungen auszuführen und aggressive Siege zu erringen, damit das internalisierte, idealisierte, aggressive Objekt in der äußeren Welt ein Echo findet.

Diagnose

Bei der Diagnose des malignen Narzißmus müssen wir sorgfältig darauf bedacht sein, die Existenz einer Identifikation mit einer aggressiv durchsetzten, idealisierten Objektrepräsentanz im grandiosen Selbst dieses Menschen nachzuweisen. Wenn ein sadistischer Akt beobachtet wird, der sich in typischer Weise wiederholt, sollte derjenige, der die Diagnose eines malignen Narzißmus stellte, nachweisen können, daß diese aggressiven Akte nicht nur dazu dienen, das grandiose Selbst zu verteidigen, sondern vielmehr dazu, es zu bestätigen. Die innere Welt des malignen Narzißten und sein übermäßiger Sadismus sollten von der inneren Welt des »regulären« Narzißten unterschieden werden. Der »reguläre« Narzißt verwendet Aggression nicht als dominierendes Mittel, um sein grandioses Selbst zu bestätigen. Seine narzißtische Wut ist vielmehr ein Zeichen seines Wunsches nach Rache, wenn ein äußeres Ereignis sein grandioses Selbst zu gefährden scheint.

Kernberg (1989) gibt als Unterscheidungskriterium zwischen malignem Narzißmus und antisozialer Persönlichkeit an, daß es bei letzterer nicht zur Idealisierung eines Objekts oder dessen Repräsentanz kommt. Er fügt hinzu, daß diese fehlende Idealisierung »den antisozialen Patienten auch von dem Versuch abhält, sich einer voraussagbaren, wenn auch sadistischen Autorität masochistisch zu unterwerfen. Der Patient ist zutiefst und vollständig davon überzeugt, daß er sich ausschließlich auf seine eigene Kraft verlassen kann und daß die Lust an sadistischer Kontrolle die einzige Alternative zum Leiden und zu der den Schwachen unweigerlich drohenden Zerstörung darstellt.« (S. 268).

Es ist offensichtlich, daß nicht alle sadistischen Handlungen von malignen Narzißten begangen werden; wenn wir jedoch die unter der Oberfläche liegenden Ursachen mancher gewalttätigen Geschehnisse untersuchen, so täten wir gut daran zu bedenken, daß maligner Narzißmus den Kern des Problems darstellen könnte.

Mord

Stone (1989) stellte eine Übersicht der gegenwärtigen amerikanischen und britischen Literatur über berühmte Mordfälle zusammen. Er war der Auffassung, daß bei diesen ein ausgeprägtes narzißtisches Element erkennbar sei. Leider waren Stones Untersuchungen des biographischen Hintergrundes vieler bekannter Mörder, wie nicht anders zu erwarten war, nur begrenzt möglich. Außerdem unterscheidet er nicht klar genug zwischen narzißtischen Problemen und Problemen aufgrund einer narzißtischen Persönlichkeitsorganisation. Er stellt fest, daß »das Gefühl chronischer Demütigung, das Gefühl, ein ›Niemand‹ zu sein, oft sein wenn auch nur kurzfristig wirksames Gegenmittel im Mord gefunden hat« (S. 644). Es mag zwar sein, daß einigen Morden narzißtische Probleme mit Kränkungen und Demütigungen vorausgegangen sind. Wir können jedoch nicht sagen, daß der Mörder ein maligner Narzißt ist, sobald irgend ein narzißtischer Faktor beteiligt war. Im Falle Sirhan beispielsweise, der Robert Kennedy umgebracht hat, haben zwar offensichtlich narzißtische Themen eine Rolle gespielt, eine maligne narzißtische Persönlichkeit scheint der Mörder jedoch nicht gehabt zu haben.

SOCARIDES (1977) beschreibt Sirhan als einen Menschen, der seinen übermäßigen Narzißmus nicht mehr aufrechterhalten konnte. In einem Versuch, seine narzißtische Persönlichkeitsorganisation abzustützen, verwendete er Robert Kennedy als Depot seiner eigenen Grandiosität. Gleichzeitig jedoch wurde Kennedy für Sirhan zu einem gefährlichen Objekt, das er zerstören mußte, da seine eigene Grandiosität nur ein Deckmantel für seine vernachläßigte, hungrige und neidische Selbstrepräsentanz war. SOCARIDES weist eine Beziehung zwischen dem Opfer und seinem unbekannten Mörder nach. Sirhans bewußte Motive waren nur wenig verschleierte Rationalisierungen. Er hielt Kennedy für »fürstlich« und bewunderte ihn. Als aber die Zielscheibe der Projektion seines grandiosen Selbst ihn dadurch enttäuschte, daß er sich auf die Seite der Israelis stellte, die Sirhan für seine Entbehrungen verantwortlich machte, tötete er ihn, nur um nach dem Mord wieder seine Liebe zu seinem Opfer zu beteuern.

Andere Mordfälle sind weniger auf narzißtische Problematiken zurückzuführen, sondern vielmehr Ausdruck von organischen oder psychotischen Prozessen, Borderline-Psychopathologien, symbolischen Re-Inszenierungen traumatischer Erlebnisse oder anderer Probleme. Geordnet nach der Schwere des Verbrechens – von inhuman zu extrem inhuman – stellt STONE (1989) exemplarische Biographien zusammen. Er kommt zu dem Ergebnis, daß auch der maligne Narzißmus ein gewisses Spektrum von Ausprägung habe. Wenn wir uns »dem äu–

ßersten Ende des malignen Narzißmus nähern, so kommen wir in einen Bereich, in dem *paranoide* Mechanismen mit ausgeprägten narzißtischen und antisozialen Mechanismen vermengt sind; dies bedeutet, daß die Neigung zum Morden durch ein starkes und unauslöschliches Mißtrauen gegenüber der gesamten Menschheit in Verbindung mit intensivem Haß gegen eine bestimmte charakteristische Gruppe (z.B. Frauen, Chefs, ethnische Minderheiten), genährt wird.« (S. 647) STONES Feststellungen scheinen wirklich vernünftig zu sein. Leider jedoch reichen die von ihm gesammelten lebensgeschichtlichen Daten über die Mörder, die er beschreibt, über eine bloße Phänomenologie nicht hinaus. Eine Diagnose der inneren Welt dieser Menschen ist ohne ausreichende biographische Information nicht möglich. Ted Bundy, einer der auffallendsten (privaten) Massenmörder dieses Jahrhunderts, gab vor seiner Exekution Interviews, in denen er über sein Leben und seine Taten sprach (MICHAUD u. AYNESWORTH 1983). Wir stimmen mit STONE darin überein, daß dieser Mann mit größter Wahrscheinlichkeit ein maligner Narzißt war – auch wenn wir nicht ganz sicher wissen, wie sein grandioses Selbst beschaffen war – und daß er immer wieder einen Mord beging, um sich überlegen zu fühlen. Er sah gut aus, war intelligent und achtete sehr auf seine Kleidung. Im Gespräch war er egozentrisch und schien immer wieder eine Bestätigung seiner Großartigkeit und seiner Unschuld zu brauchen, was er durch Lügen zu erreichen versuchte. Kurz vor seiner Exekution bekannte er sich doch noch zu einigen seiner Morde.

Analysierbarkeit

STONE stellt fest, daß zwar die Phänomenologie von malignen Narzißten, die morden, psychiatrisch beschrieben werden kann, daß aber diese Menschen durch die Psychotherapie, wie sie heutzutage praktiziert wird, nicht geheilt werden können. Dem stimmen wir grundsätzlich zu. Man kann davon ausgehen, daß wir alle gelegentlich jemandem den Tod wünschen, uns dessen sogar oft bewußt sind. Wenn wir »töten«, so tun wir das jedoch in unserer Phantasie. Jeder, der einen anderen Menschen in der Phantasie oder auf symbolische Weise (etwa indem er eine Figur verbrennt, die für die Person steht, die Ziel des Todeswunsches ist) getötet hat, kann im klassischen Sinn analysierbar sein, da der Vorgang des Tötens im psychischen Bereich verbleibt. Wenn jedoch jemand einen anderen Menschen tatsächlich tötet (insbesondere wenn er immer wieder mordet), so gibt er, mindestens zum Zeitpunkt der Tat, die Unterscheidung sowohl zwischen einer Vorstellung und einem konkreten Objekt als auch zwischen einer Phantasie und einer Handlung auf. Da solch ein Mensch auf einer so »primitiven« Ebene funkioniert, sagen wir theoretisch, daß er nicht für eine klassische Analyse geeignet ist. Natürlich kann es in einigen Fällen möglich sein, psychoanalytisch fundierte therapeutische Techniken anzuwenden, um dem Mörder dabei zu helfen, die Unterscheidung zwischen seinen Vorstellungen (sowohl der Selbst- als auch der Objektrepräsentanzen) und den äußeren Objekten wiederzuerlangen, wie auch die zwischen seinen Wünschen und seinen Handlungen. Falls aber eine solche Differenzierung bei einem mehrfachen Mörder wirklich stattfinden würde, so nehmen wir an, daß er unerträglichen Reue- und Schuldgefühlen ausgeliefert wäre, was wiederum eine weitere Analyse behindern würde. Da wir jedoch keinen Bericht über eine ernsthafte und systematische Analyse eines mehrfachen Mörders haben, sind dies nur theoretische Vermutungen.

Das Töten von Menschen kann aber auch im Rahmen von psychischen Prozessen stattfinden, die sich von den oben beschriebenen unterscheiden, wie beispielsweise das Töten in einem Kriegsgebiet, bei dem der einzelne aufgrund eines Gruppenprozesses, an dem er Anteil hat, sich in einem anderen Bewußtseinszustand befindet; oder aber das Töten geschieht in einem dissoziativen Zustand. Wir vermuten jedoch, daß selbst unter diesen Bedingungen die Mechanismen wirksam sind, die wir oben beschrieben haben.

Da wir nicht genügend in die Tiefe gehende psychoanalytische Daten eines malignen Narzißten extremen Ausmaßes erhalten können, müssen wir nach einem Fall suchen, bei dem der Sadismus des Patienten äußere Objekte, die für die inneren Objekte stehen, zumindest dann nicht ganz zerstört, wenn es sich um andere Menschen handelt. Im nächsten Kapitel stellen wir die vollständige Geschichte der psychoanalytischen Therapie eines Mannes dar, dessen Sadismus sich gegen Tiere und – als er sich inmitten eines »Kriegsbewußtseinszustandes« befand –

gegen sozial definierte »Feinde« richtete. Wir hielten diesen Mann für analysierbar, da mit den Tieren und »Feinden« eine gewisse Symbolik verknüpft war und er kein Serienmörder von Menschen war. Er mußte immer wieder Tiere jagen, um sein grandioses Selbst abzustützen. Sein Fall kann als Fenster in die innere Welt eines malignen Narzißten dienen.

VII

Peter, der Jäger

Zehn Stunden nach dem Angriff auf Pearl Harbour am 7. Dezember 1941 erreichten 200 japanische Bomber Manila auf den Philippinen. Die Japaner waren erstaunt, die amerikanischen Jagdflugzeuge von General Douglas Mac Arthur völlig unvorbereitet am Boden vorzufinden, und zerstörten alles, was sie sahen. Doch das war nur der Auftakt. Japan erzielte in der Anfangsphase des pazifischen Krieges einen überwältigenden Sieg nach dem anderen. Bald sah Mac Arthur keine Chance mehr, die 33 000 km lange Küstenlinie der Philippinen zu verteidigen und befahl einen taktischen Rückzug seiner Truppen. 65 000 Philippiner und 15 000 Amerikaner zogen sich auf die Berge der Halbinsel Bataan zurück, die im Südwesten Manilas ins Meer hinaus ragt. Washington versprach, Verstärkung zu schicken, löste aber dieses Versprechen niemals ein. Bataan, auf der außer den 80 000 Soldaten auch noch 26 000 Zivilisten lebten, wurde nun monatelang von japanischen Truppen belagert. Der Hunger wurde immer schlimmer und viele Menschen starben an Malaria, Ruhr und Beri-beri, ohne daß es irgendeine medizinische Hilfe gegeben hätte. Mit der Zeit sangen die Soldaten folgendes Lied:

»Wir sind die kämpfenden Bastarde von Bataan, keine Mamma, kein Papa und kein Onkel Sam, keine Tanten, keine Onkels, keine Cousinen, keine Nichten, keine Gewehre, keine Flugzeuge oder Munition zum Schießen und keiner, der sich einen Dreck drum schert.« (Hopkins 1991, S. 52).

Als Mac Arthur, der versprochen hatte, seine Truppen, die ihn verehrten, nie zu verlassen, von der Halbinsel versetzt wurde, sank die Moral auf einen Tiefpunkt. Bald darauf griffen 50 000 Japaner die verhungernden philippinischen und amerkanischen Soldaten an. Als diese sich in heillosem Durcheinander zurückzogen, blieb dem kommandierenden General Edward King keine andere Wahl, als sich bedingungslos zu ergeben. Dies war am 9. April 1942. Es war die größte Niederlage in der amerikanischen Militärgeschichte.

Die Japaner hatten mit 25 000 Gefangenen gerechnet. Aber die Zahl der Truppen, die sich ergeben hatten, lag bei über 75 000. Viele von ihnen waren krank, ausgezehrt und dem Verhungern nahe. Bilder von damals zeigen ausgemergelte Menschen mit tiefen schwarzen Ringen um die eingefallenen Augen; die Soldaten schienen sich in einem Dämmerzustand zu befinden. Die Gefangenen wurde gezwungen, in der brütenden Hitze über 100 Kilometer zur ersten Station auf ihrem noch langen Weg in die japanische Kriegsgefangenschaft zu gehen. Viele verdursteten oder wurden, wenn sie nicht mehr weiterkonnten, erschossen oder erschlagen. Die übrigen wurden von den japanischen Aufsehern mit Peitschen und Gewehrkolben mißhandelt. Nur 60 000 überlebten diesen drei Tage dauernden Schreckensmarsch, der als »Bataan-Todesmarsch« in die amerikanischen Geschichtsbücher einging.

Dick Bilyeu (1991), der später von dem aussichtslosen Kampf um Bataan und die Gefangennahme durch die Japaner berichtete, beschrieb in erschütternden Worten den Verlust der Würde und das Gefühl der völligen Hilflosigkeit auf dem »Gang in die Hölle« und während der anschließenden Gefangenschaft. Seine Lebenseinstellung änderte sich damals drastisch, und seine Persönlichkeit wurde durch die Erlebnisse auf Bataan für immer geprägt.

Einen anderen Überlebenden dieses Todesmarsches und der japanischen Kriegsgefangenenlager werden wir hier Gregory nennen. Von seiner Lebensgeschichte wissen wir kaum mehr, als daß er dieses unbeschreibliche Martyrium ebenfalls überlebt hat.

Ein kleiner dicker Junge namens Peter hat später diesen Gregory idealisiert. Seine Erlebnisse mit ihm hat er internalisiert und sie in sein aufkeimendes grandioses Selbst miteingebaut.

Peter

An den Wänden von Peters Haus waren seine Jagdtrophäen ausgestellt, die durch die Kunst des Präparators erstaunlich lebensecht wirkten. Das Jagen war Peters Lieblingsbeschäftigung. Obwohl er im Vietnam-Krieg auch Frauen und Kinder erschossen hatte und sehr erfolgreich im Rüstungsgeschäft tätig war, war er in Gedanken nicht bewußt damit beschäftigt, Menschen zu töten. Sein Sadismus gegenüber Tieren diente dazu, sein Selbstwertgefühl zu verbessern und seine narzißtische Persönlichkeitsorganisation zu stabilisieren.

Peter ist bei einem Analytiker in analytischer Psychotherapie, den ich supervidiere. Wäre ich selbst sein Analytiker, so könnte es sein, daß ich seine Situation in einigen Punkten anders sehen würde; es ist jedoch auch von Vorteil, über einen Fall zu berichten, den ich nicht selbst behandle, sondern supervidiere, da ich so besser in der Lage bin, zu sehen, was auf der Übertragungs-Gegenübertragungs-Achse geschieht. Für meinen Bericht über Peters Behandlung habe ich die zahlreichen Notizen verwendet, die ich mir während der Supervisionssitzungen gemacht habe.

Peter war 46 Jahre alt, als er auf Drängen seiner Frau in psychoanalytische Behandlung kam. Sie hatte dies zu einer Bedingung ihres weiteren Zusammenlebens gemacht, nachdem sein übermäßiges Trinken auf einer Party sie in Verlegenheit gebracht hatte. Er trank schon seit langem zu viel und hatte auch schon eine Zeitlang Treffen der Anonymen Alkoholiker besucht. Er versicherte, nicht mehr exzessiv zu trinken, gab aber zu, sich gewöhnlich drei oder vier Martinis beim Mittagessen zu genehmigen. Er prahlte damit, diese Menge Alkohol leicht verkraften zu können.

Als er mit der Behandlung begann, war er gerade als Lobbyist eines Produzenten militärischer Großgeräte, wie zum Beispiel Raketen und Flugzeuge, mit einem Projekt beschäftigt, das mehrere hundert Millionen Dollar umfaßte; seine Martini-Mittagessen fanden deswegen mit hohen Regierungsvertretern wie Senatoren oder Kongreßabgeordneten statt.

Während seines Erstinterviews legte er Wert darauf, seinen Therapeuten wissen zu lassen, daß er sich im Zentrum der Macht zu Hause fühlte und kaum erwarten dürfe, daß der Analytiker den Reiz einer solch exponierten Stellung begreifen könne. Dabei stellte er sich als ungeheuer mächtigen und großartigen Mann dar. Er vermittelte den Eindruck, daß seine Firma ohne seine grandiosen Leistungen überhaupt nichts erreichen könnte. Er präsentierte sich als den Patrioten Nummer Eins und vermittelte den Anschein, daß die Rüstungsindustrie des ganzen Landes von seinem Verhandlungsgeschick abhinge. Seine Aufgabe bestünde darin, dafür zu sorgen, bestimmte Gesetzesvorlagen durch den amerikanischen Kongreß zu bringen, durch die Gelder zur Entwicklung und zum Bau ungeheuer mächtiger Waffensysteme höchster Geheimhaltungsstufe zur Verfügung gestellt würden. Peter verhielt sich gegenüber seinem Analytiker so, als ob das Leben von Millionen Amerikanern von ihm abhinge, da seine Waffen sie beschützen würden, während er Millionen Menschen auf der Seite des Feindes umbringen könnte. Er ließ ständig die Namen anderer mächtiger Personen, wie etwa hoher Regierungsvertreter, in die Unterhaltung einfließen. Er vermittelte den Eindruck, daß diese Senatoren und Kongreßabgeordneten ohne seine großartigen Leistungen weder die Aufgaben der Landesverteidigung noch der Ankurbelung der Wirtschaft des Landes erfüllen könnten.

Wenn er nicht als Lobbyist tätig war, reiste er zu weit entferten Orten, um exotische Tiere zu jagen. In Alaska beispielsweise flog er mit einem Hubschrauber über eine Herde von Rentieren und mähte Hunderte von ihnen mit seinem Maschinengewehr nieder. Zu Hause präparierte er die von ihm erlegten Tiere. Diese Welt der Jagd, die er mit seinen Jagdgefährten, anderen Großwildjägern, teilte, stand weitgehend unverbunden neben der täglichen häuslichen Routine, der er nichts abgewinnen konnte.

Diesem sich ungeheuer mächtig und großartig darstellenden Mann gelang es dennoch, dem Analytiker ein Gefühl dafür zu geben, daß er sich auf einer anderen Ebene »leer« fühlte. Er war verheiratet. Sein Sohn ging aufs Gymnasium, und seine Tochter studierte. Er fühlte sich seiner Familie gegenüber fremd, und obwohl ihm das falsch vorkam, unternahm er nichts, um diese Situation zu ändern. Seine Frau beschrieb er als willensstark. Ohne große Begeisterung ließ er sie ihr gemeinsames gesellschaftliches Leben organisieren. Frau und Tochter schienen ihre eigenen Wege zu gehen. Der Sohn war ihm zu wenig männlich. »Im Grunde genommen mag ich meine Kinder nicht wirklich« kommentierte er seine familiäre Situation.

Ein anderes Problem war seine Bulimie. Seit dem 20. Lebensjahr hatte er begonnen, sich zu überessen und sich dann zu übergeben. Manchmal überaß und erbrach er sich mehrmals am Tag.

Einführung in die Lebensgeschichte

Peter war zwei Wochen alt, als sein Vater die Familie verließ. Später ließen sich seine Eltern scheiden. Nachdem der Vater ausgezogen war, zog seine Mutter zurück ins Haus ihrer Mutter. Da Peters Mutter arbeiten gehen mußte, kümmerte sich seine Großmutter um ihn. Was er von seiner Kindheit erzählte, läßt vermuten, daß beide Frauen während seiner ersten Lebensjahre ängstlich, deprimiert und frustriert waren. Seine Mutter war überfürsorglich zu ihm, was vermutlich eine Reaktionsbildung auf ihren Ärger darüber war, von seinem Vater verlassen und mit der Sorge um das Kind allein gelassen worden zu sein. Sie störte seine phasenspezifische Entwicklung zum Beispiel dadurch, daß sie ihn auch dann noch fütterte, als er schon selbständig essen konnte. So wurde er ein sehr dickes Kind. Obwohl beide Frauen ihm gegenüber übermäßig nachgiebig waren, erwarteten sie andererseits von ihm, daß er sich entsprechend ihren Vorstellungen verhalte, die sich streng nach den Vorschriften der katholischen Kirche richteten. Seine ganze Kindheit über mischte sich seine Mutter in seine Angelegenheiten ein, wodurch bei ihm eine Verwirrung über die Grenzen seiner Selbstrepräsentanz entstand. Sie erledigte sogar seine Hausaufgaben und schrieb seine Aufsätze, als er in die Schule kam.

Als er zwei oder drei Jahre alt war, lernte seine Mutter einen Mann kennen, der Sprengmeister war. Er hieß Gregory und war im zweiten Weltkrieg nach seiner Teilnahme am Bataan-Todesmarsch noch fünf Jahre in japanischer Kriegsgefangenschaft gewesen. Damals hatte er 65 Pfund an Gewicht verloren. Viele seiner damaligen Gefährten waren gestorben. Vermutlich sprach er wenig über seine Erlebnisse während des Krieges und in der Gefangenschaft; aber er war gut zu Peter, dem kleinen dicken Jungen, für den Gregory, als er heranwuchs, ein Held war.

Als Peter fünf Jahre alt war, nahm seine Mutter ihn in einen Stadtteil mit, wo sein biologischer Vater mit seiner zweiten Frau und deren beiden Kindern lebte. Peter bekam den Auftrag, an die Türe zu klopfen und sich als der Sohn dieses Mannes vorzustellen. Auf sein Klopfen hin öffnete ihm ein Mann. Nachdem Peter ihm sein Anliegen vorgetragen hatte, schrie dieser Mann ihn an und warf ihn raus. In panischer Angst rannte das Kind zu seiner Mutter zurück und behielt dieses Erlebnis als eine extreme Demütigung in Erinnerung.

Peter wußte nie, ob sein Vater ihn später von sich aus oder aufgrund eines Telefonanrufes seiner Mutter aufsuchte. Jedenfalls kam er und nahm ihn auf einen Rummelplatz mit, wo er ihm Pommes frites und Süßigkeiten kaufte, die Peter später erbrach. Dies war, soweit er sich zu Beginn der Analyse erinnern konnte, das letzte Mal, daß er seinen Vater sah oder von ihm hörte. Er wußte nicht, was später aus ihm und seiner zweiten Familie geworden war.

Schließlich heiratete seine Mutter ihren neuen Partner, was wegen der strengen Bestimmungen der katholischen Kirche zu Scheidung und Eheschließung mit einem Nichtkatholiken lange Zeit nicht möglich gewesen war. Dennoch war das Paar regelmäßig zusammen mit Peter in die Kirche gegangen. Peter bekam nun den Namen seines Stiefvaters. Er wurde weiter von seiner Großmutter versorgt, obwohl er nicht mehr in ihrem Haus lebte. Seine Mutter ging zur Arbeit. Auch sein neuer Vater arbeitete, war aber recht häufig zu Hause, da er freiberuflich tätig war. Bei diesen Gelegenheiten verbrachte er viel Zeit mit dem Jungen. Nach dem Tod der Großmutter wurde ihre Beziehung noch enger. Als Peter in Behandlung kam, waren seine Eltern über 70, und er bewunderte seinen Stiefvater noch immer.

Das Erlebnis mit dem Waschbären

Peter ging auf eine katholische Schule. Als Kind war er stark übergewichtig, bis es bei ihm aufgrund einer Erkrankung zu einer drastischen körperlichen Veränderung kam. Er war damals in der Adoleszenz, in der die Jugendlichen eine zweite Individuation (A. Freud 1958, Blos 1968) durchlaufen, während der es zu einer psychobiologischen Regression kommt. Schon damals begleitete er den Stiefvater gerne auf seinen häufigen Jagdausflügen. Dabei beobachteten sie einmal in den Wäldern einen Waschbären, der aus einem Fluß trank. Auch Peter trank von diesem Wasser, von dem wir nicht wissen, ob es verseucht war. Er wurde schwer krank und nahm 55 Pfund ab. In seiner Phantasie identifizierte er sich mit dem Waschbären, der dunkle Ringe um die Augen hatte und der für ihn seinen Stiefvater repräsentierte, der auch 65 Pfund verloren hatte, als er in Bataan hungerte, sich von Katzen, Hunden und Eidechsen ernähren mußte, aus Flüssen trank und später den Todesmarsch von Bataan und die japanische Kriegsgefangenschaft mitmachte. In der Vorstellung des Jungen ähnelte der Waschbär den Bildern der Überlebenden mit ihren eingefallenen dunklen Augen, die er gesehen hatte, auch wenn das Tier nicht so ausgemergelt aussah wie diese verhungernden Soldaten, die, wie es schien, kaum noch bei Bewußtsein waren.

Nachdem er sich von dieser Krankheit erholt hatte, begann er mit Gewichtheben und intensivem körperlichen Training. Eines Tages kam ein berühmter Oberst der Armee mit einer beeindruckend langen schwarzen Limousine in Peters Schule und sprach mit ihm darüber, ob er in die Militärakademie gehen wolle. Dieses Treffen war von Peters Stiefvater arrangiert worden und führte, wie geplant, dazu, daß er sich auf der Militärakademie einschrieb. Er wurde dort ein sehr guter Student, war weiterhin aktiv im Body-building und verbannte sein Selbstbild als »Dicker Junge« aus seinem Bewußtsein; untergründig blieb es jedoch ein Teil seiner Selbstrepräsentanz.

Vor seiner Karriere als Lobbyist war Peter beim Militär. In Vietnam tötete er Feinde und wurde als Pilot eines Helikopters viermal abgeschossen. Er war bekannt als jemand, der brenzlige Situationen geradezu suchte.

Peters Behandlung

Als Peter mit der Behandlung begann, verhielt er sich so, als ob ihn weder die Therapie noch sein Analytiker irgendetwas angingen. Er kam nur zu den Stunden, um seiner Frau einen Gefallen zu tun, da er das Versprechen, das er ihr gegeben hatte, nicht brechen wollte.

Zu Beginn der Behandlung hatte er eine draufgängerische Art und war eifrig darauf bedacht, zu zeigen, daß er die Situation unter Kontrolle hatte. Er lehnte die Couch ab. – Sein Analytiker diskutierte dies mit mir, und wir kamen überein, daß sich der Therapeut damit einverstanden erklären sollte, im Sitzen zu arbeiten, daß er ihm jedoch anbieten würde, die Couch dann zu benützen, wenn er meinte, dafür bereit zu sein. Der Analytiker hatte das Gefühl, daß Peter damals die Behandlung nicht hätte ertragen können, falls der Therapeut auf der Couch bestanden hätte. Eine solche Körperposition wäre für ihn ein Zeichen der Abhängigkeit gewesen, und er wollte eine derartige Unterwerfung auf jeden Fall vermeiden.

Peter stürzte sich sofort in eine Erzählung über das Millionen-Dollar-Projekt, mit dem er zu tun hatte, und über die einflußreichen Persönlichkeiten des öffentlichen Lebens, mit denen er so häufigen und vertrauten Umgang pflegte. »Ich nehme an, ich kann Ihnen das über die XY-Rakete erzählen«, sagte er herablassend, »das ist keine Geheimsache«. Er gab endlose technische Beschreibungen militärischer Geräte, durch die Soldaten nachts sehen konnten. Er schien sich selbst zu versichern, daß er adäquate Abwehrmaßnahmen gegen die eigene Angst vor irgendeinem nicht definierten Feind zur Verfügung hatte.

Der Analytiker verstand, daß Peters übermäßiger Narzißmus pathologisch, ja sogar maligne war und daß seine Aggression dazu diente, sein Selbstwertgefühl abzusichern und zu verbessern, um nicht dem Gefühl der inneren Leere ausgeliefert zu sein. Seine sexuellen Impulse waren gehemmt – ersetzt durch seine Leidenschaft, Tiere zu töten. So, wie ein Mensch, der süchtig nach sexuellen Erlebnissen ist, ständig immer mehr davon braucht, war Peter süchtig nach dem Abschlachten von Tieren und suchte nach immer weiteren Gelegenheiten dazu; er prahlte mit Taten wie seinem Massaker an einer ganzen Rentierherde vom Hubschrauber aus. Gleichzeitig sprach er von den Ritualen und der Moral der Großwildjagd, deren Ehrenkodex und seine Art zu jagen in einer ähnlich unintegrierten Art nebeneinander existierten wie die katholischen Glaubensgrundsätze und seine, offiziell erwünschte und erlaubte, Menschenjagd im Krieg.

In dieser Anfangszeit seiner Behandlung verbrachte er einen großen Teil seiner Freizeit damit, an seinen Jagdtrophäen zu arbeiten – einer Klapperschlange und einem Bären. Er sorgte sich darum, natürlich wirkende Augen für den Bären zu finden. Häufig war er in Läden, die Materialien zum Präparieren von Tieren verkauften, wo er die Gesellschaft anderer Macho-Männer genoß.

Gleichzeitig vermittelte er dem Analytiker seinen Wunsch, psychologisch »genährt« zu werden, beispielsweise indem er immer wieder Fragen an ihn richtete und dann mit den Antworten, die er erhielt, in derselben Art umging wie mit Essen. Obwohl er die Antworten hungrig erwartete, machte er deutlich, daß er sie ablehnte, nachdem er sie aufgenommen hatte. Wenn keine Antwort kam, nahm er sogleich seine übertrieben männlichen Geschichten wieder auf. Er teilte seinem Therapeuten mit, daß er gleich zu Beginn der Behandlung *ganz allein* mit dem Trinken aufgehört habe. Er zeigte dem Therapeuten, daß *er* die Kontrolle innehabe und keine Hilfe irgendeiner Art benötige, insbesondere keine therapeutische. Die Fähigkeiten seines Analytikers wurden von ihm massiv entwertet.

Er ging weiterhin auf Parties, auf denen er Essen in sich hineinstopfte, um dann sein Bedürfnis nach Nahrung durch Erbrechen wieder von sich zu weisen. Wie schon zu Beginn der Behandlung versicherte er jedoch seinem Therapeuten, daß sein bulimisches Verhalten kein Problem darstelle.

Einmal fragte er den Analytiker, ob dieser den Film »Platoon« gesehen habe, der, wie er sagte, den Krieg realistisch darstelle. Er erzählte weiter, wie er, »da der Krieg es notwendig gemacht habe«, Frauen und Kinder getötet habe. Dies löste beim Analytiker Gefühlsreaktionen aus, die er nicht mit dem Patienten besprach, sondern später in der Supervision mit mir diskutierte. Ich ermutigte ihn dazu, zuzuhören, ohne den Patienten zu stören.

Peter vertraute seinem Analytiker an, daß 43 seiner 87 Kameraden, die, wie er, Helikopter-Piloten gewesen waren, umgekommen seien, und daß es ihn störe, wenn diese »Friedensfritzen« solche Männer als Mörder bezeichneten. Außerdem habe er eine russische Waffe mit nach Hause gebracht, die er zum Jagen verwende. – In der Supervision spürten wir beide, daß er erwartete, von seinem Therapeuten als Mörder bezeichnet zu werden, und daß Peter diese Waffe für etwas hielt, womit er seinen Analytiker in Schach halten könne.

Als er einen Monat nach dem Beginn der Behandlung ein Waffengeschäft über -zig Millionen Dollar abschloß, fühlte er sich zwar mächtig, war aber nicht begeistert. Er wollte die Behandlung beenden mit der Begründung, daß er auf Wunsch seiner Frau mit der Therapie begonnen habe und er ja schon in Ordnung sei, da er mit dem Trinken aufgehört habe; nicht er »stecke in der Tinte«, sondern ein bestimmter Kongreßabgeordneter sei ein Säufer (Verschiebung). Er behauptete auch, daß er keine Eßattacken mehr habe und nicht mehr erbreche. Er versuchte, seinen Therapeuten zu trösten, indem er sagte: »Sie sind ja ein netter Mann. Ich hoffe, Sie nehmen es mir nicht übel, wenn ich aufhöre.« Der Therapeut erklärte, daß er nicht im Auftrag der Frau des Patienten handle, und daß die Entscheidung, die Behandlung fortzuführen oder nicht, bei Peter liege. Er fügte hinzu, daß eine Fortsetzung der gemeinsamen Arbeit seinem Patienten vielleicht bei einigen Schwierigkeiten, wie etwa dem Trinken und der Bulimie, noch weiterhelfen könne, wobei er jedoch gleichzeitig Peters »Stolz« darüber anerkannte, damit auch alleine umgehen zu können.

Eine Glaskugelübertragung

Peter entschloß sich, in Behandlung zu bleiben. Er entwickelte eine »Glaskugelübertragung« (VOLKAN 1979a), wie wir sie in Kapitel 4 beschrieben haben. Dabei stellt sich der narzißtische Patient in seiner Phantasie vor, in einem Gebilde ähnlich einer Glaskugel zu leben; diese stellt ein Königreich dar, in dem der Patient die »Nummer Eins« ist und Macht über ein eigenes Universum ausübt. Peter sprach von einem »Inselreich«, in dem er allein lebte. Er kannte einen Mann, dem eine Insel gehörte und den er beneidete. Peter erwartete vom Analytiker, seiner Insel nicht zu nahe zu kommen, da er dort niemandem Eintritt gewähren wollte. Einmal hatte er beim Militär 50 Ärzte unter seinem Kommando gehabt, von denen zwei Psychiater gewesen waren; von diesen beiden hatte er am allerwenigsten gehalten; die waren zu nichts nutze gewesen.

Über die Notwendigkeit, die narzißtische Übertragung voll zur Entfaltung kommen zu lassen

Als der Analytiker in den ersten sechs Monaten einmal versuchte, mehr über Peters Kindheitserlebnisse in Erfahrung zu bringen, wurde ihm erwidert, daß er (Peter) ein »glückliches dickes Kind« gewesen sei und »daß es da nichts gebe!« Am folgenden Tag kündigte Peter an, daß er einige Stunden ausfallen lassen werde, da er auf einen Jagdausflug ginge. – Ich wies den Therapeuten darauf hin, daß Peter sich an seinem isolierten, grandiosen Selbst festklammere, als ob sein Leben davon abhinge, und daß er sich dagegen wehrte, sein entwertetes und erniedrigtes Selbst bei genauerem Nachforschen sichtbar werden zu lassen. Ich empfahl ihm, die narzißtische Übertragung des Patienten zur Entfaltung kommen zu lassen. Seine Fragen nach der Kindheit hatte der Patient als zu frühe Aufforderung empfunden, seine Abwehr aufzugeben.

Als Peter von seinem Jagdausflug zurückgekommen war, hörte der Therapeut seinen grandiosen Taten wieder zu, ohne ihn dabei zu unterbrechen. Die Fischereisaison begann, und Peter versäumte zum ersten Mal seit vielen Jahren den Eröffnungstag, um zu seiner vereinbarten Sitzung zu kommen. Er fragte seinen Analytiker, ob er auch gerne fische, und zeigte damit erstmals, daß sie ein gemeinsames Interesse haben könnten. Der Analytiker lehnte ab, direkt auf die Frage zu antworten und erklärte ihm dies damit, daß sie so mehr erfahren könnten über Peters Fischereierlebnisse und die damit verknüpften Botschaften. Er schlug vor, daß Peter und er auf diese Botschaften neugierig sein sollten.

Peters Abhängigkeitsbedürfnisse, beispielsweise von seiner Frau, sollten geheim bleiben. Sie war eine gute Köchin, deren Gerichte er in großen Mengen verspeiste, dann aber wieder von sich gab. Er beschrieb, wie er seine Bauchmuskulatur so trainiert hatte, daß er willentlich erbrechen konnte. Er war in der Tat der perfekteste bulimische Patient der Welt; sogar in seinen unerfreulichen Symptomen mußte er alle anderen übertreffen. Der Analytiker bemerkte, daß Peter darum bemüht war, die Quelle seiner Abhängigkeit nicht zu verlieren, während er mit seinem grandiosen Selbst protzte; er rief zum Beispiel mitten während sehr erfolgreicher Verhandlungen im Kapitol seine Frau vier oder fünf Mal an. Alles mußte unter seiner Kontrolle bleiben, und seine Abhängigkeitsbedürfnisse durften nicht die Überhand gewinnen.

Er hatte viele Rituale. Beispielsweise erbrach er sich erst, nachdem er das Essen mehrere Stunden bei sich behalten hatte.

Einmal ließ Peter eine Stunde ausfallen, um auf eine Cocktailparty für den Vizepräsidenten zu gehen. Seine Gesellschaft hatte dafür viele zig tausend Dollar gespendet. Dieses Ereignis ermöglichte es ihm, seinem Therapeuten zu sagen: »Sie verstehen mich nicht. Ich will nicht gesagt bekommen, daß ich verletzbar sei oder in Angst versetzt werden könne; deswegen will ich weg von Ihnen. Wenn ich mit so mächtigen Männern wie dem Vizepräsidenten der Vereinigten Staaten verkehre, kann ich meinen Narzißmus aufpumpen.« Der Therapeut bestätigte, daß Selbständigkeit für seinen Patienten sehr wichtig sei; als ob er dem Therapeuten dafür ein Geschenk machen wollte, teilte Peter ihm von oben herab mit, daß er einen Jagdausflug ausfallen lassen werde, um seine Psychotherapiestunden nicht unterbrechen zu müssen. In der nächsten Sitzung ließ er viele berühmte Namen in die Erzählung einfließen, prahlte mit allem möglichen und teilte sogar mit, daß sein Gärtner ein Nachkomme von Robert E. Lee sei (ein Held des amerikanischen Bürgerkrieges auf Seiten der Südstaaten). – Er schien die Toleranz seines Therapeuten gegenüber seinem Anspruch, rangmäßig weit über ihm zu stehen, austesten zu wollen. Ich unterstützte die Fähigkeit des Therapeuten, dies auszuhalten, da er damit Respekt für die defensiv errichtete charakterliche Anpassung zeigte. Dies war notwendig, bevor der Patient es wagen konnte, seine bedürftige, traumatisierte Selbstvorstellung zu enthüllen.

Als Peters Frau ihn für eine kurzen Reise verließ, wurde er hypochondrisch und konnte nun erstmals Bemerkungen darüber, daß er auf Trennungen empfindlich reagiere, hören und akzeptieren.

Am Ende des ersten Jahres von Peters Behandlung kam es zu einer drastischen Veränderung. Statt seinen Narzißmus aufzupumpen, begann er, sich schläfrig zu fühlen, wenn er sich an irgendetwas erinnerte oder von etwas berichtete, von dem man erwarten konnte, daß es beim Durchschnittsmenschen Angst auslösen würde.

Das erste Mal, daß er davon sprach, sich schläfrig zu fühlen, war an dem Tag, nachdem er gehört hatte, daß seine Mutter krank sei. Beiläufig bemerkte er, daß ihr Haar immer noch *schwarz* sei, und erzählte dann weiter, daß das Verhalten von Bären in der Regel weitgehend berechenbar sei, daß aber der *Schwarz*bär sich »schizophren« verhalte und ohne Grund angreife. Bewußt stellte er keine Verbindung her zwischen einer Frau mit schwarzem Haar und einem gefährlichen Bären mit schwarzem Fell; statt dessen sagte er, daß er sich schläfrig fühle.

Als er seine Mutter im Krankenhaus besuchen wollte, wurde er ohnmächtig, sobald er die Eingangshalle betreten hatte. Er wurde sofort in die Notaufnahme gebracht, wo keine Ursache für die kurze Bewußtlosigkeit gefunden werden konnte. Noch verwirrt von diesem Vorfall ging er dann zu seiner Mutter. Der Therapeut schlug ihm vor, alle Gefühle oder Gedanken, die er dazu haben könnte, auszusprechen. Sein erster Kommentar lautete: »In Vietnam bin ich nie ohnmächtig geworden, selbst dann nicht, als ich abgeschossen wurde«. Er erinnert sich dann daran, wie er in der Volksschule von einer Nonne als Strafarbeit aufbekommen hatte, tausend Mal »ich werde mich nie mehr schlecht benehmen« zu schreiben, und wie seine Mutter diese Strafarbeit für ihn geschrieben hatte. Sie war so gut und schön! Obwohl sie keinen Beruf gelernt hatte, hat sie doch 29 Jahre lang mit ihrer Arbeit die Familie ernährt! Peter war verwirrt und den Tränen nahe. Am Ende der Stunde stimmte er seinem Therapeuten darin zu, daß er gegenüber seiner Mutter, die jetzt 66 Jahre alt war und bald aus dem Krankenhaus entlassen werden sollte, noch andere Gefühle haben müsse.

Bald nachdem er seine Mutter im Krankenhaus besucht hatte, ging er auf eine Tagung für Tierpräparatoren. Dort betrank er sich und begann wieder mit seinem bulimischen Verhalten. Er war offen symptomatisch geworden! Als er, nüchtern, zu seinem Therapeuten zurückkam, erzählte er ihm, was geschehen war, und sagte dann: »Ich will jetzt allein sein!«. Nachdem beide Seiten geschwiegen hatten, bemerkte er, daß der Therapeut der einzige Mensch sei, der ihn als Erwachsenen je hilflos haben weinen sehen. Der Therapeut gab mitfühlende Laute von sich.

Am darauffolgenden Tag ließ sich Peter körperlich untersuchen, ohne daß irgendeine Erkrankung hätte festgestellt werden können. – Sein Therapeut und ich hatten den Eindruck, daß sein Wunsch nach einer medizinischen Untersuchung nicht nur auf die Realität der vor kurzem erlebten Ohnmacht zurückzuführen war, sondern auch darauf, daß er das innere Bedürfnis hatte, sich bestätigen zu lassen, daß sein grandioses Selbst noch in Ordnung sei und gut funktioniere. Die Bedrohung jedoch blieb, und er setzte sein Trinken, Überessen und Erbrechen weiter fort. Zu den Stunden kam er nüchtern, und es gelang ihm mitzuteilen, daß er befürchtete, seine Mutter könne sterben. Der Therapeut war erstaunt zu hören, daß Peter seine Mutter im Krankenhaus das erste Mal seit sieben Jahren wiedergesehen hatte. Er hatte den Eindruck gehabt, Peter besuche seine Eltern regelmäßig, erfuhr nun aber, daß dieser seinen Stiefvater nur auf den gemeinsamen Jagdausflügen getroffen hatte. Es schien, daß er sich von seiner Mutter (dem schwarzen Bären) hatte distanzieren wollen, um sie vor seiner Aggression ihr gegenüber zu schützen, die sich in dem Gedanken zeigte, daß sie sterben könnte. Der Therapeut kommentierte, daß Peters Mutter ihn in seiner Kindheit sehr von sich abhängig gemacht habe und ihm daher vermutlich auch als Bedrohung seiner von ihm so sehr geschätzten Unabhängigkeit und Selbständigkeit erscheine. Er fügte hinzu, daß Peter als Kind einander widersprechende Gefühle in bezug auf ihre bemutternde, überfürsorgliche Liebe gehabt haben könnte, die, obwohl sie ihm auch willkommen gewesen war, eine Einmischung in seine Autonomie dargestellt hatte. Der Therapeut erklärte Peter, daß sein Ohnmachtsanfall ein Kompromiß gewesen sein könnte zwischen seinem Wunsch, seine Mutter aufzufordern, sich um ihn zu kümmern, und dem Wunsch, ihre Existenz auszublenden, um seine mögliche Abhängigkeit von ihr zu verleugnen. Peter hörte in einem der seltenen Augenblicke, in denen er für intrapsychische Interpretationen offen war, aufmerksam zu.

In der nächsten Stunde beklagte er sich darüber, daß sich seine Tochter seinen Wagen ausgeliehen und mit einem leeren Tank zurückgegeben habe. Die Vorstellung, mit leerem Tank gelassen zu werden, störte ihn; er fühlte sich deprimiert und innerlich leer, ohne zu wissen, warum. Der Therapeut meinte, daß er die Leere und Depression empfinde, die er als Kind erlebt habe. Peter fühlte sich wieder schläfrig. Bald darauf hörte diese Phase, in der er trank, sich überaß und erbrach, wieder auf.

Zu seiner Überraschung vergaß der Therapeut eine Sitzung mit Peter, war aber gerade in seiner Praxis, als Peter kam. Die Stunde fand statt, ohne daß der Therapeut seinen Irrtum erwähnte. Als er in der nächsten Supervisionsstunde darüber berichtete, schlug ich ihm vor, mit seinem eigenen Analytiker, zu dem er noch regelmäßig ging, über diesen Vorfall zu sprechen.

Nachdem Peters Analytiker dies getan hatte, erzählte er mir von *seinen* Verlusten in der Kindheit. Er hatte als Kleinkind seine Mutter verloren und war von seinem biologischen Vater verlassen worden. Eine Mutter, die ihr Kind mit Essen vollstopft und seine Autonomie verletzt, ist auch eine »abwesende Mutter«; als Peter über seine frühen Erfahrungen sprach, hatte das bei seinem Therapeuten Ängste ausgelöst (Gegenübertragung), die er in seiner eigenen Analyse erst vor kurzem durchgearbeitet hatte; dies hatte zu seinem Wunsch geführt, sich von Peter abzuwenden, um so eine nochmalige Erinnerung an seine eigenen frühen Erlebnisse zu vermeiden.

Auf einer anderen Ebene hatte der Therapeut die Projektion seines Patienten über die Abwesenheit der Eltern übernommen und daraufhin die mit dem Patienten abgemachte Stunde »vergessen«. Der Leser wird sich daran erinnern, daß Peters biologischer Vater in seiner Kindheit abwesend war. Obwohl er den Eindruck erweckte, als ob er ihn vergessen hätte, spürten wir, daß Peter durch sein Überessen und Erbrechen unbewußt doch eine Verbindung mit ihm herstellte: Die eine der beiden einzigen direkten Erinnerungen an seinen Vater bestand ja darin, daß dieser ihn auf einen Rummelplatz mitgenommen hatte, wo sich Peter mit Pommes frites und Süßigkeiten hatte vollstopfen dürfen, die er anschließend erbrochen hatte.

Seine Bulimie hatte natürlich unserer Meinung nach auch noch eine andere Bedeutung. Durch sie reinszenierte er, wie er von seiner Mutter »überfüttert« worden war und wie er diese erstickende »Liebe« von sich gab. Die »gute« Mutter war also auch abwesend.

Mir schien, als ob beide Männer, Peter und sein Therapeut, während dieser speziellen Stunde eine gestörte Eltern-Kind-Beziehung wieder hergestellt hätten. Peter gab zu, daß er Kinder »unerträglich« fand; wenn ein Kind unerträglich ist, impliziert das natürlich, daß seine Ablehnung durch die Eltern gerechtfertigt ist. So bleiben die Hoffnung auf gute Fürsorge durch die Eltern und ein gutes Bild der das Kind ablehnenden Eltern erhalten.

Die vielen Bedeutungen der Tierpräparation

Im zweiten Jahr seiner Therapie ging Peter auf noch mehr sehr kostspielige Jagdausflüge. Dabei erlegte er einmal einen Schwarzbären und brachte seinem Therapeuten ein Bild von ihm mit. Der Therapeut sagte ihm, daß die Jagdausflüge seinen Wunsch darstellen, mit seinem Stiefvater zusammen zu sein, dessen Idealisierung ihn aus der Welt der Frauen befreit hatte, die ihn daran gehindert hatten, selbständig zu werden. Sein Hinweis darauf, daß der schwarze Bär die Mutter repräsentieren könnte, erwies sich jedoch als verfrüht. Peter fing wieder damit an, mit seinen Beziehungen zu den Reichen und Mächtigen zu prahlen und erzählte von seinem Plan, sein Haus auszubauen, um ein Extrazimmer zu haben, in dem er seine Jagdtrophäen ausstellen könne. – Wir fanden heraus, daß seine intensive Beschäftigung mit der Tierpräparation viele Bedeutungen hatte und daß sich auch hier das Prinzip der mehrfachen Funktion (WAELDER 1930) erkennen ließ.

1) Die ausgestopften Tiere repräsentierten den Patienten selbst, dessen Seele getötet worden war, als er als Kind von seiner Mutter und Großmutter vollgestopft worden war (SHENGOLD 1989).

2) Seine ständige Suche nach Nervenkitzel könnte mit der Aufregung zusammenhängen, die er verspürt hatte, als er an die Türe seines biologischen Vaters klopfte. Er war damals zutiefst gedemütigt worden; aber in der symbolischen Wiederholung dieses Ereignisses konnte er seinen biologischen Vater (wie die Kobra, die er einmal erlegt hatte) und seine Mutter (einen schwarzen Bären) töten und sich an ihnen rächen.

3) Seine große Sorge darum, seine ausgestellten Jagdtrophäen lebensecht wirken zu lassen, kann ein Hinweis darauf sein, daß er seine Eltern doch nicht ganz und gar verschwinden lassen wollte, da dies auch hieße, ganz die Hoffnung aufzugeben, von ihnen geliebt zu werden.

4) Seine Faszination von dem Fell seiner Trophäen könnte auf einer tiefen Ebene demselben Zweck dienen wie das Phänomen des Juckens, das von ELBIRLIK (1980) und mir (VOLKAN 1979a) beschrieben wurde. Der Juckreiz und das Kratzen helfen, die Grenzen der Selbstrepräsentanz zu definieren, und ermöglichen die Kontrolle über die Differenzierung zwischen den Repräsentanzen des Selbst und der Objekte.

5) Indem er sich mit toten Tieren (z. B. Kobras und Bären) umgab, identifizierte er sich mit seinem Stiefvater, der auch (symbolisch und in Gedanken) von seinen toten Kameraden umgeben war. So wurde Peter über die Identifikation auch zu einem »Überlebenden«, der der tödlichen Umgebung, die er überlebt hatte, ein Denkmal setzte.

6) Diese Tätigkeiten ermöglichten es ihm, seinen Sadismus auf akzeptable Weise in die Tat umzusetzen, wenn auch das Niederschießen einer ganzen Herde von Rentieren vom Hubschrauber aus die anerkannten Regeln zur Wahrung des Wildbestandes verletzte. Überzeugte Großwildjäger halten diese Regeln strikt ein und sind hoch selektiv darin, welche Tiere sie erlegen. Dennoch gab es Peter eine Möglichkeit zu einer Art von Sublimation.

7) Er konnte mit seiner bewußten Schuld umgehen, da er sich die Illusion aufrechterhielt, die Tierleichen, die er mitbrachte, zu reparieren. Sein Therapeut und ich vermuteten jedoch, daß er dennoch unbewußt Schuldgefühle hegte.

Trotz der oben aufgeführten vielen Bedeutungen, die die Tierpräparation für ihn hatte, war doch der Hauptaspekt in dieser Phase der Behandlung der, daß die Tiere ihn selbst repräsentierten, das seelisch verwundete Kind, das auch »vollgestopft« worden war. Als er sich immer mehr mit seiner Sammlung von toten Tieren beschäftigte und durch die analytische Arbeit in der Therapie die damals für ihn im Vordergrund stehende Bedeutung der ausgestopften Tiere verstanden hatte, wurde er als Ausdruck dessen, daß er die Externalisation teilweise aufgegeben hatte, immer hypochondrischer. Er ging von einem Arzt zum anderen und war davon überzeugt, Krebs zu haben, was ihm große Angst verursachte. Der Therapeut räumte ein, daß er nicht wissen konnte, ob Peters Befürchtung, an Krebs erkrankt zu sein, berechtigt sei oder nicht. Er meine aber, daß die Sorge seines Patienten vor körperlicher Zerstörung auch ein Weg sei, sein Kindheitstrauma zu erinnern, als ebenfalls etwas (Essen) in ihn hineingestopft worden war, was ihn zerstörte – Krebs wäre dann eine aktuelle Version eines solch gewaltsamen Eindringens.

Als Peter seinen alternden Stiefvater immer verzweifelter dazu drängte, ihn auf Jagdausflüge zu begleiten, riet ich dem Therapeuten zu versuchen, diesmal durch Interpretation einzugreifen. Er solle dem Patienten den Vorschlag machen, sich zu überlegen, daß seine innere Sicherheit nicht wirklich davon abhängig sei, seine Identifikation mit seinem Stiefvater auf immer neuen Treffen mit ihm immer wieder neu aufzutanken. Der Stiefvater sei für solche Vorhaben zu alt geworden und enttäusche jetzt die in ihn gesetzten Erwartungen. Es mache Peter Angst, daß der alte Mann wirklich nicht mehr der große Jäger von früher sei. Für Peter wäre es gut, wenn er sein Bedürfnis verbalisieren könne, die Verletzungen, die er in der Kindheit erlebt hat, durch seine Jagderlebnisse mit dem Stiefvater zu neutralisieren. Die analytische Arbeit wurde jedoch unterbrochen, indem Peter wieder auf eine Jagdexpedition ging. Für den Therapeuten und mich wurde deutlich, daß der Stiefvater in Peters Leben viele Funktionen gehabt hatte. Auf einer Ebene wurde der Stiefvater zum idealisierten Vater, während der biologische Vater entwertet und auf ein »Nichts« reduziert wurde. Auf einer tieferen Ebene hatte der Stiefvater die Funktion der »guten« Mutter. Nachdem die Familie zusammengezogen war, verbrachte dieser Mann, der schreckliche Kriegserlebnisse hinter sich hatte, viel Zeit zu Hause mit dem Kind seiner Lebensgefährtin, während Peters Mutter Arbeiten ging. Wir hatten den Eindruck, daß Gregory möglicherweise das Kind, das für ihn den Teil seiner Selbstrepräsentanz als Kriegsgefangener darstellte, so frei und allen anderen überlegen aufziehen wollte, daß es seine Aggressionen dafür einsetzen konnte, niemals vom »Feind« gefangengenommen zu werden. Peter sollte »Jäger«, nicht »Gejagter« werden; er würde nie »abhängig« sein und selbst schwerste Schicksalsschläge überleben. Wir formulierten für uns, daß der Stiefvater teilweise bewußt, aber zum größten Teil unbewußt, das sich entwickelnde grandiose Selbst des Kindes unterstützt hatte und daß Peter nun als Erwachsener immer wieder ein »Auftanken« dieser Unterstützung benötigte.

Langsam begann der Therapeut, Peter etwas über die Rolle zu sagen, die der Stiefvater vermutlich in seinem Leben gespielt hat. Der Patient hörte höflich zu, war aber noch nicht so weit, sich selbst aktiv mit diesem Thema auseinanderzusetzen. Er gab jedoch eine indirekte Antwort durch den ersten Traum, den er seinem Therapeuten erzählte und von dem im folgenden Abschnitt die Rede sein wird.

Das Auftauchen von Reue und das Akzeptieren der Therapie

Zwei Jahre, nachdem Peter mit der Therapie angefangen hatte, begann seine Tochter, Veterinärmedizin zu studieren, was möglicherweise eine Reaktionsbildung auf den Sadismus ihres Vaters gegen Tiere darstellte. Zur selben Zeit schloß Peters Sohn die High School ab und zog von zu Hause aus, ohne sich von seinem Vater zu verabschieden. Peter sprach nicht darüber, wie es ihm damit ging, erzählte jedoch erstmals einen Traum:

»Ich war in voller Kampfausrüstung, durfte aber meine großen Waffen nicht bei mir haben; nur meine Pistolen durfte ich behalten«.

Der Therapeut half Peter zu verstehen, daß seine großen Waffen (seine narzißtische Persönlichkeitsorganisation, die von seinem Stiefvater unterstützt worden war) ihn nicht mehr beschützten. Er war ohnmächtig geworden, als er seine Mutter besuchen ging, hatte seinen Therapeuten seine Tränen sehen lassen und etwas über seine Angst vor körperlichem Schaden erfahren; er hatte über seine Enttäuschung gesprochen, daß sein Stiefvater nicht mehr der große Jäger von früher war. Und er konnte jetzt durch die Ablehnung seines Sohnes ihm gegenüber verletzt werden.

Als Reaktion auf diese Intervention sprach Peter über seine guten und schlechten Erlebnisse in Vietnam. Er hatte drei »Bronzene Sterne« (hoher militärischer Orden) für seine Taten in Vietnam bekommen, merkte aber jetzt, daß es sadistische Akte gewesen waren. Er fing an, Reue darüber zu zeigen, Frauen und Kinder umgebracht zu haben und gestand ein, daß er den Film »Platoon« nicht hatte anschauen können, da er die Darstellung der Brutalität des Krieges nicht hatte aushalten können. – Ich spürte, daß das Auftauchen von Reue ein prognostisch gutes Zeichen war.

Auf der Couch

Peter merkte nun, daß er ohne seinen übermäßigen und aggressiven Narzißmus (seine großen Waffen) nicht nur seine Wut und seinen Sadismus, sondern auch seine »hungrigen Anteile« kennenlernen würde. Spontan und ohne daß der Therapeut ihn nochmals darauf angesprochen hatte, sagte er nun, daß er jetzt bereit sei, auf der Couch weiterzuarbeiten; der Therapeut stimmte zu. Als Peter auf der Couch lag, sagte er, daß er die Dinge in einem anderen Licht sehe. Er bestand jedoch noch weiter darauf, daß er mit nichts anderem als nur mit Pistolen bewaffnet immer noch der beste Schütze der Welt sei: Er erinnerte sich an seine erste Rentierjagd mit einigen erfahrenen Jägern, die ihn als Neuling wegen seiner noch bescheidenen Ausrüstung von oben herab behandelt hatten, bis sie gesehen hatten, wie er sechs von den 14 Rentieren, die er gesichtet hatte, erlegte. – Es war klar, daß sein narzißtischer, durch Aggression unterstützer Widerstand trotz der drastischen Änderung des Behandlungssettings weiterbestand. Auf der Couch fühlte er sich abhängig und kastriert. Er erzählte von einem Jagdgefährten, der, nachdem er ein Bein verloren hatte (kastriert worden war), immer eine Ersatzprothese bei sich gehabt hatte. So teilte er seinem Therapeuten mit, daß er sich auf seinen Vorrat an Narzißmus verlassen könne und, falls er einen Teil davon verlieren sollte, auf jeden Fall genügend Nachschub zur Verfügung habe.

Seine neue Position auf der Couch machte Peter eindeutig Angst; und als er gegen Ende der Stunde den Kommentar gab, daß die Couch »fremdes Territorium« war, bestätigte der Therapeut dies und sagte, daß sie bei der gemeinsamen Erforschung dieses fremden Territoriums in Peters Tempo voran gehen würden.

Zu viele Träume

Nachdem Peter in zwei Jahren nur einen Traum berichtet hatte, brachte er jetzt in jeder Stunde fünf bis sechs Träume. - Ich spürte, wie irritiert der Therapeut darüber war und sagte ihm, daß sein Patient ihn mit Träumen überflutete - er feuerte, auf psychischer Ebene, seine Pistolen auf ihn ab. Immer, wenn Peter etwas Angst einjagte – und das Liegen auf der Couch jagte ihm Angst ein – setzte er seine aggressive Überlegenheit ein, um sich gegen eine solche Bedrohung zu wehren. Er hielt den Analytiker auf Distanz, um seine Abhängigkeit von ihm zu verleugnen. Ich sagte dem Therapeuten, daß er derzeit noch nicht auf den Inhalt der Träume einzugehen brauche, oder auf die Gründe für diese Überflutung. Dieses Phänomen sollte vielmehr als Peters neue Form der Abwehr interpretiert werden. Der Therapeut fühlte sich dadurch bestätigt und versicherte Peter, daß er es nicht eilig habe, dieses fremde Territorium zu erforschen. Er wisse, daß Peter immer alles perfekt machen wolle; er meine aber, daß es nützlicher sei, wenn sich Peter Zeit ließe, sich an seine neue Position auf der Couch zu gewöhnen und wenn alles, was damit zusammenhinge, in die Therapie miteinbezogen werden würde. – Ich hatte auch den Eindruck, daß das Erzählen dieser vielen Träume noch eine weitere Bedeutung hatte, und nahm an, daß deren Interpretation zu diesem Zeitpunkt vermutlich nützlicher war als die Konfrontation mit seinem aggressivem Widerstand. Auf meinen Vorschlag hin sagte der Therapeut zu Peter, daß das Übermaß an Träumen, das er ihm anbot, möglicherweise dem Übermaß an Essen entspreche, dem er als kleines Kind ausgesetzt war; und daß der Therapeut dadurch, daß er mit Träumen überfüttert werde, eine Ahnung davon bekomme, wie Peter sich als Kind gefühlt haben mußte, als er mit Essen vollgestopft worden war. Die Analyse von Träumen sei ja in der Tat nützlich und sogar notwendig, ebenso wie Essen notwendig sei. Alles »Gute« aber könne dadurch zu etwas »Schlechtem« werden, wenn man zuviel davon bekomme, da es dann nicht mehr aufgenommen und verwertet werden könne. Diese Interpretation setzte den überfließenden Traumberichten ein Ende.

Einschlafen auf der Couch

Einige Monate, nachdem Peter begonnen hatte, auf der Couch zu liegen, schlief er während der Stunden ein. Dieses Verhalten wurde mit der Zeit zwar seltener, hielt aber, und zwar mit sich ändernder Funktion, über Jahre an. Zuvor war er während insgesamt zwei seiner Sitzungen schläfrig gewesen, jetzt aber schlief er wirklich fest, atmete tief und schnarchte sogar. Die erste dieser Episoden fand statt, als er über die Kürzungen im Verteidigungshaushalt sprach, die im Kongreß diskutiert wurden. Falls diese Kürzungen durchgingen, könnte seine Gesellschaft nicht mehr so viele Waffen verkaufen wie bisher. Er sagte: »Die Zeit ist gekommen, unsere Verteidigung aufzugeben« und schlief prompt ein. Der Therapeut hatte das Gefühl, als ob Peter eine leere Hülse wäre. Er hatte den Eindruck, daß sein Patient von seiner eigenen Verteidigung/Abwehr gesprochen hatte. Ohne seine Abwehr wäre Peter einer Mutter ausgeliefert, die seine Autonomie bedrohte. Es war besser, eine leere Hülse zu sein und kein Bewußtsein mehr zu haben, als einer solchen Mutter ausgesetzt zu sein. Gleichzeitig aber war es möglich, daß Peter dadurch, daß er leer war, den Therapeuten dazu einlud, ihn »zu füttern«. Tatsächlich war der Therapeut erst versucht, »einzudringen«, sagte dann aber doch nichts. Als nach 15 Minuten die Zeit für die Sitzung vorbei war, machte er Geräusche, um den Patienten aufzuwecken, der, ohne daß er Erstaunen gezeigt hätte, ging.

Als Peter in seiner nächsten Stunde die Handlung des Filmes »Rain Man« beschrieb, den er vor kurzem gesehen hatte, vermutete der Therapeut, daß er über sich selbst spreche. Der Film handelt von zwei Brüdern, von denen der eine gesund und beruflich erfolgreich und der andere psychisch krank (autistisch) ist; der Vater hatte dem Gesunden die Existenz seines kranken Bruders verschwiegen und ihn so von seiner Herkunft abgeschnitten; schließlich finden sich die Brüder. – Peters biologischer Vater war Teil seiner traumatischen Geschichte, die dazu geführt hatte, daß sein grandioses Selbst (der erfolgreiche Bruder) von seinem hungrigen Anteil (dem psychisch kranken Bruder) abgespalten wurde. Die beiden Brüder (Selbstanteile) zusammenzubringen bedeutete, seine narzißtische Abwehr aufzugeben und das Bedürfnis anzuerkennen, an einen »entscheidenden Wendepunkt« (KLEIN 1946, KERNBERG 1970b, VOLKAN 1987; VOLKAN u. AST 1992) zu gelangen. An diesem Punkt bringt der Borderline-Patient seine »schlechten« Selbst- und Objektrepräsentanzen mit seinen »guten« Selbst- und Objektrepräsentanzen und die mit ihnen verbundenen aggressiven und libidinösen Triebderivate zusammen. Dieser Vorgang ähnelt dem bei der Integration des grandiosen Selbst mit dem hungrigen Selbst eines narzißtischen Menschen. Das Erreichen des »entscheidenden Wendepunktes« ist in der Behandlung von Borderline- und narzißtischen Patienten eines der wesentlichen Behandlungsziele.

Peter war dazu jedoch noch nicht bereit. Ohne ausreichende Arbeit in seiner analytischen Psychotherapie und ohne adäquate Vorbereitung befürchtet der Patient den Verlust seines grandiosen Selbst, falls eine Integration der grandiosen Selbstrepräsentanz mit der »hungrigen« Selbstrepräsentanz stattfände. Ich hatte das Gefühl, daß es für ihn zu diesem Zeitpunkt immer noch erträglicher war, in den Schlaf zu regredieren und keinerlei Selbst-Objekt-Affekt-Repräsentanz zu erleben, sondern nur leer zu sein.

Als er erwachte, hatte er das Bild einer großen Rakete. Er hatte seine narzißtische Raketen-Abwehr wieder erlangt und war noch nicht bereit dazu, ein »Wendepunkt«-Erlebnis zu haben.

Der sich wiederholende Traum von einer nackten Frau

Bald darauf schien Peter jedoch bereit zu sein, den Ursachen dafür nachzugehen, daß er beim Versuch, seine innere Welt zu integrieren, gescheitert war. Er erzählte, daß er seit seiner Adoleszenz immer wieder einen Traum von einer nackten Frau gehabt habe, die im Badezimmer stand und ihm ein Zeichen machte. Er trat ins Badezimmer ein, aber sie berührten einander nicht. – Er konnte sich vorstellen, daß die Frau die Mutter seiner Kindheit repräsentierte. Sie war zu sehr verfügbar und doch nicht verfügbar gewesen; verführend, aber kalt; überfürsorglich, aber zerstörerisch. Sein Erleben der Mutter seiner frühen Kindheit konnte nicht integriert werden.

Er erinnerte sich an sein erstes sexuelles Erlebnis. Die Frau war Kellnerin gewesen, und er hatte alles daran gesetzt, sie nie wieder zu sehen. Jedes Liebeserlebnis mußte sofort danach abgebrochen werden, da eine Frau, die ihn lieben würde, ihn gleichzeitig erdrücken würde. Er erwartete, verletzt zu werden (in seiner Autonomie bedroht zu werden), wenn er geliebt werden würde. – Sein Therapeut und ich glaubten, daß er seine Frau deshalb geheiratet hatte, weil er in ihr ein äußeres Über-

Ich sah, das er brauchte, um seine aggressiven und sexuellen Impulse in Schach zu halten. Wir fragten uns, wie wohl die sexuelle Beziehung zwischen ihm und seiner Frau aussah, und hielten es für denkbar, daß sie sadomasochistisch getönt war. Peter lehnte es ab, über sein Sexualleben zu sprechen, da dies eine zu intime Sache sei, um sie mit einem Dritten zu teilen. Langsam erfuhren wir, daß sowohl er als auch seine Frau ihr gemeinsames Sexualleben genossen. Allerdings wiederholte er mit ihr das, was er schon bei der Kellnerin gemacht hatte: Sofort nach der sexuellen Begegnung wendete sich jeder wieder seinen eigenen Interessen zu. Ihre Beziehung im Alltag war distanziert und mechanisch.

König Tut

In den folgenden Sitzungen sprach er noch öfters über den »Rain Man« und über Erinnerungen aus seiner Kindheit. Ihm fiel ein, daß er außer auf dem Rummelplatz noch einmal mit seinem Vater zusammengewesen war. Er mußte etwa sechs Jahre alt gewesen sein, als sein Vater ihn einmal in eine Bar mitgenommen hatte. Peter hatte dort wieder Pommes frites und Süßigkeiten bekommen und sich anschließend erbrochen.

Er schlief nun regelmäßig auf der Couch ein, manchmal gleich, nachdem er sich hingelegt hatte; oft schlief er mehr als eine halbe Stunde. Um den ersten Jahrestag seines Ohnmachtsanfalls herum steigerte sich dieses Verhalten in den Therapiestunden sogar noch weiter. Zwischen diesen Schlafepisoden erzählte er von seiner Einsamkeit und davon, wie er sich mit drei Jahren selbst das Radfahren beigebracht hatte. Damals hat sich auch der Kern seiner narzißtischen Persönlichkeit – sich nur auf sich selbst zu verlassen – gebildet. Er konnte den Objekten, die er in seiner Umgebung vorfand, nicht trauen. Erst als sein Stiefvater, sein idealisiertes Objekt, in sein Leben trat, änderte sich dies. Ohne seine typischen narzißtischen Abwehrmechanismen fühlte sich Peter gefährdet und wollte lieber leer sein als vollgestopft zu werden. Einmal schlief er nur kurz und berichtete dann von einem Traum über einen ägyptischen König.

»Ich bin mir nicht sicher, ob ich eine Mumie oder eine Inschrift mit dem Namenszeichen von ›König Tut‹ gesehen habe. Aber ich habe von ihm geträumt«.

Seine Assoziation war die, daß er König Tut (grandios) war, aber schlief (tot war) – begraben mit seinen Schätzen an einem abgeschlossenen Ort, wo niemand hineinkommen konnte. – Es war eine Version seiner Glaskugel-Phantasie, und sein Einfall erhellte, weshalb er schlief: Er traute seiner Umgebung nicht und brachte sich, da er sich nicht mehr durch seinen Sadismus (Gewehre) schützte, dadurch in Sicherheit, daß er sich in eine autistisch anmutende Leere zurückzog, zu einer leeren Hülse (Glaskugel) regredierte.

Gegenübertragungsprobleme

Wie alle anderen Verhaltensmuster hatten auch Peters Schlafepisoden verschiedene Bedeutungen. In der Realität erlitt die Rüstungsindustrie durch das Ende des Kalten Krieges finanzielle Verluste, und die Stimmung bei denen, die in diesem Bereich arbeiteten, war gedrückt. Raketen stellten für Peter die sadistische Bestätigung und Verteidigung seines grandiosen Selbst dar; ohne sie würde er sich extrem abhängig fühlen und die innere Wut über die Art, wie seine Mutter und Großmutter auf diese Abhängigkeit reagiert hatten, wieder erleben. Wenn er seinen Sadismus (große Waffen) nicht mehr zur Verteidigung hatte, konnte er, wie oben beschrieben, sein grandioses Selbst dadurch »absichern«, daß er zu einer leeren Hülse regredierte und so wurde wie seine Trophäen, die an den Wänden hingen, um bewundert zu werden.

Sein Therapeut und ich diskutierten ausführlich darüber, wie wir mit Peters Schlafepisoden therapeutisch umgehen könnten. Ich forderte den Therapeuten auf, seine eigenen Gefühle wahrzunehmen, während der Patient schlief, und darauf zu hören, was die Geräusche, die der Patient von sich gab, in ihm auslösten. Ich hatte bemerkt, daß der Therapeut die analretentiven und anal-sadistischen Aspekte des Rückzugs seines Patienten wahrnahm und ablehnend darauf reagierte. Er konnte nicht viel Empathie für die darunterliegenden Verletzungen aufbringen. Er vertraute mir an, daß er selbst gerade einen Verlust erlebt hatte und daß die Arbeit mit Peter seine Kindheitsgefühle und seine Empfindlichkeit in bezug auf Verluste reaktivierte. Obwohl er Peters Probleme intellektuell erfassen konnte, merkte er, daß er auf seinen Patienten so reagierte, als ob dieser eine weitere ihn ablehnende Person aus seiner Vergangenheit sei. »Zufällig« schloß er die Tür zu seiner Praxis ab, und als er nicht auf Peters Klopfen reagierte, ging dieser wieder weg. Als der Therapeut realisierte, was passiert war, merkte er, daß das ursprüngliche Trauma der Zurückweisung durch den biologischen Vater in Szene gesetzt worden war. Er hatte Peter nicht erlaubt, sein Haus zu betreten! Der Therapeut rief ihn an, um zu vereinbaren, wann die ausgefallene Stunde nachgeholt werden könne. Als Peter zu dieser Ersatzstunde erschien, kam er, um die ganze Stunde zu schlafen.

In der Supervision erinnerte ich den Therapeuten daran, daß sogar erfahrene Analytiker ähnliche »Fehler« machen können und diese beispielsweise durch den Sadomasochismus des Patienten ausgelöst werden. Peter Blos (1988) berichtet von Frau Z., einer alleinstehenden Frau mittleren Alters. Als Kind hatte sie es provoziert, geschlagen zu werden. Eines Tages machte Blos einen Fehler, aufgrund dessen Frau Z. nicht bei ihm klingeln konnte, um eingelassen zu werden. Sie rief ihn von einer nahegelegenen Telefonzelle an, damit er ihr die Türe öffnete. Als Blos zugab, daß der Irrtum eindeutig auf seiner Seite gelegen hatte, war Frau Z. erstaunt. Dieser Vorfall trug entscheidend dazu bei, Frau Z.s Selbstgeißelungen zu vermindern. Blos spricht von Sadomasochismus als Abwehr dagegen, depressive Affekte zu erinnern und wiederzuerleben. Sein Irrtum erlaubte seiner Patientin, die Bedeutung ihrer sadomasochistischen Beziehung mit wichtigen Anderen zu analysieren.

Ich sagte Peters Therapeuten, daß es auch eine progressive Seite dabei gab, daß er die Tür zu seiner Praxis zugesperrt habe. Peter, der diesen Vorfall teilweise mit zu verantworten hatte, ließ zu, daß die Demütigung durch seinen biologischen Vater und die damit verbundenen aus der Kindheit stammenden depressiven Affekte wiederbelebt wurden. Er konnte sie nun aushalten.

Nach dieser Supervisionsstunde teilte der Therapeut diese Interpretation seinem Patienten mit, und als er dies tat, kamen ihm, dem Therapeuten, die Tränen; nun konnte er einen empathischen Kontakt mit seinem Patienten herstellen und seine eigene Kindheit noch weiter von der seines Patienten trennen.

Starke Männer fallen

Peter wurde sehr nervös, als mächtige Männer, mit denen er zu tun gehabt hatte, ihre Unverletzlichkeit verloren. Sein Arbeitgeber mußte am Herzen operiert werden, und ein anderer mächtiger Mann fiel tot um. Als er seinen Stiefvater auf einen Jagdausflug mitnahm, sah er, daß dieser nicht mehr der Gigant war, sondern sich über Schmerzen in der Schulter beklagte. Peter erzählte seinem Therapeuten einen Traum:

»Ich war in Saudi-Arabien und wurde dazu eingeteilt, einen Cobra-Hubschrauber zu fliegen. (Dies war vor Beginn des Golf-Krieges. Die Truppen machten sich jedoch schon bereit, nach Saudi-Arabien zu gehen). Irak griff an, und ich versuchte, abzuheben, erwachte aber.«

Der Therapeut und sein Patient diskutierten das »Hinaufreichen« zu einem starken ödipalen Vater, um seinen Kindheitstraumata zu entkommen, seine Nervosität wegen der Abwesenheit eines äußeren starken Mannes und sein Gefühl der Unsicherheit über seine eigene Männlichkeit. Der manifeste Trauminhalt zeigte jedoch, daß er der Gefahr nicht entkommen konnte und daß er sich jetzt dem Trauma seiner frühen aggressiven Konflikte stellen müsse. Er berichtete einen weiteren Traum:

»Ich arbeitete an einem Truthahn, um ihn (für die Präparation) zu fixieren. Aber ich merkte, daß der Truthahn zwei Hälften hatte. Ich wollte sie miteinander verbinden, aber es gelang mir nicht.«

Der Therapeut konnte anhand dieses Traumes nochmals mit dem Patienten über seine Schwierigkeiten bei der Integration sprechen und über seinen Wunsch, den entscheidenden Wendepunkt zu erreichen. Peter suchte einen Arzt auf – wir hatten wieder das Gefühl, daß er seine innere Welt überprüfen lassen wolle – und konnte mit seinem Therapeuten über seine Angst vor einer Sigmoidoskopie sprechen, die für ihn mit homosexuellen Phantasien verbunden war.

In der Zwischenzeit spitzte sich die Situation am Golf zu, und es war klar, daß es Krieg geben würde. Peters Firma florierte durch die neuen Aufträge. Seine Aufgabe war es, den Transport von Massenvernichtungswaffen zu organisieren. Er wußte besser als die Durchschnittsbevölkerung über deren Vernichtungspotential Bescheid und war begeistert über seine Macht. Alles, was mit seinem Therapeuten zu tun hatte, schien ihm im Vergleich zu seiner neuen Aufgabe trivial. Das schlug sich beispielsweise in Kommentaren nieder, weshalb sich denn der Therapeut kein neues Auto oder neue Möbel anschaffe. Über die menschlichen Belange des herannahenden Konfliktes machte er sich anfangs keine Gedanken. Als er durch den Aufschwung im Waffengeschäft immer reicher wurde und realisierte, daß wieder einmal Aggression und Sadismus durch mächtige Männer wie den Präsidenten der Vereinigten Staaten autorisiert werden sollten, kam er doch langsam in Konflikt und bekam Angst. Es würden wirklich Menschen getötet werden!

Damals war er nicht in der Lage, mit seinen Kindern am selben Tisch zu essen, wenn sie ihn besuchen kamen. Als der Therapeut mit ihm dieses neue Symptom untersuchte, verstanden sie seine Bedeutung: Jetzt, da das Töten anderer Menschen eine reale Möglichkeit geworden war, wollte er seine Kinder davor bewahren, durch seine orale Aggression zu sterben. Daher konnte er sie nicht in seiner Nähe haben, wenn er mit einer oralen Aktivität (Essen) beschäftigt war. Ein Traum half bei diesem Verständnis:

»Ein Stück Fleisch wird in viele Stücke geschnitten.«

Seine Mutter schnitt ihm immer das Fleisch klein, um ihn zu (über)füttern. Langsam verstand er, daß er als Kind möglicherweise *sie* hatte in Stücke schneiden wollen, da sie sich in seine Autonomie einmischte. Er überlegte sich auch, daß sein Beharren auf Unabhängigkeit von anderen Menschen eine Abwehr seines oralen Sadismus sein könnte.

Als der Golfkrieg immer näher kam, träumte Peter einen weiteren Traum:

»Ich kämpfte mit Pfeil und Bogen.«

Der Traum wies auf seine Regression hin. Die Situation am Golf war vermengt mit seinen Kindheitsängsten. Er erinnerte sich an seine Alpträume, die er als Kind hatte, in denen er sich in Höhlen (Mutter, Großmutter) oder in der U-Bahn verlaufen hatte. In einigen Höhlen sah er zwei schwarze Frauen und eine kleine Schlange, die immer größer und dicker wurde – die Frauen standen für seine Mutter und Großmutter, und er war die Schlange.

Weitere Träume

In der folgenden Woche träumte er von zerfetzten Leibern in Vietnam. Er träumte auch davon, daß sein Pfeil und Bogen explodieren würden. Die bevorstehenden Ereignisse im persischen Golf gaben ihm eine Arena, in der er die aggressiven Explosionen erforschen konnte, die während seiner Kindheit in ihm stattgefunden hatten, und ihre Verbindung zu seinem oralen, analen und phallischen Sadismus. Anale Elemente seines Sadismus waren besonders hervorstechend, und er träumte immer wieder von Badezimmern, in denen Folterungen stattfanden. Er konnte sich nicht an seine Sauberkeitserziehung erinnern, aber sein Therapeut und ich hatten das Gefühl, daß seine Mutter oder Großmutter dabei vermutlich seine Autonomie verletzt hatten, etwa durch Einläufe. Er nahm seinen Hund zum Schießtraining mit und zeigte kein Bedauern, als der Lärm dem Hund das Trommelfell zerriß.

Eine weitere Gegenübertragungskomplikation

Als der Golfkrieg begann, sah Peter im Fernsehen, wie die Leichensäcke nach Kuwait eingeschifft wurden. Er wußte, daß die Waffen, die er lieferte, Tod und Zerstörung bringen würden; seine Kindheitsphantasien über die Macht seines omnipotenten Sadismus wurden wahr. Zusammen mit der Krankheit seiner Mutter, die um diese Zeit noch einmal kurz aufflammte, gab ihm das im vierten Jahr seiner Behandlung die Chance, die Verflechtungen zwischen innerer und äußerer Aggression zu untersuchen. Zwar waren die Folgen des kurzen Krieges durch die Berichterstattung in den Medien fast vollständig »keimfrei« gemacht worden, doch spiegelten sie sich in den Therapiestunden wider.

Jetzt, da er sich den 50 näherte, konnte er erstmals seinen Todeswunsch gegenüber seiner Mutter zugeben, was zu einer noch stärkeren Idealisierung seines Stiefvaters führte und gleichzeitig zu einer Entwertung des Therapeuten als Repräsentanten seiner frühen »bösen« Objekte – seines biologischen Vaters und seiner überintrusiven Mutter. Peter gestand ein, daß der Therapeut in seiner Phantasie dem Bild ähnelte, das er von seinem ihn abweisenden biologischen Vater hatte, dessen »Schlechtigkeit« er nun zum ersten Mal in seiner Vorstellung modifizieren konnte. Er fragte sich, ob wohl sein biologischer Vater von seiner Mutter abgelehnt worden war und seinen Ärger darüber an ihrem gemeinsamen Sohn ausgelassen habe, was zu Peters Demütigung geführt hatte. Er fing an zu verstehen, daß Menschen nicht entweder »total schwarz« oder »total weiß« waren; und daß er seinen Stiefvater idealisiert hatte und dessen Jagdbegeisterung und wilde Entschlossenheit, sich niemals wieder zu unterwerfen, dazu verwendet hatte, sich seine infantile Wut gegen beide Eltern nicht eingestehen zu müssen.

Versuch, die Idealisierung des Stiefvaters zu reduzieren und die Selbstrepräsentanz zu integrieren

Peters narzißtische Persönlichkeitsorganisation war als defensive Anpassung an die Verletzungen in seiner Kindheit entstanden, konnte aber nur dadurch aufrechterhalten werden, daß er immer wieder bei einem idealisierten Objekt – das in Peters Fall die Repräsentanz des Stiefvaters war – »auftankte« oder, in seiner Vorstellung, eins mit ihm wurde. Die Repräsentanz des idealisierten Objektes erschien in Peters Träumen oft als Rakete oder als atomares Unterseeboot; manchmal sah es in seinen Träumen so aus, als ob er auf dem Wasser ginge, wenn er über ein knapp unter die Wasseroberfläche abgetauchtes U-Boot schritt. Seinen Stiefvater nicht mehr zu idealisieren, bedeutete für Peter, seine narzißtische Persönlichkeitsorganisation aufzugeben. Seine frühen Erfahrungen mit dem alten Mann hatten die Bildung einer omnipotenten sadistischen Abwehr in Gang gesetzt, die er errichtet hatte, um sich die Folgen der Objektverluste, die Verletzung seiner Autonomie durch die Mutter und seine hilflose innere Wut nicht eingestehen zu müssen.

Sein Bemühen, die Repräsentanz seines idealisierten Objektes aufzugeben, wurde in einem Traum sichtbar:

»Ich ging auf einem Unterseeboot. Es tauchte, und ich fiel ins Wasser.«

Nicht lange nach diesem Traum entdeckte Peter auf der Jagd einen schwarzen Bären (Mutter). Er war selbst über sich erstaunt, daß er ihn nicht tötete, sondern nun in der Lage war, seinen Sadismus zu beherrschen.

Widerwillig enthüllte er dem Therapeuten, was er bisher verschwiegen hatte: Daß er zwar ein waghalsiger Pilot gewesen sei, aber immer Angst vor dem Fliegen gehabt habe, und daß er auch bei der Jagd auf gefährliche Tiere Angst habe. – Er fing an, seine entgegengesetzten Seiten zu integrieren.

Er erinnerte sich daran, daß er seinen Sohn auf die Jagd mitgenommen hatte, als dieser 12 Jahre alt war. Als sie zu einem erlegten Hirsch kamen, beanspruchte er das Wild, da sein Sohn drei Schuß aus seinem Gewehr abgefeuert hatte. Andere Jäger jedoch machten ihnen ihren Anspruch streitig und bestanden darauf, daß sie das Tier erlegt hätten. Sie stritten heftig miteinander, und plötzlich bedrohten diese anderen Jäger Peter und seinen Sohn mit ihren Messern. Da das Kind Angst bekam, verzichtete Peter schließlich auf ihren Anspruch. – Er hatte seinen Stiefvater idealisiert, der ihm das Jagen beigebracht hatte, und hatte sich auch bemüht, ihn nicht zu enttäuschen; um so mehr fühlte er sich durch die Reaktion seines Sohnes auf seine eigenen Bemühungen, väterlich zu sein, enttäuscht. – Ich schlug vor, Peter zu sagen, daß sein Sohn kein idealisiertes Heldenbild brauchte, um sich seelisch wohl zu fühlen und mit dem Leben zurechtzukommen, da er seinen wirklichen Vater im Alltag bei sich hatte.

Nachdem Peter und sein Therapeut über dieses Thema gesprochen hatten, verbesserte sich allmählich die Beziehung des Patienten zu seiner Familie. Er überließ seiner Frau den Raum, den er für seine Trophäen hatte anbauen lassen, damit sie dort ihre kunsthandwerklichen Erzeugnisse ausstellen konnte.

Als Peter mit seinem Stiefvater auf Kaninchenjagd ging, war er betroffen, als er sah, wie schwach dieser geworden war und wie sehr er seine Geschicklichkeit eingebüßt hatte. Er selbst hatte für seine Verdienste in Vietnam drei »Bronzesterne« (hoher militärischer Orden) verliehen bekommen, und ihm kam der Gedanke, daß sein Stiefvater als Überlebender des Bataan-Todesmarsches auch einen »Bronzestern« verdient hatte. Er konnte sich nun offener eingestehen, daß der alte Mann für ihn ein Modell gewesen war, das ihm geholfen hatte, seine Kindheitstraumata zu überleben. Diese Einsicht, die Anerkennung der Tatsache, daß er jetzt in einigen Bereichen seinen Stiefvater übertraf, und seine Bestürzung über die Entdeckung der Unzulänglichkeiten seines Idols ermöglichten es, daß seine Suche nach einem starken Mann, mit dem er sich identifizieren konnte und bei dem er seine Identifikation immer wieder auftanken konnte, langsam in den Hintergrund trat. Anscheinend bedeutete die Idee, seinem Stiefvater einen »Bronzestern« zukommen zu lassen, daß er ihm ein Denkmal setzen wollte. Nun konnte Peter sein idealisiertes Objekt und damit auch seinen übermäßigen Narzißmus aufgeben, den Sadismus zähmen, der das Ganze unterstützt hatte, und in einer Art *Trauerritual* des vergangenen Ruhmes gedenken.

In der Behandlung von Borderline- und narzißtischen Patienten (Searles 1986, Volkan u. Ast 1992) sind Gefühle der Reue und die Entwicklung der Fähigkeit zur Trauer gute Zeichen, die darauf hinweisen, daß sich der Patient dem entscheidenden Wendepunkt nähert; danach kann man erwarten, daß er ödipale Probleme durcharbeiten und lösen kann.

Peter nutzte diesmal seine Kontakte, um sich für die Vergabe eines Bronzesternes an seinen Stiefvater einzusetzen. Sein Therapeut interpretierte diese Bemühungen als Zeichen von Trauer. Nachdem Peter darüber berichtet hatte, begann er, sich über den Zustand der Welt, die er als führerlos ansah, Gedanken zu machen. – Einige Leute hatten sich auf dem letzten Jagdausflug über seinen Stiefvater lustig gemacht. Sein idealisiertes Objekt gab es nicht mehr – die Welt war führerlos geworden. Er konnte die Parallele zwischen seinen inneren Prozessen und den äußeren Ereignissen, die sie symbolisierten, erkennen.

Als sich im fünften Jahr seiner Therapie das Weihnachtsfest

näherte, kaufte er einen riesigen Christbaum, der viel zu groß für sein Haus war. Als er einige Äste abhacken mußte, kam ihm der Gedanke, daß er sich seiner Grandiosität entledigte. Dieses Weihnachtsfest genoß er ganz besonders, da diesmal die ganze Familie, seine Frau, seine Kinder und auch seine alt gewordenen Eltern, zusammen war.

Er entdeckte nun in seinen Therapiestunden noch einen weiteren Grund für seine Jagdbegeisterung: Die Jagd ermöglichte es ihm nicht nur, Aggression loszuwerden, sondern ein Teil von ihm genoß es auch, »mit der Natur Zwiesprache zu halten«. Er sprach nun von der Natur als der »guten Mutter«.

Sublimation und die Neutralisierung des Sadismus

Als der Präsident der Vereinigten Staaten nach Weihnachten seine Rede zur Lage der Nation hielt, sprach er auch über die B-2-Bomber und anderes Kriegsgerät. Zu seinem eigenen Erstaunen interessierten Peter die Waffen nicht mehr. Sein Hauptanliegen waren nun Umweltprobleme, während er seine sadistischen Impulse in abgemilderter Form dafür einsetzte, seine Lieblingsmanschaft im American Football beim Superbowl (Meisterschaftsspiel) anzufeuern. Die Aggression, die im Sportstadium erlebt wird, unterscheidet sich erheblich von der auf dem Schlachtfeld. Peter nahm von seinen Freunden Wetten für das Endspiel entgegen und beabsichtigte, den Gewinn einem Heim für behinderte Kinder zu spenden.

Mit dem Ende des Kalten Krieges stellte Peters Firma ihre Forschungsprogramme zum Teil auf die Entwicklung ziviler elektronischer Geräte um. Einige seiner Freunde waren nach Rußland gegangen, um dort die Abrüstung zu überwachen; er machte Witze darüber, daß die Silos für die Interkontinental-Raketen bald als Getreidesilos verwendet werden würden. Sein großer Wunsch war, in der Lotterie zu gewinnen, damit er das Waffengeschäft aufgeben könnte.

Offizielle Zustimmung zur Vergabe des »Bronzesternes« an Überlebende des »Todesmarsches«

Wenn ein Patient, der wie Peter eine narzißtische Persönlichkeitsorganisation hatte, seine narzißtischen Probleme gelöst hat, kann man davon ausgehen, daß er anschließend eine Übertragungsneurose entwickeln wird und sich echt mit Problemen der Separation-Individuation und mit ödipalen Themen auseinandersetzen wird. Noch während Peter um sein idealisiertes Objekt, von dem er abhängig gewesen war, trauerte und ihm ein »Denkmal« setzen wollte, wurde offiziell der Vergabe des »Bronzesternes« an Überlebende des Bataan-Todesmarsches zugestimmt. Als Peter davon hörte, hatte er einen Traum:

»Ich werde nackt auf einem anderen Planeten abgesetzt, der die Form einer Kuppel hat. Als ich nach Nahrung suche, sehe ich eine Frau in einem roten Bikini. Sie scheint sich in einem Raumschiff zu befinden. Eine zweite Frau ist bei ihr. (Ich muß Angst gehabt haben, da ich mich im Schlaf unruhig bewegt habe und meine Frau mich aufweckte.)«

Vor dem Einschlafen hatte er einen Science-Fiction-Film über die Suche nach einem bewohnbaren Planeten gesehen. Er dachte an den Schaden, den wir der Ozon-Schicht zugefügt haben und hatte Phantasien von einer »neuen Energie«, mit der man überleben könne, ohne solche Schäden zu verursachen.

In den zwei nächsten Sitzungen assoziierte er zu diesem Traum, indem er sich an seine frühe Kindheit mit den beiden Frauen erinnerte. Jetzt, da er dafür gesorgt hatte, daß seinem idealisiertem Objekt ein »Denkmal« in Form eines Ordens gesetzt würde, war er in der Lage, seine frühen Traumata, Konflikte, Wünsche und Ängste zu erforschen. Einige seiner Erinnerungen waren nicht verdrängt gewesen; sein übermäßiger Narzißmus hatte es ihm bisher jedoch nicht erlaubt, seinem Therapeuten darüber zu berichten. Jetzt war er nicht nur dazu bereit, sondern es drängte ihn geradezu, über sie zu sprechen. So erfuhren sein Therapeut und ich viele Einzelheiten aus seiner Kindheit. Nachdem ihr Mann sie verlassen hatte, zog Peters Mutter zu ihrer eigenen Mutter und überließ ihren Sohn deren Obhut, während sie arbeiten ging. Bis zu seinem sechsten Lebensjahr nannte Peter seine Großmutter »Mutter« und schlief in ihrem Bett. Zwar trat sein späterer Stiefvater schon in sein Leben, als er zwei oder drei Jahre alt war, aber es dauerte Jahre, bis die katholische Kirche dieser zweiten Eheschließung zustimmte. Seine Großmutter hatte eine Vorliebe für kräftige Farben und war der Ursprung der Frau im roten Bikini, die er im Traum gesehen hatte. Wenn er an sie dachte, sah er sie als haarige Hexe, da sie ihn gelegentlich gebeten hatte, ihr mit einer Pinzette Haare vom Kinn zu entfernen. Als sich die Beziehung zwischen seiner Mutter und Gregory festigte und dieser sich gegenüber dem kleinen Jungen freundlich verhielt, veränderte sich Peters Beziehung zu den beiden Frauen. Nun war jemand für ihn da, der große Qualen überlebt hatte und den er idealisieren konnte. Durch seine Identifikation mit ihm lernte Peter, Bedrohungen für sein aufkeimendes grandioses Selbst – durch frühen Objektverlust, Demütigungen und die Einmischung in seine Autonomie durch die beiden Frauen – mit Hilfe von gegen andere gerichtete Aggression abzuwehren.

Erst mit sechs Jahren, als der Stiefvater und die Mutter ein von der Großmutter unabhängiges Heim gründeten und gemeinsam ein eigenes Schlafzimmer hatten, lernte Peter, die richtige Frau »Mutter« zu nennen. Nun erkannten wir, daß Peters Idealisierung des Stiefvaters auch etwas mit ödipalen Themen zu tun hatte. Solange er sich mit dem Aggressor identifizierte, ihn idealisierte und ihn liebte, nahm er ihn nicht als jemanden wahr, der ihn womöglich kastrieren könnte. Er hatte zwei inzestuöse Objekte, seine Mutter und seine Großmutter. Die letztere starb, als er schon zur Militärakademie ging.

Der bevorstehende Umzug der Eltern

Bald nach dem Beschluß zur Bewilligung des militärischen Ordens an seinen Stiefvater hörte Peter, daß seine Eltern die Absicht hatten, in ein wärmeres Klima zu ziehen und deswegen einen Käufer für ihr schönes Haus suchten, in dem sie seit 27 Jahren gelebt hatten.

Da sein Stiefvater nicht vorhatte, sein ganzes Werkzeug mitzunehmen, bot er Peter an, sich auszusuchen, was er davon brauchen könne. Peter träumte, daß er und der alte Mann eine heftige Auseinandersetzung über Verwaltungsangelegenheiten hatten. Der Therapeut kommentierte, daß die Bewilligung des Ordens, der Umzug der Eltern und das Angebot des Stiefvaters, sein »Werkzeug« zu übernehmen, möglicherweise damit verknüpfte Erinnerungen, symbolische Bedeutungen und Gefühle wachgerufen haben könnten. Peter erinnerte sich daran, wie er, als sein Stiefvater in sein Leben getreten war, mit ihm zu den Kindern in der Nachbarschaft ging, stolz auf ihn zeigte und sagte: »Schaut her, ich habe auch einen Vater.« Die Tatsache, endlich wie die anderen Kinder einen Vater zu haben, half ihm bei der Überwindung der Demütigung, daß er von seinem wirklichen Vater zurückgewiesen worden war. Seine Mutter und seine Großmutter hatten seinen biologischen Vater immer wieder entwertet und in Gegenwart des Kindes über dessen Fehler geschimpft. Um das auszugleichen, machte Peter den Stiefvater zu seinem Idol.

Er erinnerte sich jedoch auch noch an etwas anderes. Als seine Mutter und Gregory das erste Mal gemeinsam wegfuhren – auf eine Art Hochzeitsreise –, sprachen sie aus irgendeinem Grund in einer Radioshow, die er mit seiner Großmutter zusammen anhörte. Er war damals in der ödipalen Phase und zerbrach am nächsten Tag eine Spielzeugpistole, die der neue Mann der Mutter ihm geschenkt hatte. Jetzt in der Therapie merkte er, wie wütend er damals auf den Mann gewesen war, der ihm seine Mutter weggenommen hatte. Peter hatte Angst gehabt, bei der Rückkehr der beiden bestraft zu werden. Er erinnerte sich jetzt lebhaft daran, wie sein Stiefvater seine Mutter gefragt hat, was sie wegen der zerbrochenen Pistole tun sollten, und wie seine Mutter geantwortet hat: »Er ist jetzt dein Sohn. Tu, was du willst!« Peter erinnerte sich, wie tief es ihn beeindruckt hatte, daß sein Stiefvater sich dafür entschied, ihn nicht zu bestrafen.

Er war sich im klaren darüber, daß seine Erinnerung möglicherweise nicht in allen Details richtig war; aber er wußte, daß er gegenüber dem Stiefvater Groll verspürt und ihn zugleich gefürchtet hatte, und daß der Umstand, das Gregory ihn nicht bestraft hatte, einer der Gründe gewesen war, weshalb er ihn idealisiert hatte. Jetzt wurde ihm klar, daß der alte Mann in Wirklichkeit niemals ein geschickter Jäger gewesen war, sondern daß er mit dem Jungen auf die Jagd gegangen war, um das Selbstwertgefühl des Kindes zu stützen.

Der 50. Jahrestag des Bataan-Todesmarsches sollte mit einem offiziellen Festakt begangen werden. Als sich dieses Datum näherte, hatte Peter »einen merkwürdigen Traum«, wie er es nannte.

»Ich stand mit einem Mann zusammen, der ebenso gut aussah wie mein Stiefvater früher. Im Tal sah ich einige Füchse entlang rennen. Ich zeigte auf die Füchse, während er auf ein anderes Tier zeigte, einen verunstalteten Hirsch mit dicken plumpen Beinen und ohne Geweih.«

Mit Hilfe des Therapeuten erkannte Peter in den roten Füchsen seine Mutter und seine Großmutter. Ihre Farbe erinnerte ihn an den roten Bikini, den die Frau in einem seiner vorigen Träume trug. Obwohl er sich nicht daran erinnern konnte, je bemerkt zu haben, daß seine Mutter oder Großmutter menstruierten, hielt er es doch für wahrscheinlich, daß er irgendwann einmal ihre Genitalien gesehen hatte, da er für viele Jahre mit seiner Großmutter im selben Bett geschlafen hatte. Der gutaussehende Mann im Traum war sein Stiefvater, der das »Tal« seiner Mutter erobert hatte, während er selbst offensichtlich der dicke, kastrierte (geweihlose) Hirsch war. Die Diskussion dieses Traumes erlaubte es Peter zu verstehen, daß er sich anfangs durch die beiden Frauen, die ständig seine Autonomie verletzten, »kastriert« gefühlt haben könnte, während er gleichzeitig auch einen ödipalen Triumph hatte, da sein biologischer Vater sie verlassen hatte und er der einzige »Mann« im Hause war. Eben diese Tatsache hat jedoch vermutlich gleichzeitig auch zur Steigerung seiner Kastrationsangst beigetragen. Als ein Mann im Hause erschien, »zeigte er ihm die roten Füchse«. Er gab gewissermaßen dem Stiefvater die Frauen, während er der kastrierte dicke Junge blieb. Wir sehen hier eine Verdichtung. Peter idealisierte die Repräsentanz des Stiefvaters, um sich dagegen zu wehren, von Frauen erstickt und kastriert zu werden. Denselben Mechanismus – die Idealisierung des neuen Vaters – setzte er aber auch ein, um mit der Kastrationsangst auf ödipalem Niveau umzugehen.

Nach diesem Traum sprach Peter über seine lebenslange Angst vor dem Fliegen. Als Hubschrauber-Pilot in Vietnam hatte er versucht, durch magische und kontraphobische Maßnahmen, beispielsweise Fallschirmspringen und Flüge während aktiver Kampfeinsätze, seine Angst zu beherrschen. Indem er nun seine entwerteten und verängstigten Seiten auftauchen ließ, konnte er seine Selbstvorstellung weiter integrieren.

Peter sprach auch von seiner Höhenangst und machte einmal die Bemerkung, daß »das obere Meer (die Kumuluswolken) so gefährlich sei wie das untere Meer«. Peters Angst »zu niedrig zu fliegen« und damit in Gefahr zu kommen, von Wasser/Erde/Mutter verschlungen zu werden, weist auf einen »*Satelliten-Zustand*« (VOLKAN u. CORNEY 1968) hin, das heißt auf eine unvollständige Separation-Individuation und auf eine unzureichende Trennung von Selbst- und Objektrepräsentanzen. Jemand, der in einem »Satelliten-Zustand« lebt, verbleibt im Umkreis der Mutterrepräsentanz, vermeidet jedoch unbedingt, mit ihr zu verschmelzen. Peters Angst, »zu hoch zu fliegen«, führte zu einer Diskussion des Mythos von Dädalus und Ikarus, Vater und Sohn, die aus der Gefangenschaft fliehen, wobei sich die Flügel des Sohnes ablösten (Kastration), als er der Sonne zu nahe kam. Die Furcht vor dem Stiefvater beinhaltete jedoch nicht nur Kastrationsangst, sondern auch Befürchtungen im Zusammenhang mit einer unvollständigen Separation-Individuation von ihm. Peter mußte immer wieder bei ihm »auftanken«, um die Idealisierung des Stiefvaters als seine eigene aufrechterhalten zu können. Da er den Stiefvater für sein psychisches Überleben brauchte, konnte er wieder kein eigenständiges Leben führen. Er blieb gebunden an den Mann, der ihn, wie sich der Leser erinnern möge, als Reservoir sowohl für seine Selbstvorstellung als Gefangener als auch als der, der gegen jede Gefangenschaft rebellierte, benützte.

In engem Zusammenhang damit stand Peters Bemerkung darüber, daß er Angst davor habe, Brücken zu überqueren. Das Gefährliche dabei war, auf halbem Weg stecken zu bleiben und sich weder vorwärts noch rückwärts bewegen zu können – zwischen dem Beginn und der Beendigung eines Vorhabens stecken zu bleiben. Entwicklungsmäßig gesehen war Peter zwischen der Angst vor dem Verschlungenwerden auf der einen Seite (Mutter/unteres Meer) und der Kastrationsangst und Abhängigkeit auf der anderen Seite (Stiefvater/oberes Meer) steckengeblieben. Um diesem Dilemma zu entgehen, entwickelte er eine narzißtische Persönlichkeit. So konnte er sich die Illusion bewahren, über jede Angst erhaben zu sein und ein eigenständiges Leben führen zu können.

Als er über die Bedeutung dieser Phobien (Höhe, Brücken) in der Therapie nachdachte, hatte er zwei Träume, die seinen Wunsch widerspiegelten, sie zu überwinden:

»Ich war beschäftigt und spürte, daß ich etwas tun sollte, was ich nicht tun wollte. Ich steckte mit einem Wagen auf halbem Wege über einer Brücke fest und sagte mir: ›Verdammt noch mal, was solls‹ und fuhr weiter (über die Brücke).«

Sein zweiter Traum lautete:

»Ich flog nach Florida.«

Als Assoziation dazu fielen ihm die ausführlichen Medienberichte über einen Flugzeugabsturz ein. Das Flugzeug sollte nach Florida fliegen und stürzte kurz nach dem Abheben auf eine Brücke. In der Realität war Peter wenige Tage zuvor aus geschäftlichen Gründen vor nach Florida geflogen und sagte, daß er auf dem Flug keine Angst gehabt habe. – Sein Analytiker berichtete mir, daß Peter jetzt auch anders aussehe, besser als vorher, und daß er introspektionsfähiger schien.

Reue, Trauer und »second look«

Peter war sehr bewegt von einem kleinen festlichen Akt, der veranstaltet wurde, um die endgültige Genehmigung der Verleihung des Bronzenen Sterns an seinen Stiefvater zu feiern. Auch andere Überlebende des Todesmarsches sollten Auszeichnungen erhalten. Die Zeremonie, bei der der Orden tatsächlich an die Veteranen überreicht werden sollte, fand später statt. Am Tag nach diesem kleinen Festakt starb eine bekannte Persönlichkeit, die für Peter zu einer Vaterfigur geworden war und das Projekt zur Ordensverleihung mit unterstützt hatte. Peter ging auf die Beerdigung, die landesweites Interesse erweckte. Auf der Prozession wurde auch ein reiterloses Pferd mitgeführt. Am folgenden Tag verstieß Peter gegen seine Grundsätze und trank vier Martinis. Wenn er auch nicht betrunken war, war seine Frau über diesen »Rückfall« doch aufgebracht. Diese Nacht schlief er im Wohnzimmer. In seiner nächsten Sitzung wurde klar, daß dieses Mal der »Rückfall« nicht durch einen Versuch, mit oralen Themen zurecht zu kommen, ausgelöst worden war. Die Gedenkfeier für seinen Stiefvater war von einer symbolischen Tötung einer Vaterfigur gefolgt worden. Es war dieser doppelte ödipale Triumph, der ihm diesmal Angst eingejagt hatte. Seine kurzfristige Regression beunruhigte ihn nicht. Er merkte, daß sich seine Frau erst noch auf sein neues Selbst einstellen mußte; ein Selbst, das »eine Fahrt über eine Brücke« zu Ende bringen konnte, das heißt sich – auf psychischer Ebene – in Richtung auf eine gesündere Anpassung fortentwickeln und auf Grandiosität verzichten konnte.

Damals wurden gerade die Bauarbeiten beendet, und seine Frau freute sich über die Vergrößerung des Hauses. Der Raum wurde mit Blumen gefüllt, statt, wie Peter es ursprünglich geplant hatte, mit Jagdtrophäen. In dieser Zeit hatte Peter einen Traum über die Jagd.

»Ich sah viele Rehe, tötete aber kein einziges.«

Plötzlich sagte er: »Gott zieht uns zur Rechenschaft für die Tiere, die wir töten. Ich versuche, mir selbst einzugestehen, was ich bisher eigentlich getan habe«. Er schien betrübt zu sein. – Sein Therapeut und ich hatten das Gefühl, daß er ein besser ausgeformtes Über-Ich entwickelte, das angemessene Schuldgefühle in ihm auslöste.

Mit der Nachricht vom Verkauf des elterlichen Hauses setzte die Trauer um den Verlust seiner Kindheit voll ein. Er ging hin, um das abzuholen, was ihm sein Stiefvater angeboten hatte. Aber er war weniger an der Waffensammlung interessiert als an den Dingen, die für ihn in Zusammenhang mit seiner Kindheit wichtig waren. Er fand ein Photo von sich als Kind mit seiner Mutter, die wunderschön aussah; aber er wußte, daß sie harte Zeiten mitgemacht und schwer gearbeitet hatte. Als er seinen Kinderwagen fand, beschloß er, ihn mit nach Hause zu nehmen. Er war überrascht und erfreut, einige Briefe zu finden, die er aus Vietnam geschrieben hatte. Sie zeigten kein menschliches Mitgefühl über den Tod und die Zerstörung dort. Das Bild seiner Großmutter erinnerte ihn an ihre Geschichten von Wölfen, die sie ihm erzählt hatte, wenn sie zusammen im Bett gelegen waren, und an seine Alpträume, die er nach solchen Erzählungen gehabt hatte.

Novey (1968) ging der Frage nach, weshalb einige Patienten im Verlauf der Psychoanalyse oder der psychoanalytischen Psychotherapie den Drang haben, in alten Tagebüchern und Papieren zu lesen und an Orte zurückzukehren oder Leute zu treffen, die ihnen in einer früheren Phase ihres Lebens wichtig waren. Er konstatiert, daß solche Verhaltensweisen unter Umständen eine Form des »Ausagierens« sein können. »Viel häufiger jedoch stellen sie ein Verhalten dar, das dazu dient, affektiv wichtige Fakten zugänglich zu machen, und so dem Behandlungsprozeß weiterhilft« (S. 87). Auch Poland (1977) und Volkan (1979, 1981) haben über verschiedene Variationen des »second look« geschrieben. Sowohl sein Therapeut als auch ich spürten, daß Peter intensiv in diese »second look« Tätigkeiten vertieft war.

Beginn der Beendigungsphase: Das Vogelhaus und die Josephs-Statue

Ein Vogelhaus war das symbolisch wichtigste Stück in Peters Elternhaus. Die Interpretation seiner Bedeutung und Peters Anerkennung der Gültigkeit dieses Verständnisses führten zur Kristallisation seiner Einsicht über die Beziehung zwischen ihm und seinem Stiefvater und über das, was er selbst als seinen eigenen defensiven Sadismus ansah, der dazu diente, sein grandioses Selbst immer wieder aufzufüllen und zu bewahren. Wir hatten das Gefühl, daß zu diesem Zeitpunkt die Analyse und die Lösung von Peters Aggression abgeschlossen war; daß er nicht mehr länger als sadistisch angesehen werden konnte und daß es unwahrscheinlich war, daß er zu diesem alten Verhaltensmuster zurückkehren würde.

Im Garten des Hauses seiner Eltern stand ein mehrstöckiges Schwalbenhaus auf einer Säule, die in einen schweren Zementsockel eingelassen war. Peters Stiefvater hatte es selbst konstruiert und sich ungeheure Mühe damit gegeben. Er hatte sogar über jedes einzelne dieser vielen »Apartments«, in denen die Vogelfamilien wohnen sollten, Nummern gemalt. Viele Jahre lang war es voller Vögel gewesen, die dort ihre Eier legten und sie ausbrüteten. Die Jungvögel unternahmen von dort aus ihre ersten Flugversuche. Peters Stiefvater nahm jedes einzelne Küken gleich nach dem Ausschlüpfen und befestigte an seinem Fuß einen Ring mit der Nummer des »Apartments« seiner Familie. So wußte der Stiefvater immer, in welches Apartment ein Küken gehörte, wenn es vorzeitig aus dem Schwalbenhaus gefallen war, und konnte es in das richtige Nest zurücklegen. Das war wichtig, da ein aus dem Nest gefallenes Küken, das von wohlwollenden Menschen aufgelesen und in ein falsches Nest gelegt worden wäre, abgelehnt worden wäre und so mit Sicherheit gestorben wäre. Als Peter und sein Analytiker über das Schwalbenhaus sprachen, verstanden sie, daß es das japanische Kriegsgefangenenlager repräsentierte, in dem der Stiefvater eingesperrt gewesen war. In diesem Gefangenenlager waren Hunger, Mißhandlungen und Tod an der Tagesordnung gewesen. Indem der Stiefvater es wieder erschuf, veränderte er die Situation; kein einziger Bewohner seines »Camps« durfte sterben. Auf omnipotente Art erschuf er für sich und seine Mitgefangenen (die Küken) ein neues »Schicksal«. Endlich hatte er ein Lager errichtet, in dem jeder sicher und zufrieden leben konnte.

Wie wir oben erwähnten, hatten Peters Therapeut und ich seit einiger Zeit vermutet, daß die psychische Situation des Stiefvaters nach dem Krieg vergleichbar war mit der des kleinen dicken Jungen, den er als Sohn annahm. Es war der Lebensinhalt des älteren Mannes, eines Überlebenden grauenhafter Verhältnisse, die Situation menschlichen Leidens umzukehren. Er litt unter »Überlebens-Schuld« (Niederland 1968). Aus innerem Zwang heraus mußte er die verlorenen Kameraden wieder auferstehen lassen und sie »reparieren«, um mit der Schuld umzugehen und um zu verleugnen, was ihm selbst wiederfahren war. Auch Peter lebte damals in einem »Gefängnis«, in dem zwei Frauen seine Autonomie verletzten und ihn mit Essen »vollstopften«. Überernährung war so schlimm wie die Unterernährung in dem wirklichen Gefangenenlager. Der kleine Peter mußte gerettet werden; er war eines der Schwalbenküken.

Uns schien, daß der kleine Junge und der Mann einen unbewußten seelischen Pakt geschlossen hatten. Der Stiefvater »rettete« Peter; auf einer anderen Ebene jedoch repräsentierte Peter dafür die Selbstvorstellung des Stiefvaters als Gefangener, der gezwungen worden war, einen Todesmarsch mitzumachen. Diese geistige Vorstellung konnte umgekehrt werden, wenn der Gejagte zum Jäger wurde. Gregory wollte sicherstellen, daß

Peter, wenn er heranwuchs, ein »Jäger« werden würde, der seine Aggression gegen andere einsetzen würde, sowohl gegenüber Menschen (indem er für die Waffen zur Kriegsführung zuständig war) als auch gegenüber Tieren. Durch das »Waschbär-Erlebnis« identifizierte sich Peter erst mit dem gejagten Stiefvater, um dann seine Hilflosigkeit abzuschütteln; er trainierte seine Muskeln und wurde nun zum »Jäger«. Unbewußt begann Peter nun, diese Identität für sie beide zu leben. Das war Bestandteil ihres »Paktes«. Da sie oft gemeinsam jagen gingen, füllte der ältere Mann immer wieder Peters Jäger-Identität auf und unterstützte sie, wodurch wiederum Peters grandioses Selbst gestärkt wurde.

Als Peter bei der Diskussion der versteckten Bedeutungen des Vogelhauses langsam diese Einsicht entwickelte, erzählte er auch von einer Heiligenstatue im Garten seiner Eltern, die nahe beim Vogelhaus gestanden habe. Peters Mutter hatte sie schon viele Jahre lang gehabt, bevor sie sie schließlich im Garten aufstellten und der Stiefvater die Augen der Statue – in der Farbe seiner eigenen Augen – blau anmalte. Peter glaubte, daß seine Eltern die Statue für ein Abbild des Heiligen Joseph hielten, und er realisierte nun, weshalb er seinen Stiefvater immer als einen Heiligen angesehen hatte. Man kann die Parallele ziehen, daß Joseph Maria heiratete, um sich um sie und ihr Kind Jesus zu kümmern.

Nun wurde noch deutlicher, welche unbewußte Rolle der Stiefvater übernommen hatte: Seine Aufgabe war es, sich um den kleinen Peter zu kümmern, damit dieser omnipotent und gottähnlich werden würde, so wie Jesus es gewesen war. Er würde Peter das »Werkzeug« an die Hand geben, das notwendig war, um seinen Sadismus nach außen, gegen andere, zu richten, so daß niemals *er* der Gejagte, Gefangene und Gedemütigte wäre. Peters biologischer Vater, dem gegenüber seine ehemalige Frau, wie wir annehmen, einen tiefen, dauernden Groll hegte, bekam die Rolle des Entwerteten übertragen. Niemals wieder würde er Peter demütigen können.

Peters Eltern entschlossen sich, das Vogelhaus beim Umzug zurückzulassen; und obwohl Peters Mutter zumindest die Heiligenstatue mitnehmen wollte, meinte ihr Ehemann, daß sie sie in ihrem neuen Heim nicht bräuchten. So sollte auch sie zusammen mit dem Schwalbenhaus zurückgelassen werden. Beide Stücke waren mehr als 25 Jahre im Garten gestanden. Es wäre schwierig gewesen, das Vogelhaus zu entfernen; der Stiefvater hatte immer voll Stolz davon gesprochen, daß die Säule, die das Haus trug, in einem 100 Pfund schweren Zementsockel ruhte. Wir hatten den Eindruck, daß er absolut hatte sicherstellen wollen, daß seine der Abwehr dienende Anpassungsleistung nicht zerstört werden konnte, ebensowenig wie seine andere Schöpfung, die Identität von Peter als Jäger. Bei der Josephs-Statue hätten sich die Transportprobleme nicht gestellt. Dennoch wollte der Stiefvater auch sie nicht mehr mitnehmen. – Wir hatten das Gefühl, daß der vor langer Zeit geschlossene, unbewußte »Pakt« zwischen Peter und seinem Stiefvater zu einem Ende kommen konnte, da der Stiefvater alt geworden war und Peter sich durch die Behandlung hatte davon distanzieren können. Wir meinten, daß Peter sich nicht mehr so omnipotent wie Jesus (der auch auf dem Wasser gehen konnte) fühlen mußte und daß er auch kein Jäger mehr sein mußte.

Peter war traurig, als er in den Sitzungen noch mehr über die Einflüsse verstehen lernte, denen er als Kind ausgesetzt gewesen war. Er trauerte um den idealisierten Heiligen Joseph seiner Kindheit und um sein eigenes Kindheits-Selbst. Durch seinen Sadismus war er sicher gewesen vor seiner Kindheitsdepression. Er fühlte sich nun nicht mehr deprimiert, sondern einfach traurig. Zwischenzeitlich führte er Verhandlungen über ein Millionen-Dollar-Projekt, das aus rechtlichen und finanziellen Erwägungen noch der Geheimhaltung unterlag. Als Peter merkte, wie viel er seinem Therapeuten schon darüber erzählt hatte, kam er zu dem Schluß, daß dies nur deswegen geschehen konnte, weil er ein tiefes Vertrauen in ihn und ihre gemeinsame Arbeit entwickelt hatte.

Die Präsidentschaftskampagne in den USA lief damals auf Hochtouren, und die meisten seiner Freunde waren mit innenpolitischen Angelegenheiten beschäftigt. Peter sah, daß Frankreich sich mehr und mehr in der amerikanischen Rüstungsindustrie engagierte und dabei war, die Führung im weltweiten Waffenhandel zu übernehmen, und daß Tod und Zerstörung fortbestehen würden. Er sah ein, daß das Geschäft, in dem er sich am besten auskannte, Waffenproduktion und Waffenhandel war; aber es war für ihn nicht mehr etwas, das ihn mit einem Gefühl der Omnipotenz aufputschte.

Er wurde zu einer großen Jagd nach Kanada eingeladen und hatte von seinem Arbeitgeber auch die Genehmigung, sich dafür freizunehmen. In der Vergangenheit hätte er eine solche Gelegenheit sofort ergriffen – selbst am Töten teilzunehmen, die Köpfe der von ihm getöteten wilden Tiere auszustopfen, als Trophäen an die Wand zu hängen und sich dabei omnipotent zu fühlen. Diesmal jedoch lehnte er ab und sagte zu seinem Therapeuten: »Ich habe so viel Arbeit zu erledigen. Außerdem will ich unsere Stunden nicht verpassen.« Er erzählte weiter, daß er festgestellt habe, daß der Analytiker für ihn nun an die Stelle seines früher idealisierten Stiefvaters getreten sei. »Aber Sie sind anders als er, nicht omnipotent; und ich bin auch nicht mehr omnipotent. Dieses Zimmer ist wie ein Schwalbenhaus. Ich weiß, daß ich bald so weit sein werde, davonzufliegen. Es macht mich traurig, wenn ich daran denke.« Zufrieden stellte der Analytiker für sich fest, daß Peter Recht hatte.

Die »Rückkehr« des Stiefvaters

Unsere Hoffnung, daß Peters Beendigungsphase bald beginnen könne, sollte sich zunächst nicht erfüllen. Nur wenige Wochen nach dem Umzug beschlossen seine Eltern, wieder zurückzukehren, da sie sich in ihrer neuen Umgebung nicht wohlfühlten. Zu unserer – und vermutlich auch Peters – großen Überraschung erfuhren wir nun, daß trotz all der praktischen Schwierigkeiten das Vogelhaus und die Josephsstatue von seinen Eltern beim Umzug mitgenommen worden waren. Noch einmal waren wir über die verborgene, erstarrte Symbolik dieser Stükke erstaunt. Nun kamen sie zusammen mit den Eltern zurück! Die Versuche der Eltern, ihr altes Haus vom neuen Eigentümer zurückzukaufen, schlugen fehl. So konnten sie vorerst auch das Vogelhaus und die Statue nicht wieder im Garten aufstellen, sondern mußten sie erst einmal in einem Lagerhaus lassen. Daraufhin verschlechterte sich die körperliche Gesundheit des Stiefvaters rapide. Er fühlte sich schwindelig und konnte nicht mehr klar sehen. Zur Abklärung kam er in ein Krankenhaus, wo eine Computertomographie des Schädels veranlaßt wurde.

Nach all diesen Ereignissen zog sich Peter bei einem Sturz eine Verletzung am Rücken zu. Er beschäftigte sich nun intensiv mit einer Waffe, die von einem Hubschrauber aus ins Wasser gelassen wird, um Unterseeboote mit gefährlichen Waffen an Bord zu orten und dann zu zerstören. Peter war vehement gegen die geplante Streichung der Gelder zur Entwicklung dieser Waffe. – Während der Supervisionsstunden diskutierten sein Therapeut und ich die Auswirkungen der Veränderuangen in der äußeren Welt auf Peters innere Welt und umgekehrt. Wir hatten den Eindruck, daß das seelische Gleichgewicht von Peters Eltern durch die Ordensverleihung, die Demontage des Vogelhauses und der Heiligenstatue, ihren Umzug und das fortgeschrittene Alter so gestört war, daß sie nicht in der Lage waren, ihre Adaptation an ihr geistiges Bild von Peter aufzugeben. Für den Stiefvater war es offenbar unerträglich, daß die Erinnerungen an seine Kriegsgefangenschaft und die damit zusammenhängenden Gefühle nun wieder ausschließlich ihm gehören sollten.

Entgegen seiner ursprünglichen Entscheidung konnte er sich doch nicht von seinem Vogelhaus und der Josephsstatue trennen. Aber diese symbolträchtigen Gegenstände hatten ihren alten Platz verloren, und der »Pakt« zwischen ihm und Peter hatte sich gelockert. Er entwickelte eine körperliche Erkrankung, die höchstwahrscheinlich psychogen bedingt war. Peter wiederum, der solche Fortschritte gemacht hatte, hatte das Gefühl, als ob ihm das Rückgrat gebrochen würde und setzte dies in der Realität in Szene, indem er stürzte und sich den Rücken verletzte.

Sein Stiefvater, dessen geistige Vorstellung in Peters Träumen oft als Unterseeboot erschienen war, kam zurück. Peter wollte, in der Sprache seiner inneren Welt, »nicht mehr auf einem (waffenstarrenden und Zerstörung bringenden) U-Boot stehen«. Um nicht in Versuchung zu kommen, rückfällig zu werden und sein durch Sadismus unterstützes grandioses Selbst wieder zu errichten, wendete er diesmal seine Aggression gegen das »Unterseeboot«, um es zu zerstören. Seine Aggression stand nun im Dienste einer noch weiter gehenden Individuation und Separation von der geistigen Repräsentanz seines Stiefvaters. Der Therapeut sah, daß für Peter sein Wunsch nach Selbständigkeit ohne Grandiosistät gleichbedeutend damit war, seinen Stiefvater, der ihn aus den Verstrickungen mit Mutter und Großmutter gerettet hatte, zu »töten«. Als der Therapeut ihm dies interpretierte, wurde ihm das Dilemma bewußt, in dem er steckte.

Auf der Couch wurde Peter nun reizbar und kehrte sogar zu

seiner alten Angewohnheit zurück, während der Stunden zu schlafen. Aber die vollständige Wiederaufnahme seiner alten Symptome – Alkoholabusus und Bulimie – und die Rückkehr in die Grandiosität war ihm nicht mehr möglich. Andererseits konnte er sich wegen des oben beschriebenen Dilemmas auch nicht mit voller Kraft der Festigung seiner seelischen Gesundung widmen. In der Vergangenheit war er in der Lage gewesen, die geistige Repräsentanz seines Stiefvaters dadurch zu »töten«, daß er sich für die Verleihung des »Bronzenen Sterns« an ihn einsetzte.Jetzt jedoch litt Peter wegen seines Wunsches nach Trennung und der damit verbundenen Phantasien unter Schuldgefühlen, da es damals so schien, als ob der Stiefvater in der Realität dem Tode nahe war.

Dennoch bemerkten sein Therapeut und ich, daß Peter entschlossen schien, gesund zu werden. Seine Eltern gaben das Vogelhaus und die Statue einem ihrer früheren Nachbarn, die sie in ihrem Garten aufstellten. Peter wußte noch nicht, ob seine Eltern später, wenn sie wieder ein eigenes Haus haben würden, diese Gegenstände zurückverlangen würden.

Jetzt, da er den Therapeuten als eine wohlmeinende, nicht omnipotente Vaterfigur ansah, bemühte er sich auch sehr um eine bessere Beziehung zu seiner Frau.

Die Ordensverleihung

Endlich war der Tag der großen Zeremonie gekommen, auf die Peter so lange hingearbeitet hatte, und dem Stiefvater, dessen körperliche Gesundheit sich inzwischen gebessert hatte, und anderen Veteranen wurde der Orden verliehen. – Als ich den Bericht des Therapeuten über dieses Ereignis hörte, hatte ich den Eindruck, daß die eigentliche Zeremonie Peter nicht sehr berührt hatte. Aber die ganze Arbeit für den »Bronzenen Stern« war ja auch schon lange vorher abgeschlossen gewesen. Viel ausführlicher sprach Peter darüber, daß er seiner Frau zum Hochzeitstag (und anläßlich von Erfolgen ihrer Tochter) einen Strauß roter Rosen mit Glückwunschkarte geschenkt habe. Ich nehme an, daß seine Partnerin noch nicht recht wußte, was sie mit diesem veränderten Mann anfangen sollte. Jedenfalls erwiderte sie seine Geste nicht, was er ihr aber nicht übel nahm.

Vielmehr half er ihr bei ihrem Hobby und sägte für sie Schnörkel aus Holz aus, die sie dann bemalte, statt, wie bisher, alleine seine Tiere zu präparieren. Auch die Art, wie er zum Fischen ging, hatte sich verändert. Er nahm keine umfangreiche Ausrüstung mehr mit, sondern trug, wie die anderen Freizeitfischer auch, nur Shorts und Tennisschuhe.

Abschließende Bemerkungen

Wir werden im nächsten Kapitel noch öfters auf Peters Fall zurückkommen, wenn wir über die Behandlungstechnik bei narzißtischen Störungen sprechen werden. Wenn wir auch zu diesem Zeitpunkt noch nicht das endgültige Ergebnis von Peters Therapie kennen, so meinen wir doch, genügend Daten dargestellt zu haben, um eine »Landkarte« seiner inneren Welt sichtbar gemacht zu haben. Ich beschrieb hier den Behandlungsverlauf, der unter meiner Supervision stattfand. Dabei hatte ich aber auch immer noch einen anderen Faktor im Auge: Zwischen den Verlusten, Demütigungen und der Depression in der Kindheit des Patienten und frühen Erlebnissen seines Therapeuten bestanden gewisse Ähnlichkeiten. Natürlich bin ich nicht der Analytiker des Therapeuten, aber ich habe ihn gut kennengelernt. Während Peter ein grandioses Selbst entwickelt hatte, hatte sein Therapeut eine Tendenz zu masochistischem Narzißmus. Ich habe den Eindruck, daß Peter und sein Therapeut in diesen Jahren enorme Fortschritte gemacht haben. Wenn ich jedoch die »Zementierung« des »unbewußten Paktes« zwischen Peter und seinem Stiefvater bedenke, frage ich mich, ob es für den Patienten wirklich möglich sein wird, diesen Pakt vollständig durchzuarbeiten und ihn aufzugeben, ohne ihn durch die Beziehung zwischen sich und seinem Therapeuten ersetzen zu müssen. Mir wurde diese »Zementierung« besonders deutlich, als Peters Eltern sich nicht von ihren unbewußten Adaptationen an Peter lösen konnten und zu ihm zurückkehren mußten. Ich frage mich, ob Peters Therapie »unendlich« (interminable) sein wird in dem Sinn, wie WINNICOTT (1969) es beschrieb – wenn der Patient es nötig hat, den Therapeuten zu »benützen« und der Therapeut ein dem entsprechendes Bedürfnis hat, den Patienten dies tun zu lassen.

VIII

Erfolgreiche Narzißten: Studie über narzißtische Führer

Wer eine narzißtische Persönlichkeitsorganisation hat, hält sich, oberflächlich gesehen, für ganz besonders schön und mächtig. Er meint selbstverständlich das Recht zu haben, seinen eigenen Willen durchzusetzen, und ist davon überzeugt, einen Anspruch auf das zu haben, was sein grandioses Selbst fordert. Er hat ein übermäßiges Bedürfnis danach, sowohl in seinen Augen als auch in den Augen der anderen die Nummer Eins zu sein, sein Selbstwertgefühl aufrechtzuerhalten und die Angst zu vermeiden, die aus dem Eingeständnis seines hungrigen Selbst entstehen würde.

Es kann nicht verwundern, daß ein solcher Mensch versucht ist, eine Führungsrolle einzunehmen. Er kann dies beispielsweise in einer *kleinen Gruppe* versuchen, wo er mit den zu ihr gehörenden Personen direkten Kontakt halten kann. Obwohl er zu den Gruppenmitgliedern überaus charmant sein kann, ist er dennoch distanziert und nicht wirklich an ihrem Wohlergehen interessiert. Er verhält sich ihnen gegenüber nicht loyal. Sein Hauptziel ist es, ständig von ihnen Bestätigung, Beifall und Lob zu ernten.

Auf der anderen Seite gibt es Menschen, die aufgrund ihres verminderten Narzißmus »objekthungrig« sind, um einen Ausdruck von Kohut und Wolf (1978) zu verwenden. Diese Menschen suchen nach anderen Personen, die geeignet scheinen, von ihnen als außerhalb von ihnen gelegenes »Depot« ihres eigenen Narzißmus erlebt zu werden. Es kann zu einer Übereinstimmung kommen zwischen den Gefolgsleuten, die auf der Suche nach einer »Führungsperson« sind, die ihr Bedürfnis nach einem idealisierten Objekt erfüllen soll, und der Person, die ständig in sich selbst ein grandioses Selbst aufrechterhalten muß. George beispielsweise, dessen Fall wir im Kapitel IV erwähnt haben, hatte eine kleine Gruppe von Anhängern, mit denen er oft gemeinsam in einen Nachtclub ging. Häufig schlossen sie Wetten darauf ab, ob er es schaffen würde, die Starsängerin oder eine andere gefeierte Künstlerin zu verführen. Jedesmal schaffte er es, die Frauen durch seinen Charme zu bezaubern und sie dazu zu bringen, mit ihm zu schlafen. Er verlor keine dieser Wetten; aber sein wirklicher Gewinn dabei war die Bestätigung, daß er bei weitem mächtiger, attraktiver und männlicher war als seine Gefolgschaft. Aber auch die Verlierer der Wette, seine Anhänger, »gewannen« ebenfalls: Durch ihren Kontakt mit einem derartig überlegenen »Freund« ging etwas von seiner Großartigkeit von ihm auf sie über – »sie steckten sich an«.

Einige narzißtische Menschen, insbesondere solche, die eine Übereinstimmung zwischen ihrer inneren Erwartung und der Außenwelt auf Dauer zustandebringen – die also auch in Wirklichkeit schön, reich und mächtig sind –, können auf diejenigen, die auf der Suche nach einer mächtigen Elternfigur sind, eine große Anziehungskraft ausüben. Prozesse solcher Art sind beteiligt an der Anziehungskraft zwischen narzißtisch-charismatischen Führern und *großen Gruppen*, wie etwa Volksgruppen oder politischen Gruppen, von der wir in diesem Kapitel sprechen werden. Wir befinden uns dabei im Bereich der *angewandten Psychoanalyse*, da weder die Erforschung von Führern großer Gruppen noch das Studium der Psychologie großer Gruppen im Beratungszimmer stattfinden kann. Wir waren jedoch der Meinung, daß ein Buch, das einen detaillierten Überblick über das gesamte Spektrum des Narzißmus geben will, ohne die Beschreibung des »erfolgreichen« Narzißmus unvollständig bliebe.

Kernberg (1976b) erinnert uns daran, daß Menschen mit übermäßigem Narzißmus sich auf verschiedenen Ebenen der Persönlichkeitsorganisation befinden können. Der Narzißt mit niederem Organisationsniveau ähnelt in seinen Funktionsweisen mehr den Personen mit Borderline-Persönlichkeitsorganisation, wohingegen das grandiose Selbst eines Narzißten mit höherem Organisationsniveau kohärenter ist und er eine bessere »Übereinstimmung« zwischen seinen inneren Forderungen und der äußeren Realität erzielen kann.

Die meisten *erfolgreichen Narzißten* haben ein höheres Organisationsniveau. Mit dem Ausdruck »erfolgreich« bezeichnen wir die Fähigkeit, die äußere Welt entsprechend den Erfordernissen der inneren Welt beeinflussen und möglicherweise auch drastisch verändern zu können, um beide in Übereinstimmung zu bringen. Erfolgreiche Narzißten *verwirklichen* ihre Grandiosität. Mit dem Begriff »erfolgreich« bewerten wir *nicht* die Qualität ihres Einflusses oder die Art und Weise der Veränderung ihrer Umgebung. Der Einfluß auf die Umgebung und ihre Umgestaltung kann vom Standpunkt eines Außenstehenden eine Veränderung zum Besseren oder zum Schlechteren bewirken. Aus diesem Grund hat VOLKAN (1980) zwei verschiedene Typen narzißtischer charismatischer Führer beschrieben – *Reparative* und *Destruktive* – wobei beide von einem intrapsychischen Gesichtspunkt aus »erfolgreich« sind.

Die narzißtische Person als nationaler Führer

Es ist faszinierend zu untersuchen, unter welchen Umständen ein narzißtischer Mensch, der für gewöhnlich ein höheres Organisationsniveau hat und seine Grandiosität im täglichen Leben aufrechterhalten kann, eine führende Rolle übernimmt, insbesondere wenn er der mächtige Führer einer Nation wird. Da bei jedem dieser Fälle viele und wechselnde Faktoren eine Rolle spielen, sollte zweifellos jeder Fall einzeln untersucht werden. Unabhängig vom Charakter des einzelnen beeinflussen natürlich politische, ökonomische, militärische, soziale und andere Faktoren jeden Aufstieg eines Menschen in eine Führungsrolle. Die Einschätzung des Zusammenwirkens dieser Elemente liegt außerhalb des Kompetenzbereichs der beiden Autoren, zweier Kliniker. Wir verfolgen hier ein sehr viel bescheideneres Ziel und werden nur auf bestimmte psychische Faktoren eingehen, die bei einem solchen Aufstieg eine Rolle spielen, wie etwa das »Zusammenpassen« der grandiosen Ambitionen eines Individuums und der Bedürfnisse seiner potentiellen Anhänger, wobei diese Bedürfnisse selbst wieder die psychische Reaktion auf Folgen so realer Umstände wie wirtschaftliche Not sein können.

POST (1984) schrieb, daß der reale Anteil der Selbstrepräsentanz vieler narzißtischer Führer Erfahrungen mit Müttern einschließt, die von zukünftigem Ruhm träumen. Solche Eltern können eigene, unerfüllte Wünsche haben und ihr Kind als

Vehikel zum Erreichen dieser Träume erleben. Die Kinder werden als etwas Besonderes angesehen, und ein Teil dieser Besonderheit wird zur Motivation, die begabte Menschen zu Außergewöhnlichem antreibt.

Wir meinen, daß das grandiose Selbst eines narzißtischen Führers nicht nur die oben beschriebene besondere reale Selbstrepräsentanz beinhaltet, sondern auch die Identifikation mit einer idealisierten Objektrepräsentanz der bemutternden Person, die immer – und nur – dann zufrieden ist, wenn dieser Mensch ehrgeizig ist und nach Ruhm strebt. Das Bemühen dieses Menschen darum, im Rampenlicht zu stehen, und sein Streben nach Macht dienen dazu, die Zusammensetzung des grandiosen Selbst kohärent zu halten.

Es kann nicht verwundern, daß viele Personen, die in die Politik gehen, eine narzißtische Persönlichkeitsorganisation des einen oder anderen Niveaus haben (ETHEREDGE 1979). POST (1984) erwähnt D'ALPUGETS (1983) Studie über Robert J. Hawke, den Premierminister der Arbeiterpartei in Australien, dessen Mutter, als sie ihr Kind in der Wiege betrachtete, »wußte«, daß er eines Tages Premierminister werden würde; so reichte sie ihre eigenen Träume von Ruhm und Ehre an ihn weiter. Schon zuvor hatte POST (1983) ein bemerkenswertes Dokument über die Ursprünge der Träume vom Ruhm in den Briefen gefunden, die die Mutter von Woodrow Wilson, dem späteren amerikanischen Präsidenten, an ihren Sohn geschrieben hat.

Wir meinen, daß Eltern nicht nur ihren Traum von Ruhm und Ehre an ihre Nachkommenschaft weiterreichen können, sondern daß sie, durch ihre Verwicklung in eine besondere Psychodynamik, auch in die reale Selbstrepräsentanz ihres Kindes ein Gefühl einpflanzen können, für ein großes Schicksal bestimmt zu sein. VOLKAN (1980), VOLKAN und ITZKOWITZ (1984) und VOLKAN, ITZKOWITZ und DOD (im Druck) haben Daten vorgelegt, welche Rolle beispielsweise eine trauernde Mutter dabei spielen kann, die Grundlagen für eine spätere Führerschaft ihres Kindes zu legen. Wenn die Mutter um ein Kind trauert, welches sie kurz vor der Geburt des Kindes verloren hat, das später ein Narzißt wird, so kann es sein, daß das sich entwikkelnde grandiose Selbst dieses nachgeborenen Kindes die »Mission« mit einschließt, die trauernde Mutter zu retten und »wieder heil zu machen«. Falls später andere Faktoren, etwa bestimmte politische oder militärische Umstände, hinzukommen, so ist es möglich, daß dieses Kind später eine führende Position übernimmt und versuchen wird, das Land zu retten, falls es in einer schwierigen Lage ist oder ebenfalls über Verluste trauert.

Eine weitere Möglichkeit ist, daß eine Mutter, die das Gefühl hat, ihrer Aufgabe als Mutter nicht zu genügen oder gänzlich darin zu versagen, sich dies nicht eingestehen kann oder will und dagegen eine Abwehrreaktion bildet, die sie dann an ihr Kind weitergibt. Die Lebensgeschichte Richard Nixons, des späteren amerikanischen Präsidenten, läßt erkennen, daß er eine gut entwickelte narzißtische Persönlichkeitsorganisation hatte. In den ersten Jahren seines Lebens weinte er viel und galt als »Schrei-Baby«. Dieses häufige Weinen kann viele Gründe gehabt haben. Die Studie von VOLKAN, ITZKOWITZ und DOD zeigt, daß einer dieser Gründe die Reaktion des Kindes auf seine depressive Mutter war, die damals ihren mütterlichen Aufgaben nicht ganz gewachsen war. Nixons Mutter wollte nicht wahrhaben, daß es möglicherweise auch an ihr lag, daß ihr Sohn so viel weinte. Daher sagte sie voller Stolz, wie großartig es doch sei, daß ihr Sohn Richard eine so starke Stimme habe. Auf diese Weise veränderten seine Mutter, und auch seine Großmutter, zur Abwehr eigener Insuffizienzgefühle, die Funktion des kindlichen Weinens; sie waren davon überzeugt, daß die »kräftige Stimme« des Kindes ein Zeichen dafür war, daß dieser Junge später einmal als Erwachsener ein großer Redner und mächtiger Mann werden würde.

Ben Gurion hatte als Kind einen ungewöhnlich großen Kopf, was zusammen mit seiner zarten Gesundheit und seinen Ohnmachtsanfällen zu dem vermutlich defensiven Familienmythos führte, daß dies Hinweise dafür waren, daß diesem einen der elf Kinder der Familie ein besonderes Schicksal bestimmt war (TEVETH 1987).

Wir müssen unsere Leser noch einmal daran erinnern, daß unser Bezugsrahmen in diesem Kapitel die angewandte Psychoanalyse ist; wir brachten die obigen Beispiele lediglich als deutliche Hinweise auf frühe Erlebnisse von Kindern, die vermutlich einen Einfluß darauf hatten, daß diese Personen sich in ihrem späteren Leben dazu gedrängt fühlten, Führungsrollen einzunehmen. Dabei übersehen wir natürlich nicht, daß viele andere Erlebnisse, spätere Identifikationen, Traumata, die bestimmte psychische Motivationslagen organisieren, das soziale und politische Milieu und auch Glück eine Rolle dabei spielen, daß bestimmte Menschen mächtige Führer werden. Wir meinen, daß das, was WEBER (1925) und andere (ABSE u. JESSNER 1961, ABSE u. ULMAN 1977, TUCKER 1970) über das Auftauchen charismatischer Führer gesagt haben, im allgemeinen auch auf die Umstände zutrifft, in denen narzißtische Führer an die Macht kommen. Sie treten zu Zeiten einer nationalen Krise in Erscheinung und werden als die Personen angesehen, die kraft ihrer ungewöhnlichen persönlichen Qualitäten die Bevölkerung aus dem allgemeinen Elend befreien können. Nicht alle charismatischen Führer haben die in diesem Buch beschriebene narzißtische Persönlichkeitsorganisation, aber umgekehrte wird ein Mensch, der eine narzißtische Persönlichkeitsorganisation hat und in folge einer nationalen Krise ein mächtiger Führer wird, wahrscheinlich als charismatisch angesehen werden, insbesondere von einer Gruppe, deren Mitglieder einen gemeinsamen Schlag gegen ihr Selbstwertgefühl erlitten haben.

Die Handlungen eines narzißtischen nationalen Führers spiegeln die Forderungen seiner inneren psychischen Struktur wider; aufgrund seiner Persönlichkeitsorganisation tendiert er dazu, einige seiner Anhänger zu entwerten, um seine eigene Überlegenheit herauszustellen, und großen Wert auf andere zu legen, die ihm die Huldigung erweisen, die er so dringend braucht. Obwohl er es für nötig hält, sich die Bewunderung seiner Anhänger zu verdienen, benützt er sie nur und gesteht ihnen keinerlei Eigenständigkeit zu; insbesondere bekämpft er jede Form von Eigenständigkeit, die nicht mit seinen Wünschen übereinstimmt.

Reparative und destruktive narzißtische Führer

Der Typus des narzißtischen Führers, der von den Anhängern, die er schätzt, bewundert werden will, kann versuchen, deren Niveau anzuheben, um dafür zu sorgen, daß er von einem möglichst hohen, imposanten Niveau aus unterstützt wird. VOLKAN (1980, 1988) nannte diesen Typ der narzißtischen Führerschaft *reparativ*. Die Anhänger werden bei dieser Form auf eine höhere Ebene angehoben, wodurch sie, aus metapsychologischer Sicht, zu idealisierten Objekten werden, ihre Repräsentanzen werden in das grandiose Selbst ihres Führers aufgenommen und mit ihm verschmolzen. Die Identifikation des narzißtischen Führers mit idealisierten äußeren Objekten schafft eine Illusion, die die Kohärenz und Stabilität seiner dominierenden Selbstrepräsentanz unterstützt. Die Existenz einer solchen Fusion war spürbar bei de Gaulles Ausspruch: »Ich bin Frankreich« oder Sadats Erklärung: »Ich bin Ägypten«.

Auch wenn die Repräsentanzen solcher idealisierten äußeren Objekte nicht Teil des grandiosen Selbst geworden sind, empfindet sich der reparative narzißtische Führer doch schon dadurch bedeutend, daß diejenigen, die ihn bewundern, selbst so hervorragende Menschen sind. Daher tut er alles in seiner Macht stehende, um seine Anhängerschaft, seine trauernde Nation, zu »reparieren« und sie auf einem hohen Niveau zu halten.

Im Gegensatz dazu schützt der narzißtische Führer des *destruktiven* Typus die Kohärenz seines grandiosen Selbst vor allem dadurch, daß er eher andere Menschen entwertet als seine Anhänger zu fördern. Er stellt eine erhebliche Gefahr dar. Die Geschichte zeigt, daß ein übermäßiges Bedürfnis, andere zu entwerten, oft die Vernichtung sehr vieler Menschen zur Folge hat. Diese Führer weisen einen malignen Narzißmus auf, wie wir ihn oben beschrieben haben. Eines der vielen Beispiele dafür wurde von HAMILTON (1978) in seiner Hitler-Studie dargestellt; POSTS (1992) Untersuchung über das Leben Saddam Husseins weist nach, daß auch der irakische Führer eine maligne narzißtische Persönlichkeit aufweist. Für den destruktiven narzißtischen nationalen Führer werden die entwerteten Personen oder Gruppen Ziel der Externalisation seiner abgespaltenen und entwerteten Selbst- und Objektrepräsentanzen. Er greift diese Gruppe, die seine eigenen entwerteten Aspekte repräsentiert, an, um so die aus Gründen der Abwehr errichtete Kluft zwischen seinem grandiosen Selbst und seinen entwerteten Selbst- und Objektrepräsentanzen zu sichern.

Ein solcher Führer, der sich den Massen gegenüber destruktiv verhält, kann jedoch zur selben Zeit konstruktiv und fürsorglich einzelnen Menschen gegenüber sein, insbesondere wenn diese zu ihm aufschauen und ihn bewundern. So beschreibt Valentin Berezhtov, Stalins Übersetzer, in einem Interview (VOLKAN 1991), wie besorgt und hilfsbereit Stalin war, als Berezhtov einmal ausrutschte und stürzte und sich dabei seine

Hand verletzte. Stalin verhielt sich damals diesem jungen Mann gegenüber ausgesprochen väterlich – solange, wie er in Stalins Wahrnehmung sein »Werkzeug« war. Dieser Vorfall fand zu einer Zeit statt, als Stalin Tausende in den Tod schickte.

In gewisser Hinsicht ist die Unterscheidung zwischen den beiden Typen des narzißtischen Führers künstlich. Zwar können wir mehr Beispiele von reparativen Führern anführen, die zu destruktiven Führern wurden. Die umgekehrte Entwicklung ist jedoch, wenn auch seltener, ebenfalls möglich.

Eine weitere Gemeinsamkeit dieser beiden Arten von narzißtischen politischen Führern besteht darin, daß sie bei ihren Gefolgsleuten eine kollektive Regression bewirken. Die Anhänger eines reparativen Führers sehen ihn als wirklichen Retter an. Sie regredieren im Dienste des Ich (KRIS 1952), um sich auf einer höheren Ebene neu zu organisieren. Wenn jedoch der ursprünglich reparative narzißtische Führer zu einem destruktiven Führungsstil übergeht, so kann die ursprünglich im Dienste des Ich stehende kollektive Regression dekompensieren. ABSE und ULMAN (1977) haben sich mit diesem Thema ausführlich beschäftigt. Die beziehen sich dabei auf neuere psychoanalytische Studien über Hitler, Stalin und Gandhi und beschreiben, wie diese charismatischen politischen Führer mit ausgeprägten narzißtischen Persönlichkeiten die politische Bühne betraten, um gegen Unrecht anzukämpfen. In der politischen Arena gelang es ihnen, ihr Bedürfnis nach Machtausübung mit dem Bedürfnis des Volkes nach einem Retter zu verbinden. ABSE und ULMAN weisen darauf hin, daß diese Art von Führern - anders als der offen psychotische Mensch, der in der Gesellschaft scheitert - ein Publikum findet, das ihn rettet. Außerdem stellen sie fest, daß, trotz einer Zurschaustellung offensichtlicher Ich-Stärke über eine beachtliche Zeitspanne, die Vulnerabilität dieses Typus des Führers oft schon unverkennbar werde, noch bevor die Desintegration der Persönlichkeit wirklich stattfindet.

Kemal Atatürk

Das Leben KEMAL ATATÜRKS (1881-1938), Gründer der modernen Türkei, bietet ungewöhnlich reiches Material für eine Studie darüber, wie sich ein Führer mit einer narzißtischen Persönlichkeitsorganisation der höheren Ebene, großer Intelligenz und außergewöhnlichen militärischen und politischen Fähigkeiten der äußeren Welt anpassen und sie gleichzeitig so gestalten kann, daß sie den Erfordernissen seines grandiosen Selbst entspricht. Das folgende Material ist die ausführliche Zusammenfassung einer 7jährigen gemeinsamen Forschungsarbeit eines Psychoanalytikers und eines Historikers über Atatürk. Einzelheiten dieses Projekts einer psychoanalytischen Biographie finden sich in einem Artikel (VOLKAN 1981b) und einem Buch (VOLKAN u. ITZKOWITZ 1984). Atatürks Führerschaft veränderte das Leben von Millionen seiner Anhänger. Atatürk, dessen Name »Vater der Türken« bedeutet, wurde nach dem Zusammenbruch des 600 Jahre alten türkisch-osmanischen Reiches am Ende des ersten Weltkrieges der Führer der neuen Türkei. Er trat damals, wie der typische charismatische Führer, in einer Zeit der Krise in Erscheinung, als seine Landsleute unter extremen narzißtischen Kränkungen litten. Der eben zu Ende gegangenen Krieg hatte dazu geführt, daß der größte Teil ihres Landes besetzt und sie am Ende ihrer Kräfte waren. So schien die Wiederherstellung ihrer Würde wie ein Wunder.

Die Türken folgten Atatürk in den Unabhängigkeitskrieg. Nach dessen siegreichen Ende wurde er der erste türkische Präsident (1923); nun wurden seine reparativen Aspekte deutlich sichtbar, insbesondere ab Mitte der zwanziger bis Mitte der dreißiger Jahre. Die destruktiven Anteile dieser Revolution waren weitgehend unter Kontrolle. RUSTOW (1970) weist darauf hin, daß die Regime unter Hitler und Stalin an einem durchschnittlichen Tag mehr Opfer forderten als Atatürks Herrschaft im Verlauf von zwei Jahrzehnten.

Fast im Alleingang setzte Atatürk in der Türkei eine kulturelle Revolution in Gang, die dazu führte, daß viele Traditionen, die jahrhundertelang befolgt worden waren, aufgegeben und durch westliche Formen ersetzt wurden. Obwohl er 1938, im Alter von 57 Jahren, starb, wird selbst der flüchtige Besucher der Türkei noch heute, über 50 Jahre nach seinem Tod, durch die Allgegenwärtigkeit der symbolischen Darstellung seiner Person beeindruckt sein. Sein Bild ist ebensosehr ein nationales Wahrzeichen wie die türkische Flagge, und an den Jahrestagen seines Todes erklären die Zeitungen immer noch, daß sein Geist weiterhin über der Nation wacht, auch wenn sein Körper tot ist.

Über 15 Jahre nach seinem Tode wurde sein Körper in einem mumifizierten Zustand gehalten, bis ein passendes Mausoleum erbaut worden war. Bis zum heutigen Tag bleibt er praktisch ein Symbol des unsterblichen Führers.

Die »Übereinstimmung« zwischen Atatürk und der nationalen Gruppe, die er anführte, war so gut, daß nicht nur er ohne Schwierigkeiten sein grandioses Selbst aufrechterhalten konnte, sondern dementsprechend auch seine Anhänger ihre Wahrnehmung von ihm als überlegenem Menschen. Erst kurz vor seinem Tode gibt es einige Hinweise darauf, daß er begonnen hatte, die Kontrolle über sein grandioses Selbst zum Teil zu verlieren. Er war Ende 50, als er reizbar und ziemlich mißtrauisch wurde. Fortschreitendes Alter, mit dem Verlust der körperlichen Schönheit und der Kreativität, und das Nachlassen des begeisterten Applauses kann für einen Menschen mit narzißtischer Persönlichkeit eine Bedrohung darstellen. Zu der Zeit, als Atatürk mit diesen Problemen konfrontiert wurde, war es den Mitarbeitern aus seinem inneren Kreis möglich, jede potentielle Destruktivität von seiner Seite abzufangen. So existierte über seinen Tod hinaus in den Augen der Nation insgesamt ein makelloses und idealisiertes Bild von ihm. Er war möglicherweise einer der wenigen wirklich reparativen Führern in der uns bekannten Geschichte. Als er starb, lebte die idealisierte Vorstellung von ihm, die eins geworden war mit dem Ideal des Türkentums, das er geholfen hatte zu erschaffen, weiter und konnte nicht »getötet« werden. Da die »Kränkungen« des türkischen Volkes, das gerade ein Imperium verloren hatte, durch die Aktivierung von Atatürks idealisierter Vorstellung, der sie zu einem gewissen Maß gerecht werden mußten, verleugnet worden waren, wurde auch die Fähigkeit des Volkes, Atatürks Repräsentanz auf realistische Maße zu reduzieren, eingeschränkt. Erst jetzt, mehr als 50 Jahre nach seinem Tode, scheint es einige Hinweise dafür zu geben, daß seine Anhänger begonnen haben, wirklich um ihn beziehungsweise ihre Vorstellung von ihm zu trauern.

Atatürks Biographie

Mustafa, der spätere Kemal Atatürk, wurde 1881 in ein *Haus des Todes* geboren. Seine Mutter, die bereits als Kind verheiratet worden war, hatte vor ihm schon drei Kinder geboren. Sie hatte mitansehen müssen, wie sie alle vor Erreichen des siebten Lebensjahres starben. In einer überlieferten Geschichte heißt es, daß die Leiche eines ihrer sehr früh verstorbenen Söhne im Sand nahe dem Meer begraben worden war. Sie soll vom ansteigenden Wasser freigespült und dann durch Schakale zerrissen worden sein. Ob diese Erzählung in all ihren grausigen Einzelheiten wirklich zutrifft oder nicht, so gibt sie doch eindrücklich die Qual der Eltern wider, die ihre Kinder verloren haben.

Der Vater war Zollbeamter in untergeordneter Position. Als Mustafa geboren wurde, war er 40 und seine Frau 20 Jahre alt. Nach dem Tod ihrer drei ersten Kinder ging es der Familie zu dieser Zeit gerade kurzfristig wirtschaftlich deutlich besser als zuvor, und Mustafas Mutter sah in ihm ein Symbol der Hoffnung für die Zukunft. Sie war davon überzeugt, daß er der Retter der Familie sei. So wurde das Kind zu einem lebenden *verbindenden Objekt* in bezug auf seine Geschwister. Durch seinen Namen – Mustafa – war er, einer in der Familie erzählten Geschichte nach, noch mit einem weiteren toten Kind, das denselben Namen getragen hatte, verbunden: Sein Vater soll für einen Unfall verantworlich gewesen sein, durch den einer seiner jüngeren Brüder, ein Onkel Mustafas, als kleines Kind zu Tode kam. – VOLKAN (1981) beschreibt ein »verbindendes Objekt« als etwas, das dem Hinterbliebenen als ein Ort dient, an dem er in magischer Verbindung mit dem bleiben kann, den er durch Tod verloren hat.

Später wurden noch zwei weitere Geschwister geboren, von denen eines jedoch ebenfalls in der Kindheit starb. Als Mustafa sieben Jahre alt wurde, starb auch noch sein Vater. Mustafas Anspruch auf Unsterblichkeit hatte ihren Ursprung in der Wahrnehmung seiner Mutter von ihm als Retter und als Verbindungsglied zu den Toten. Reden, die er später als Staatsmann hielt, bestätigen sowohl seinen Glauben an seine eigene Unsterblichkeit als auch die Last, die er trug, indem er mit den Toten so eng verbunden war. Beispielsweise bekundete er in einem 1929 oder 1930 geschriebenen Aufsatz seine Überzeugung:

»Alle Menschen sind Teil eines sozialen Körpers und sind aus diesem Grund miteinander verbunden. Darüberhinaus schließen solche Verbindungen auch jede Zeit und jeden Ort mit ein, da die Menschen die *kulturellen Erben der Toten* sind.« [Hervorhebung durch die Autoren]

Sein grandioses Selbst kristallisierte sich schließlich an seiner Überzeugung, etwas »Besonders« zu sein. Dies muß aber auf dem Hintergrund einer darunterliegenden Not gesehen werden, die durch die Art bedingt war, in der seine chronisch trauernde Mutter ihn für ihre eigenen narzißtischen Ziele benützte, ohne auf sein Bedürfnis nach seelischer Zuwendung einzugehen. Höchstwahrscheinlich hat er auf der oralen Ebene Frustrationen erlebt, die dazu geführt haben, daß die Besetzung seiner »schlechten« Selbst- und Objektrepräsentanzen mit Aggression so massiv verstärkt wurde, daß Spaltung und die dazugehörenden Abwehrkonstellationen nicht aufgegeben werden konnten, wodurch die Entwicklung eines weitgehend vollständig integrierten Selbstkonzeptes und dementsprechend einer integrierten inneren Welt gestört wurde. Daß er übermäßigen oralen Frustrationen ausgesetzt gewesen sein muß, wird auch anhand der oralen Charakterzüge offensichtlich, die er als Erwachsener zeigte. Er verwendete nicht nur orale Mittel, um Aggression auszudrücken – wenn er darüber sprach, wie mit Feinden umzugehen sei, war sein Lieblingswort »bogulmak«, was »*Ersticken*« bedeutete –, sondern er entwickelte auch viele dementsprechende orale Abwehr-Anpassungen, mit deren Hilfe er mit Konflikten umging, die aus dieser frühen Phase stammten. Er trank ungeheure Mengen von Alkohol, er war ein leidenschaftlicher Redner, der seine ganz reale rednerische Kraft dazu verwendete, die türkische Revolution vorwärts zu bringen. Immer wenn er in späteren Jahren beim Treffen mit einem Fremden das Bedürfnis verspürte, sein grandioses Selbst abzusichern, unterzog er den Neuling einer »mündlichen Prüfung«. Diejenigen, die diese Prüfung bestanden, wurden, als Ausdehnungen seiner idealisierten Objekte, in den Kreis seiner Bewunderer aufgenommen; diejenigen aber, die dabei versagten, hatten seine Beachtung nicht verdient.

Nach dem Tod von Mustafas Vater sorgten Verwandte für ihn und seine Mutter, die jedoch selbst sehr arm waren. Meist lebten sie in Saloniki, einer Stadt, die man damals Teil des

Türkisch-Osmanischen Reiches nahe der explosiven türkisch-griechischen Grenze war. Als Mustafa auf die höhere Schule ging, gab ihm sein Lehrer wegen seiner herausragenden Leistungen in Mathematik den Namen »Kemal«, was »perfekt« bedeutet. Da dieser Name zu seinem schon entwickelten grandiosen Selbst paßte, machte er ihn sich zu eigen. Seitdem wurde er Mustafa Kemal genannt, bis er Präsident wurde und den Namen Atatürk – »Vater der Türken« – annahm.

Als er in die Pubertät kam, heiratete seine Mutter zum zweiten Mal, woraufhin er von zu Hause auszog, um allein zu leben. Volkan (1980) und Volkan und Itzkowitz (1984) beschrieben die Probleme, die er auf der ödipalen Ebene hatte, und den Einfluß seiner präödipalen Schwierigkeiten auf sie. Daß er der Wiederverheiratung seiner Mutter so ablehnend gegenüberstand, weist auf eine narzißtisch bedingte Unfähigkeit hin, den Verlust ihrer ausschließlich ihm geltenden Ergebenheit zu ertragen. Später, 1927, beschrieb er sein einsames, narzißtisches »Königreich«:

»Seit meiner Kindheit, als ich noch zu Hause lebte, habe ich es nicht gemocht, mit meiner Mutter, meiner Schwester oder einem Freund zusammen zu sein. *Ich habe es immer vorgezogen, allein und unabhängig zu sein, und ich habe immer auf diese Art gelebt. Es ist eine Eigenart von mir, daß ich es nicht ertragen kann, von meiner Mutter, meiner Schwester oder irgendeinem engen Freund* entsprechend ihrer Mentalität oder ihrem Weltverständnis *Ratschläge zu bekommen.*« [Hervorhebung durch die Autoren]

Von zu Hause ausgezogen, sprach er auf der Militärakademie von den großen Taten, die er einmal vollbringen würde. Das Osmanische Reich brach zusammen, und in seinen in Worte gefaßten Phantasien ernannte er sich selbst zu dessen Retter. Er fühlte sich zur Macht hingezogen und hatte die Intelligenz dazu, sie zu erringen. Trotz vieler widriger Umstände gab er nie seinen Drang auf, der unvergleichliche Retter zu sein. Als bemerkenswert gutaussehender junger Mann, der als einziger seiner Altersgruppe blondes Haar hatte, war er von früher Jugend an narzißtisch mit seinem äußeren Erscheinungsbild beschäftigt und achtete sehr auf seine Kleidung. Schon damals lebte er dafür, von jedem bewundert zu werden, und war nur gegenüber denen loyal, die ihn als ihren Führer anerkannten.

Auch wenn es nicht möglich ist, hier all seine Leistungen

aufzuführen, so kann doch kurz gesagt werden, daß er im ersten Weltkrieg zum Helden wurde, als er ganz ungewöhnliche militärische Fähigkeiten bei der Verteidigung von Gallipoli (türkische Halbinsel, Westbegrenzung der Dardanellen) gegen die Engländer und ihre Verbündeten an den Tag legte. Während dieses Einsatzes wurde er durch einen Schrapnellsplitter an der Brust getroffen, der die Uhr, die er in einer Tasche über seinem Herzen trug, zerschlug, ihn jedoch unverletzt ließ. Wir nehmen an, daß dieses »Wunder« seine Illusion stärkte, omnipotent und unsterblich zu sein. Als das Osmanische Reich zusammengebrochen war, gelang es ihm mit seiner charismatischen Ausstrahlung und getragen von dem Bedürfnis des Volkes, aus der kritischen politischen und wirtschaftlichen Lage gerettet zu werden, gegen alle Hindernisse aus den Trümmern des kriegsmüden Landes eine Armee aufzustellen und das Land im türkischen Unabhängigkeitskrieg von der Besatzung zu befreien. Dann errichtete er die türkische Republik, deren erster Präsident er 1923 wurde.

Was uns hier interessiert, ist die kulturelle Revolution, die er in Gang setzte, nachdem er Präsident geworden war. Sie beruhte im wesentlichen darauf, das türkische Leben von allen religiösen oder halbreligiösen Einflüssen zu säubern, die er für »schlecht« hielt.

Pollock (1975) untersuchte die Beziehung zwischen einer Kindheit, die geprägt ist von Tod, und solch positiven Resultaten wie erfolgreicher politischer Führerschaft. Er war beeindruckt von den Konsequenzen, die sich aus in der Kindheit erlittenen Verlusten ergaben, und von den unbewußten Andeutungen von Unsterblichkeit, die durch die seelische Auseinandersetzung mit einem solchen Verlust entstehen können. Seine Formulierungen treffen auch auf Atatürk zu.

Atatürk erlitt als Kind Objektverluste, und die Vorstellung seiner Mutter blieb für ihn gespalten. Das eine Bild zeigte sie als eine ansprechende, zuversichtliche Frau – eine »lustige Witwe« –, während der andere Teil seiner Vorstellung von ihr sie als erstickend trostlos und religiös zeigte. Tatsächlich hatte sich Mustafas Mutter in ihrem Kummer der Religion zugewandt, um Trost zu suchen. Ihr Sohn jedoch empfand ihre bedrückte, ängstliche Haltung als »böse« und erstickend. Als Reaktion forderte er erst »Freiheit und Unabhängigkeit« für sich selbst von seiner »bösen« Mutter; und später forderte er »Freiheit und

Unabhängigkeit« für das Land seiner Herkunft, sein Mutter-Land, das die »gute«, idealisierte Mutter repräsentierte, mit der er identifiziert werden wollte. 1921 sagte er: »Freiheit und Unabhängigkeit sind mein Charakter« und beschrieb weiter, wie er von Kindheit an von seiner Sehnsucht nach Freiheit verzehrt worden war:

»Meine Hauptforderung ist, daß mein Land dieselben Merkmale haben sollte. *Um leben zu können, muß ich das Kind einer freien Nation sein.* Somit ist die nationale Souveränität *für mich eine lebenswichtige Angelegenheit.*« [Hervorhebungen durch die Autoren]

Sein überhöhtes Selbstkonzept und seine implizite Identifikation mit dem idealisierten Türkentum wird in einer Episode besonders evident. Als er in einem Militärlager ein Schild mit der Aufschrift erblickte: »Ein Türke ist so viel wert wie zehn seiner Feinde!« ließ er die Inschrift ändern: »Ein Türke ist so viel wert wie die ganze Welt!« Das, was er im Großen mit dem ganzen Land zu erreichen versuchte – es dazu zu bringen, einem idealisierten Standard zu genügen – kann man im kleineren Maßstab auch an den Zielen erkennen, die er sich bei der Erziehung der acht jungen Mädchen, die er als »Töchter« annahm, gesetzt hatte. Außer der ödipalen Bedeutung, daß er seine Mutter/Sohn-Beziehung in einem Vater/Tochter-Arrangement wiedererstehen ließ, kann man auch ein narzißtisches Element in diesen Adoptionen sehen. Als Volkan eine dieser Adoptivtöchter, die damals Ende 60 war, interviewte, erinnerte sich diese sehr intelligente Frau daran, daß sie schon als Jugendliche bemerkt hatte, daß es ihrem Adoptiv-»Vater« tatsächlich darum ging, »etwas mit seinen eigenen Händen aufzuziehen«, um es perfekt zu gestalten. Er versuchte, diese Mädchen zu »befreiten«, westlichen Frauen mit guter Ausbildung zu machen – Frauen, die der Repräsentanz seiner chronisch trauernden, religiösen Mutter völlig entgegengesetzt waren. Von seinen »schlechten« Objektrepräsentanzen – religiöse, erstickende Muttersymbole – hielt er sich fern und entwertete sie. So schloß er beispielsweise die »Tekkeler« genannten Kapellen der Derwische. Insgesamt jedoch schützte er seine narzißtische Persönlichkeitsorganisation vor allem dadurch, daß er »gute« und idealisierte Objekte, die ihn bewunderten, auf ein höheres Niveau anhob, und wurde so während seiner Präsidentschaft zum reparativen Führer. Diese Idee taucht in seinen Äußerungen 1918 auf, als er sagte:

»Warum sollte ich – nach der jahrelangen Ausbildung, nach dem Studium der Zivilisation und des Prozesses der Sozialisierung, und nachdem ich zeit meines Lebens an der Freiheit Freude empfunden habe – warum sollte ich auf die Ebene der gemeinen Leute herabsteigen? Ich werde sie auf meine Ebene aufsteigen lassen. *Nicht ich sollte ihnen gleichen; sollen sie* mir *gleichen.*« [Hervorhebungen durch die Autoren]

Als reparativer narzißtischer Führer ersetzte er das bisher verwendete arabische durch das lateinische Alphabet und prägte neue türkische Worte (während des Osmanischen Reiches waren viele arabische und persische Ausdrücke in die türkische Sprache übernommen worden). Sein Ziel war es, die türkische Sprache von allen »Verunreinigungen« durch arabisch-persische Einflüsse, die er mit seiner religiösen Mutter in Verbindung brachte, zu säubern.

Atatürk besuchte konservative islamische Gemeinden, um auch dort das Tragen westlicher Kopftracht statt des traditionellen Fes zu fördern. Er vertrat dies so überzeugend, daß seine Zuhörer sofort ihren Fes abnahmen und sich auf die Suche nach improvisierten westlichen Hüten machten.

Wenn er auch in seinem persönlichen, durch seinen übermäßigen Narzißmus geprägten Leben keine Loyalität gegenüber den ihm nahestehenden Frauen zeigte, so wollte er doch die Frauen insgesamt befreien und ermutigte sie, Rollen zu übernehmen, die so weit als nur möglich von der seiner chronisch trauernden, religiösen, ständig leidenden Mutter entfernt waren.

Ankara, die Hauptstadt des Landes, die 1920 wenig mehr als eine staubige Kleinstadt war, ließ er nach dem Vorbild des lebenslustigen Paris umgestalten, wobei Paris für ihn die Repräsentanz seiner Mutter als »lustige Witwe« symbolisierte; und er führte dort alle möglichen Unterhaltungen und Vernügungen ein. Er bemühte sich darum, das »Haus des Todes«, das er als Kind gekannt hatte, in ein »Haus des Lebens« zu verwandeln.

Ein Jahr vor seinem Tod, im Jahre 1937, sprach er von der Freude, die ein Gärtner dabei empfindet, Blumen zu kultivieren, und verglich einen solchen Gärtner mit einem Menschen, der Freude daran hat, »Menschen zu kultivieren«, wobei sich dies eindeutig auf ihn bezog. Er sah sich als jemanden an, der

Menschen »erschuf«, sie lebendig werden und »blühen« ließ. Solche Überlegungen mögen ein Hinweis auf seinen Glauben daran sein, daß er, wenn er Menschen so omnipotent »erwekken« kann, auch in der Lage ist, den Tod seiner Geschwister ungeschehen zu machen, wodurch seine Mutter aus ihrer Trauer erlöst wäre und doch noch eine »gute« Mutter werden könnte. Wenn er darauf bestand, daß der »Gärtner« weder bei der Kultivierung von Blumen noch von Menschen einen greifbaren Gewinn erwartet, so war dies zwar altruistisch; versteckt hatte er aber auch den Wunsch, sich vor der Erkenntnis seiner oralen Aggression und seines Neides zu schützen – Gefühlen, die jede Hoffnung auf gute Beziehungen zerstören würden. Das Endergebnis war eine kulturelle Revolution, die manchmal »das türkische Wunder« genannt wurde und in der die Nation versuchte, so »gut/idealisiert« zu werden, daß sie der Vorstellung, die ihr Führer davon hatte, was »gut/idealisiert« bedeutete, nahekam.

Der Fall Atatürk ist ein gutes Beispiel für das Zusammenpassen eines narzißtischen Führers auf hohem Organisationsniveau und einer Menschenmenge, deren Mitglieder durch die Besetzung ihres Landes, den Verlust eines großen Teils der Jugend ihres Landes sowie massenhafte Zwangsumsiedlungen narzißtische Kränkungen erlitten haben. Enttäuscht von den Führern des Osmanischen Reiches sehnten sich die Türken nach einer omnipotenten Führung, die Atatürk zu gewährleisten schien. So wurde sein aus Gründen der psychischen Abwehr entstandener Wunsch, ein Mensch ohne seinesgleichen zu sein, *Wirklichkeit;* und mit der Hilfe von Millionen seiner Anhänger konnte er den Ansprüchen seines grandiosen Selbst gerecht werden und damit dessen Stabilität und Kohärenz sichern.

Er war als der überragende Führer seines Landes anerkannt; aber trotz der Heerscharen von Anhängern verhielt er sich zu Hause wie jemand mit typisch narzißtischem Charakter. Seine »Freunde« waren Menschen, die bereit waren, wie Ausdehnungen von ihm zu sein; und wenn sie ihn darin enttäuschten, wies er sie zurück. Er hielt eine innere Distanz zwischen sich und anderen, insbesondere Frauen, aufrecht; und er ließ sich niemals auf wirkliche Gegenseitigkeit mit jemanden ein. Als reparativ narzißtischer Führer gestaltete er aktiv die äußere Welt um ihn herum und die Repräsentanz dieser äußeren Welt und hob sie auf ein höheres Niveau an, um so den Bedürfnissen seines grandiosen Selbst zu genügen.

IX

Behandlungstechnik

Bevor wir unsere Behandlungstechnik bei Patienten mit narzißtischen Störungen beschreiben, halten wir eine kurze Zusammenfassung der Beiträge von KOHUT zu diesem Thema für erforderlich. Die *Selbstpsychologie*, wie sie von KOHUT vorgestellt wurde, wird von vielen automatisch mit seiner Arbeit über narzißtische Störungen in Verbindung gebracht. Während viele Ideen von KOHUT, wie etwa die Wichtigkeit der empathischen Reaktionen des Analytikers, in die allgemein anerkannte psychoanalytische Technik aufgenommen wurden, scheint noch einige Verwirrung darüber zu bestehen, ob die psychoanalytische Technik bei der Behandlung von narzißtischen Störungen grundsätzlich abgeändert werden sollte oder nicht. Bei Vorträgen werde ich oft gebeten, die Unterschiede zwischen unserer und der KOHUTschen Technik zu erläutern. Wir werden daher kurz die wesentlichen Konzepte KOHUTS, so wie wir sie verstehen, darstellen.

Da KOHUTS Konzept der narzißtischen Störung auf der Annahme von Defiziten beruht, streben seine Anhänger in der Therapie an, gewissermaßen den Schaden, der dem Patienten von seinen Eltern oder anderen Bezugspersonen zugefügt worden ist, zu behandeln beziehungsweise zu reparieren. Der Analytiker läßt sich ganz auf eine empathische Beziehung mit dem Patienten ein, während dieser eine von KOHUT so genannte *Selbstobjekt-Übertragung* entwickelt. Die Schule KOHUTS verwendet den Begriff des Selbstobjektes (ohne Bindestrich), um auf die unvollständige oder ganz fehlende Differenzierung des Selbst vom Objekt hinzuweisen. Das Selbstobjekt wird so vom wirklichen Objekt (bzw. von dessen Repräsentanz), das vollständig vom Selbst (bzw. von dessen Repräsentanz) differenziert ist, unterschieden. KOHUT schreibt, daß der Analytiker bei der Behandlung narzißtischer Patienten die Entwicklung der Selbstobjekt-Übertragung nicht stören, sondern vielmehr dazu beitragen solle, daß sie sich voll entfalten kann, während er weiter empathisch ist und die Introspektion fördert.

Die Selbstobjektbeziehung, die der Patient entwickelt, beruhe auf dem Bedürfnis des frühen, sich noch entwickelnden Selbst nach Spiegelung oder Idealisierung. In der Behandlung erlebe der Patient seinen Analytiker als ein Selbstobjekt, das dazu da ist, verschiedene spiegelnde oder idealisierende Funktionen für ihn auszuüben; dadurch könne dann der Narzißmus des Patienten die normale Entwicklung, so wie sie von KOHUT beschrieben worden ist, durchlaufen (vgl. Kap. III). Wenn sich der Patient im Laufe der Analyse durch »umwandelnde Internalisierungen« die Fähigkeiten seines Analytikers aneignet, so wird er selbst fähig, diese Funktionen für sich auszuüben. KOHUT verwendet den Begriff der *umwandelnden Internalisierung* (transmuting internalization) zur Bezeichnung des Prozesses des allmählichen Erwerbs psychischer Struktur durch das Kind im Laufe der Entwicklung oder für den Aufbau einer neuen Struktur während der Analyse.

Wichtig ist hier auch, anzumerken, daß bei der KOHUTschen Technik davon ausgegangen wird, daß Wut nur dann entsteht, wenn der Analytiker unvermeidliche empathische Fehler begeht. Wenn dies passiert ist, versucht der Analytiker möglichst umgehend die empathische Verbindung wieder herzustellen.

Zusammenfassend kann gesagt werden, daß in der KOHUTschen Schule die Auffassung zu herrschen scheint, daß der erwachsene Patient während der Analyse frühe Entwicklungsstadien wiedererlebt und daß durch die Selbstobjektübertragung, durch die empathische Reaktion des Analytikers auf sie und durch die umwandelnden Internalisierungen die entwicklungsbedingten Defekte repariert werden, so daß sich der Narzißmus des Patienten auf normalem Weg entwickeln kann.

Kritische Betrachtung der Kohutschen Technik

Zunächst möchten wir ein paar Worte zu den neuen Begriffen des »Selbstobjektes« und der »umwandelnden Internalisierungen« sagen. Uns scheint, daß KOHUT diese neuen Begriffe deshalb verwendete, weil er so sein Konzept von der klassischen Analyse absetzen und die Entwicklung des Selbst, wie er sie versteht, in den Mittelpunkt stellen kann. Wir meinen, daß der Begriff des Selbstobjektes kein neues Konzept einführt, sondern daß das, was mit dem Begriff der »Übergangsobjektbezogenheit« (MODELL 1968, VOLKAN 1976, 1987) gemeint ist, sich in etwa auf dasselbe Phänomen bezieht.

Im IV. Kapitel haben wir über das Wiederauflebenlassen der Funktionen des Übergangsobjektes oder von Übergangsphänomenen durch narzißtische Patienten gesprochen. Wir bezogen uns dabei insbesondere auf die Funktion, die die Objektbeziehungen kontrolliert. Der Patient kann dabei den Analytiker so erleben, als sei er ein Übergangsobjekt oder Übergangsphänomen. Durch diese Art der Beziehung versucht der Patient, seine Objektbeziehungskonflikte zu beherrschen. Falls es ihm gelänge, die psychische Distanz zwischen sich und dem Analytiker zu kontrollieren, würde dies seine Illusion stützen, seine anderen Beziehungen ebenso unter Kontrolle halten zu können.

Wir erwähnten auch, daß diese Art von Bezogenheit des narzißtischen Menschen zu nahen Anderen mit höheren, differenzierteren Formen der Bezogenheit – beispielsweise der Anwendung analer Mechanismen (Verwendung geistiger Repräsentanzen muskulärer Aktivität) – kombiniert ist. Wir möchten den Leser noch einmal darauf hinweisen, daß wir zwar mit dem Begriff der Übergangsobjektbezogenheit etwas Ähnliches bezeichnen wie KOHUT mit dem Begriff der Selbstobjektbezogenheit. KOHUT jedoch führt diese Selbstobjektbezogenheit nicht auf Konflikte zurück, sondern auf ein Defizit in der Entwicklung des Narzißmus.

Darüber hinaus hält KOHUT diese Form der Bezogenheit für die wesentliche gegenüber der gesamten Umwelt, wohingegen wir meinen, daß sie nur dann dominiert, wenn es um *Intimität* geht. – Mit »Intimität« bezeichnen wir hier das übersteigerte Bedürfnis des Patienten, ein Objekt oder seine Repräsentanz so zu verwenden, daß es den Forderungen seiner inneren Welt entspricht. – Die Übergangs-/Selbstobjektbezogenheit bei narzißtischen Menschen ist unseres Erachtens mit einer höheren Ebene der Bezogenheit kombiniert, da wir anderenfalls eine psychotische Persönlichkeitsstörung diagnostizieren müßten.

Auch die klassische Analyse hat sich mit den frühen Identifikationen des Kindes und des erwachsenen Patienten in der

Analyse befaßt (siehe zum Beispiel HENDRICK 1951). Das Hauptinteresse galt dabei jedoch dem Aufbau von Ich-Funktionen. KOHUT bezieht sich mit seiner Betonung der Wichtigkeit dieser Identifikationen (der umwandelnden Internalisierungen) auf einen begrenzteren Bereich: den Erwerb der Fähigkeit des Kindes oder des Patienten zur Regulation des eigenen Narzißmus. Unserer Ansicht nach identifiziert sich das Kind mit den Erlebnissen mit der bemutternden Person während der gesamten Kindheit, sowohl vor der vollständigen Differenzierung der Selbst- und Objektrepräsentanzen als auch danach. Während dieses Prozesses stehen die Errichtung vieler verschiedener Ich-Funktionen und der Erwerb der Fähigkeit, das eigene Selbstwertgefühl beziehungsweise den eigenen Narzißmus zu regulieren, in ständiger Wechselwirkung. Da KOHUT meint, daß der Narzißmus eine eigene Entwicklungslinie hat und ihn frühe Identifikationen (umwandelnde Internalisierungen) nur in bezug auf die Wiederherstellung dieser Linie interessieren, verwendet er den Begriff der frühen Identifikationen anders als die klassische Psychoanalyse.

Sobald KOHUTS Theorien veröffentlicht waren und seine Falldarstellungen überprüft werden konnten, fielen ernstzunehmende Probleme in seiner therapeutischen Orientierung auf. RUBOVITZ-SEITZ (1979) beispielsweise hat in seiner Rezension von KOHUTS »Selbstpsychologie« (1971) darauf hingewiesen, daß die »Anklage der Eltern« und das »Retten der Patienten« dazu führen könne, daß wachstumsfördernde Kindheitserlebnisse nicht in ihrem ganzen Umfang im Heilungsprozeß verwendet werden können. Nach Erscheinen von KOHUTS »Heilung des Selbst« (1977) schrieb STEIN (1979), daß die Annahme, der Mangel an mütterlicher Empathie stelle den alles überragenden Faktor dar, bei gleichzeitiger Vernachlässigung einer Anzahl anderer ätiologischer Hypothesen, dem psychoanalytischen Leser als zumindest unzureichend auffällt.

Zur Popularität der von KOHUT entwickelten Theorie und Technik vertrat STEIN den Standpunkt, daß ihre Anziehungskraft möglicherweise auf KOHUTS Schmälerung der Rolle der Abwehr zurückzuführen sei, das heißt auf die Erlaubnis, die Widerstände zu unterstützen. Dies ist zwar bei der Durchführung einer Analyse immer ein verlockendes Manöver, ohne jedoch in der Regel zu der tieferen Einsicht zu führen, die wir ja üblicherweise anstreben.

LEVIN (1979) hat in seiner Arbeit, in der er die Kritik an den klinischen Auswirkungen von KOHUTS Werk bespricht, fünf wesentliche Punkte herausgearbeitet:

1. KOHUTS Therapie ist wegen der Unterdrückung von Konflikten durch die im Vordergrund stehenden ich-stützenden Maßnahmen keine Psychoanalyse im eigentlichen Sinn.
2. Sie kann zu einer fälschlichen Bestätigung der pathologischen Phantasien des Patienten über seine Mängel und seine Schwächen führen, indem das Gefühl des Defizits und die Furcht vor dem Verlust der Kontrolle als begründet akzeptiert wird.
3. Spiegelnde und idealisierende Übertragung stellen pathologische, regressive Impulse dar, und nicht, wie KOHUT behauptet, normale Entwicklungsstadien.
4. Das Problem der Aggression und gewisser anderer konflikthafter Triebe und Phantasien wird übergangen.
5. Träume, die KOHUT als »Selbst-Zustands-Träume« (self-state-dreams) bezeichnet, werden entsprechend ihrem manifesten Inhalt verstanden, so als spiegle sich in ihnen keine persönliche Geschichte wider.

Solche Kritik hielt ebenso an wie die »Popularität« der Selbst-Psychologie. REED (1987) zieht einen sehr interessanten Vergleich zwischen der Selbst-Psychologie und der klassischen Psychoanalyse, wobei sie sich auf ein sehr umschriebenes, aber entscheidendes Gebiet beschränkt: die Regeln, die in den beiden Richtungen die Deutungen bestimmen. Sie bezieht sich dabei auf viele Autoren, die vor ihr schon die KOHUTsche Technik überprüft hatten. Ihr geht es bei diesem Vergleich nicht um den Inhalt der Deutungen an sich, ob sie berechtigt sind oder nicht, sondern darum, nach welchen »Regeln« sie formuliert werden. Wir geben ihre Ergebnisse zusammengefaßt wieder:

1. Die Selbstpsychologie stützt sich auf ein System von Interpretationen, die Allegorien gleichen, was einer vorfreudianischen Methode der Exegese entspricht. Die klassische Psychoanalyse hingegen untersucht die Ursachen und versucht, das unbewußte System der Interpretation des Patienten zu ergründen.
2. Die Selbstpsychologie geht mit dem manifesten Inhalt dessen, was der Patient hervorbringt, anders um als die klassi-

sche Psychoanalyse. Die Selbst-Psychologie findet in den Beziehungen zwischen den verborgenen Elementen im manifesten Inhalt der Produktionen von Patienten die eigene Theorie bestätigt. In der klassischen Analyse hingegen wird der manifeste Inhalt als etwas Geheimnisvolles angesehen, das sich nur durch die Assoziation des Patienten zu den einzelnen Elementen erschließt und verstehbar wird.

3. Deutungen beinhalten in der Selbstpsychologie auch theoretische Konzepte, wohingegen man sich in der klassischen Analyse vor theoretischen Verallgemeinerungen scheut und sich statt dessen auf spezifische Phantasie-Erinnerungs-Konstellationen konzentriert.
4. In der Selbstpsychologie organisiert die Theorie direkt den Inhalt der Interpretationen. In der klassischen Analyse organisiert die Theorie eine Technik der Erforschung und zeigt allgemeine Konsequenzen (zum Beispiel Wünsche, die zu Angst führen, und Angst, die zur Abwehr führt), entsprechend denen die Daten verstanden werden können.

Reed weiß auch, daß viele erfahrene Analytiker Aspekte der Selbstpsychologie in einer so komplexen und kreativen Art in ihre persönliche Arbeit integriert haben, daß ihnen ihre Beschreibung der Regeln der Deutungen in der Selbstpsychologie fremd erscheinen muß. Unserer Meinung nach sollte ihrer detaillierten Herausarbeitung der Unterschiede in den Deutungsregeln zwischen Selbstpsychologie und klassischer Analyse großes Gewicht beigemessen werden.

Cooper (1989) kann die Theorie und Technik der Selbstpsychologie nicht akzeptieren, weil seine klinische Arbeit – ebenso wie die Studien von Kernberg (1976, 1989) und Volkan (1976, 1987) – zeigt, daß der Narzißmus immer sowohl durch frühe Störungen in der Entwicklung des Selbst als auch durch viele nachfolgende Schichten der Abwehr beeinträchtigt ist. »Regression in der Analyse stellt keine genaue Wiederholung von Ereignissen dar, wie sie sich während der Entwicklung abgespielt haben; vielmehr ist in ihr auch die gesamte spätere Entwicklungsgeschichte enthalten, die schließlich zu den pathologischen Strukturen geführt hat« (Cooper 1989, S. 550f.).

Zusammenfassend meinen wir, daß Kohuts Technik zum Teil Repräsentanzen »guter« elterlicher Fürsorge aus der Kindheit reaktiviert und dabei die Reaktivierung der Repräsentanzen »schlechter« elterlicher Fürsorge ebenso ausläßt wie den Kampf zwischen widersprüchlichen Erlebnissen mit Eltern und wichtigen Anderen, sowie die dem Kind eigenen unbewußten Phantasien bezüglich der Ereignisse während der Kindheit und die Wechselwirkungen zwischen Libido und Aggression. Das, was ausgelassen wird, betrifft wirklich die Substanz der Psychoanalyse. So beschränken sich bei der KOHUTschen Technik die Identifikationen des Patienten mit dem Analytiker (was KOHUT als die umwandelnden Internalisierungen bezeichnet) auf ein begrenztes Gebiet, statt daß der Patient als Resultat verschiedener und oft konflikthafter Erlebnisse mit dem Analytiker und der Identifikationen des Patienten mit den multiplen Funktionen des Analytikers während dieser Erlebnisse neue Strukturen bildet.

Unser Standpunkt

Objektbeziehungstheorie

Nachdem wir die Kritik an den Theorien und Techniken der Selbstpsychologie zum Ausdruck gebracht haben, sollten wir auch feststellen, daß einige ihrer Anliegen zentraler Bestandteil der Psychoanalyse und auch unseres eigenen Denkens geworden sind. Wir haben beispielsweise keinen Einwand dagegen, die Störungen der empathischen Funktion der Mutter als einen ausgesprochen wichtigen Faktor anzusehen. Anders jedoch als die Selbstpsychologie vertreten wir den Standpunkt, daß Defizite, die sich in der Mutter-Kind-Interaktion auswirken, zu *Objektbeziehungskonflikten* beim Kind führen, egal ob diese Defizite auf seiten der Mutter oder des Kindes liegen. Es sind diese Konflikte, die der Angst und der Spannung zugrunde liegen, die das Kind bei der Entwicklung von integrierten und kohärenten Selbstrepräsentanzen und Objektvorstellungen erlebt.

Das Umgekehrte trifft ebenfalls zu. Wenn Konflikte durch frühe Traumata entstehen, können sie zu Entwicklungsdefiziten beim Kind führen. GREENSPANS (1989) direkte und systematische Beobachtung phasenspezifischer Mutter-Kind-Interaktionen zeigt, daß frühe, auf psychobiologische Faktoren zurückzuführende Defizite bei diesen Interaktionen und frühe Objektbeziehungskonflikte miteinander gekoppelt sind. Wenn das Kind heranwächst, vermengen sich der Einfluß früher Objektbeziehungskonflikte des Kindes, die Einflüsse späterer, höher entwickelter Konflikte und die Auswirkungen von Traumata.

Wir wenden die Objektbeziehungstheorie sowohl bei unserem Versuch an, Patienten mit narzißtischen Störungen zu verstehen, als auch bei Überlegungen zu technischen Fragen. Aus unseren Ausführungen wird hervorgehen, daß neben der Störung der empathischen Funktion der Mutter unserer Einschätzung nach auch andere Faktoren wesentlich zur Entstehung narzißtischer Störungen beitragen.

Da es zahlreiche Objektbeziehungstheorien gibt, sollten wir die von uns verwendete näher erläutern. Allgemein kann die Objektbeziehungstheorie wie folgt beschrieben werden:

»[Sie ist] ein System psychologischer Erklärung, das auf der Annahme beruht, daß die Psyche zusammengesetzt ist aus Elementen, vor allem Aspekte der Funktion einer Person, die aus der Außenwelt aufgenommen worden sind. Dies geschieht durch den Prozeß der Internalisierung. Dieses Modell der Psyche erklärt geistige Funktionen in Begriffen von Beziehungen zwischen verschiedenen internalisierten Elementen« (MOORE and FINE 1990, S. 131).

Objektbeziehungstheorien sind in der Psychoanalyse nicht neu. Als FREUD (1917) die Introjektion von und Identifikation des Trauernden mit der Repräsentanz eines Verstorbenen beschrieb, sprach er von Ich-Funktionen, die mit Objektbeziehungen zu tun hatten. In der Einführung zu VOLKANS (1976) Buch über die Psychoanalyse früher Objektbeziehungen schrieb KERNBERG, daß wir von mindestens drei Arten von Objektbeziehungstheorien sprechen können:

1. Die erste Version ist die am breitesten angelegte Theorie und betrifft das Verständnis des Wesens gegenwärtiger interpersoneller Beziehungen auf der Grundlage vergangener Beziehungen. Ein Mann kann beispielsweise bewußt – aber, was noch wichtiger ist, unbewußt – in manchen Bereichen zu seiner Ehefrau eine ähnliche Beziehung unterhalten, wie er sie zur Mutter seiner Kindheit hatte.

2. Während die erste sehr weit gefaßte Definition auf praktisch alle psychoanalytischen Richtungen zutrifft, weist eine zweite Theorie am anderen Ende des Spektrums eine sehr begrenzte Sichtweise auf. Der Prototyp dieser zweiten Art der Objektbeziehungstheorie stammt von MELANIE KLEIN und ihren Anhängern. KLEIN (1948) stellte die These auf, daß der Mensch schon von Geburt an zum Konflikt zwischen Lebens- und Todestrieben fähig sei und daß Neid der direkteste Ausdruck des letzteren sei. Beide Triebe werden auf die Brust projiziert und führen zu verfolgenden (bösen) und idealen (guten) Objekten, die durch Spaltung voneinander getrennt gehalten werden. Beide können sowohl projiziert als auch introjiziert werden. KLEIN behauptet auch, daß das Ich schon von Geburt an in Grundzügen organisiert sei und mit der Inkompatibilität der »guten« und der »bösen« Brust – und später der »guten« und der »bösen« Mutter – umgehe. Sie beschrieb zwei Positionen als spezifische Konfigurationen von Objektbeziehungen und damit verbundenen Ängsten und Abwehrmechanismen. Die erste Position, die »paranoid-schizoide«, und die zweite Position, die »depressive«, persistieren während des gesamten Lebens. In der ersten Position wird Spaltung verwendet. Wenn »gut« und »böse« integriert sind und die Mutter als ganzes Objekt wahrgenommen wird, nimmt das Individuum eine depressive Position ein. Der grundlegende Affekt während der paranoid-schizoiden Position ist der einer Verfolgungsangst. In der depressiven Position entdeckt das Kind Abhängigkeit, Eifersucht und die Sorge um das Objekt. Wenn die Abhängigkeit anerkannt wird, wird die omnipotente Kontrolle über das Objekt aufgegeben. Einige von KLEINS Anhängern (zum Beispiel FAIRBAIRN) modifizierten ihre Formulierungen, hielten aber an der Überzeugung fest, daß das Ich als Struktur schon von Geburt an existiert. Wir möchten in diesem Buch jedoch nicht weiter auf diese engste und umschriebenste Definition der Objektbeziehungstheorie eingehen.

3. Ein dritter Typ der Objektbeziehungstheorie liegt zwischen den beiden eben beschriebenen Varianten. Anders als die KLEINsche Theorie geht sie von einer langsameren Entwicklung der psychischen Struktur des Kindes aus, da sich die Selbst- und Objektrepräsentanzen erst allmählich entwickeln und differenzieren. In diesem Buch werden wir uns auf diese dritte Version beziehen. Sie stützt sich primär auf die Erkenntnisse und Beobachtungen von EDITH JACOBSON (1964) und MARGARET MAHLER (1968). MAHLER nahm HARTMANNS (1939) Interesse an der Anpassung an die Umgebung auf und engte diese »Umge-

bung« auf die wechselseitigen Mutter-Kind-Erfahrungen ein. Sie wies sowohl die Wichtigkeit des Objektes und der Beziehung des Kindes mit dem Objekt nach, als auch die Bedeutung des Einflusses der Triebe auf die Entwicklung der Psyche des Kindes. Die Integration »guter« Selbstrepräsentanzen (die mit Libido besetzt sind) mit »bösen« Selbstrepräsentanzen (die mit Aggression besetzt sind) ist ein schrittweiser Prozeß. Dasselbe trifft auf die Integration »guter« und »böser« Objektrepräsentanzen zu. Durch direkte Kinderbeobachtung kam MAHLER zu der Überzeugung, daß es 36 Monate oder sogar noch etwas länger dauert, bevor man erwarten kann, daß ein Kind auf die »ganze Mutter« reagiert und erkennt, daß es ein und die selbe Person ist, die es sowohl befriedigen als auch frustrieren kann (Erreichen der Ambivalenz).

In seiner Systematisierung dieser in der Mitte liegenden Objektbeziehungstheorie und der Beschreibung verschiedener Ebenen der Persönlichkeitsorganisation bezog sich KERNBERG (1976a, 1984) vor allem auf die Fähigkeit des Kindes, die beiden folgenden Ich-Funktionen anzuwenden:

1. Die Funktion der *Differenzierung* zwischen Selbstrepräsentanzen und Objektrepräsentanzen.
2. Die Funktion der *Integration* libidinös besetzter Selbstrepräsentanzen mit aggressiv besetzten Selbstrepräsentanzen und libidinös besetzter Objektrepräsentanzen mit aggressiv besetzten Objektrepräsentnazen.

Diese beiden Ich-Funktionen stehen den Menschen, deren Objektbeziehungen auf der niedersten Ebene organisiert sind, wie beispielsweise Schizophrenen, nicht zur Verfügung. Ungeachtet der genetischen, biochemischen, familiären, psychosozialen oder psychodynamischen Faktoren, die zur Ätiologie dieses klinischen Zustandsbildes beitragen, kann festgestellt werden, daß ihre Objektbeziehungen so gestaltet sind, daß der Patient die Grenze zwischen seiner Selbstrepräsentanz und seinen Objekten und ihre internalisierten Repräsentanzen nicht aufrechterhalten kann. Wenn ein Schizophrener gefragt wird, wer den Tisch berührt und wie er heißt, so kommt es vor, daß er antwortet, sein Name sei »Tisch«. Außerdem ist die Psyche eines solchen Menschen mit unintegrierten Selbst- und Objektbildern bevölkert, die verschmelzen, sich voneinander trennen und wieder verschmelzen.

Wenn ein Mensch die Fähigkeit erlangt hat, über die erste der beiden oben genannten Ich-Funktionen zu verfügen ohne jedoch die integrativen Funktionen ausüben zu können, so sagen wir, er habe eine Borderline-Persönlichkeitsorganisation oder eine der narzißtischen Störungen, die wir in diesem Buch beschreiben. Da seine Selbstrepräsentanz von der, die zum Objekt gehört, differenziert ist, ist er weitgehend zur Realitätsprüfung fähig. Er ist jedoch dazu verdammt, eine Spaltung zwischen seinen »guten« und seinen »schlechten« Selbst- und Objektrepräsentanzen zu erleben.

Wenn einem Menschen diese beiden Ich-Funktionen zur Verfügung stehen, so hat er eine Persönlichkeitsorganisation der hohen Ebene (neurotisch) erreicht. Auf dieser Organisationsebene sind die voneinander differenzierten Selbst- und Objektrepräsentanzen integriert und kohärent.

Die jüngste Säuglingsforschung hat die Objektbeziehungstheorie sowohl in Frage gestellt als auch bereichert. Wir wissen nun, daß die Psyche des Kindes aktiver ist, als wir es bisher angenommen hatten. MARGARET MAHLERS Annahme einer autistischen Phase muß in Frage gestellt werden. Durch gut dokumentierte Säuglingsforschung wissen wir nun, daß der Säugling fähig ist, vieles zu erleben, und diese Erlebnisse adaptiv verwendet, um psychische Strukturen zu bilden.

Um nur einige Beispiele zu nennen: Bei der Geburt oder kurz danach reagiert das Kind unterschiedlich auf lustspendende und unlusterzeugende Ereignisse (LIPSITT 1966); es geht intime Bindungen ein und ist zu visuellen Unterscheidungen fähig (KLAUS u. KENNELL 1976, MELTZOFF u. MOORE 1977); es organisiert Schlaf-, Wach- und Aufmerksamkeits-Zyklen (SANDER 1962). In den ersten Monaten seines Lebens erlebt und toleriert der Säugling eine Reihe von Stimuli und reagiert auf soziale Interaktionen in einer stabilen Art (ESCALONA 1968, BRAZELTON et al. 1974, STERN 1985, EMDE et al. 1974). Zwischen dem siebenten und zwölften Monat fängt das Kind an, Erstaunen (CHARLESWORTH 1969) und Furcht (AINSWORTH et al. 1974, SROUFE u. WATERS 1977) zu zeigen. In der Mitte des zweiten Lebensjahres verhält sich das Kind in einer Art, die zeigt, daß es ein funktionelles Verständnis von Objekten hat (WERNER u. KAPLAN 1963); und gegen Ende des zweiten Jahres tauchen symbolisierende Fähigkeiten auf (BELL 1970, PIAGET 1962).

Die Tendenz vieler Säuglingsforscher, ihre umschriebenen

experimentellen Befunde allzu stark zu verallgemeinern, forderte viele Objektbeziehungstheoretiker der dritten von uns genannten Gruppe heraus. STERN (1985) generalisierte zu weitgehend, als er aufgrund der Fähigkeit des Säuglings, visuelle Zeichen und akustische Signale zu differenzieren, den Schluß zog, daß die Ich-Struktur des Säuglings differenziert sei und über differenzierte Selbst- und Objektrepräsentanzen verfüge. Die Existenz bestimmter Ich-Funktionen der Differenzierung bedeutet jedoch keineswegs, daß das Ich vollständig ausgebildet ist und über die Fähigkeit zur vollständigen Differenzierung der Selbst- und Objektrepräsentanzen verfügt.

Einer der problematischen Bereiche der Objektbeziehungstheorie ist die früheste Entwicklung der Selbst- und Objektrepräsentanzen. Wie sieht ihr Ursprung aus? Welche Beziehung besteht zwischen ihnen und den Ich-Funktionen? GREENSPAN (1989) untersuchte, wie unterschiedliche individuelle biologische Muster und das Erleben familiärer Muster die Entwicklung der Fähigkeit zur Adaptation fördern oder zur Entwicklung von Psychopathologie beitragen. Er wendet sich gegen die Tendenz übermäßiger Verallgemeinerung anderer Säuglingsforscher. Seine Erkenntnisse basieren auf systematischen Beobachtungen von gefährdeten Säuglingen (d. h. von Säuglingen aus gestörten Familien) und ihren Familien durch ihn und seine Kollegen. Diese Ergebnisse sind bisher noch nicht experimentell überprüft worden. GREENSPAN postuliert, daß der Säugling biologische Anlagen hat (the infant is »prewired«), die ihn schon sehr früh im Leben dazu befähigen, Erlebnisse zu organisieren und zu höheren Ebenen der psychischen Entwicklung fortzuschreiten. Die erste Aufgabe des Säuglings sei es, sich gleichzeitig selbst zu regulieren und sich für die Welt zu interessieren. Dabei verwendet der Säugling jeden möglichen sensorischen Weg, um mit den phasenspezifischen Anforderungen fertig zu werden.

Jeder Säugling ist anders. Einige sind übererregbar und andere nur wenig erregbar. Einige können Schwierigkeiten dabei haben, verschiedene sensorische Wahrnehmungen wie etwa Sehen und Hören zu integrieren. Dabei ist ein »Zusammenpassen« zwischen Säugling und dem, der sich um den Säugling kümmert, wichtig. Die Mutter selbst kann beruhigend sein, hyperaktiv oder nur wenig aktiv. Unter optimalen Umständen werden die frühen sensorischen und affektiven Fähigkeiten zur

Verarbeitung, Unterscheidung und Integration für die allmähliche Organisierung des Erlebten eingesetzt. Bei diesem Prozeß ist die empathische Reaktion der Mutter ein entscheidender, aber ganz offensichtlich nicht der einzige Faktor.

Objektbeziehungskonflikte

Personen – einschließlich der Patienten, die wir in diesem Buch beschreiben –, denen die Fähigkeit fehlt, ihre Selbst- und ihre Objektrepräsentanzen zu entwickeln, zu differenzieren und zu integrieren oder bei denen extreme Angst dies verhindert, leiden an Objektbeziehungskonflikten. Die innere Welt dieser Menschen ist mit fragmentierten Selbstbildern und mit Repräsentanzen von Teilobjekten bevölkert, die alle mit nicht neutralisierten, oft entgegengesetzten Affektdispositionen verknüpft sind.

Entwicklungsbedingte Anforderungen, die Spaltung zwischen den libidinös und aggressiv besetzten Selbst- oder Objektrepräsentanzen aufzugeben, verursachen Angst. Die Spannung zwischen dem Drang zur Integration und der gleichzeitigen Angst davor, führt zu Konflikten, die Objektbeziehungskonflikte genannt werden. Diese Konflikte unterscheiden sich von den strukturellen Konflikten – das heißt den Konflikten, an denen die voneinander differenzierten Strukturen Ich, Es und Über-Ich beteiligt sind –, welche Neurotiker erleben. Wenn es einem solchen Menschen gelingt, integrierte und kohärente Selbst- und Objektrepräsentanzen zu erreichen, leidet er auch nicht mehr an Objektbeziehungskonflikten. DORPAT (1976) schreibt, daß die Person, die in Objektbeziehungskonflikte verwickelt ist, die Spannung zwischen seinen eigenen Wünschen und den Werten, Verboten und Geboten, die zu den Repräsentanzen anderer Leute gehören, introjiziert (aber nicht in seine Selbstrepräsentanz assimiliert) hat. Der Konflikt wird so erlebt, als ob er sich zwischen den zum Patienten gehörenden fragmentierten Anteilen und seinen internalisierten Teilobjekten abspielt. Bei Menschen, die an strukturellen Konflikten leiden, ist dies anders; sie sind sich darüber im klaren – oder können zumindest, wenn die unbewußten Aspekte des Konflikts bewußt gemacht werden, sich dessen bewußt werden –, daß alle am Konflikt beteiligten und einander widersprechenden Tendenzen zu ihnen gehören. DORPAT fügt hinzu, daß Konflikte zwischen Abhängigkeit und Unabhängigkeit und Konflikte zwischen dem Wunsch, einem Objekt sowohl nahe als auch weit weg von ihm (oder seiner Repräsentanz) zu sein, ohne Bezug auf die Objektbeziehungstheorie nicht verstanden werden können.

Warum es notwendig ist, erst die Objektbeziehungskonflikte zu bearbeiten, bevor die strukturellen Konflikte angegangen werden

Wir meinen, daß unser theoretisches Verständnis und unsere klinische Technik in bezug auf Patienten mit narzißtischen Störungen mit dem Verständnis und der Technik der klassischen Analyse vereinbar sind. Deren Technik wurde jedoch für Patienten mit Neurosen entwickelt und arbeitet primär mit der Aufhebung der Verdrängung unbewußter struktureller Konflikte. Bei narzißtisch gestörten Patienten stehen, ebenso wie bei Patienten mit Borderline-Persönlichkeitsorganisation, am Anfang Objektbeziehungskonflikte im Vordergrund. Bei Borderline-Patienten tauchen einige oder sogar die meisten der strukturellen Konflikte erst auf, wenn die Objektbeziehungskonflikte gelöst wurden und der Patient die Fähigkeit zur Verdrängung entwickelt hat. Bei narzißtischen Patienten hingegen kann der Analytiker meist von Anfang an die Koexistenz von strukturellen und Objektbeziehungskonflikten sehen. Um den Erfolg des klassischen analytischen Ansatzes in der Behandlung dieser Patienten zu sichern, muß die hierarchische Entwicklung der Selbst- und Objektrepräsentanzen berücksichtigt werden, bevor die Probleme, die die strukturelle Theorie betreffen, bearbeitet werden können. Zu Beginn der Therapie brauchen wir – möglicherweise über Jahre – eine Technik, die sich zuallererst mit der Unfähigkeit des Patienten befaßt, seine integrativen Funktionen einzusetzen, um die Objektbeziehungskonflikte zu lösen. Erst nach einer Lösung der Objektbeziehungskonflikte und der Entwicklung der Fähigkeit zur Integration können die strukturellen Konflikte, die auf den Objektbeziehungskonflikten fußen, wirklich bearbeitet werden. Falls beispielsweise bei einem männlichen Patienten Objektbeziehungskonflikte fortbestehen, so wird er auch seinen ödipalen Vater als gespalten erleben. Eine echte ödipale Lösung – die eine integrierte Selbstrepräsentanz des Patienten und eine integrierte Vaterrepräsentanz zur Vorraussetzung hat – kann so nicht stattfinden. Zwar wird der Analytiker natürlich im Laufe der Zeit gelegentlich auf strukturelle Konflikte eingehen. Die systematische Konzentration auf strukturelle Konflikte am Anfang einer solchen Therapie ist jedoch falsch. Es wäre so, als ob bei einer tiefgehenden Verletzung nur die Haut oberflächlich genäht und die Infektion in der Tiefe zugedeckt würde. Selbst wenn es anfangs so aussehen mag, als ob die Wunde gut verheilt, wird doch die darunterliegende Infektion irgendwann nach außen durchbrechen.

Lassen Sie uns anhand eines klinischen Beispiels erläutern, wovon wir sprechen. Jerry, ein narzißtischer Patient Anfang 30, erzählte im ersten Jahr seiner Analyse folgende Geschichte: Er wollte Sport treiben und ging ins Schwimmbad. Dort waren, bis auf einen älteren Mann, lauter »unheimlich schöne« Frauen im Wasser. Den älteren Mann kannte er von einer Podiumsdiskussion in der Universität, an der sie beide beteiligt gewesen waren und auf der der ältere Mann ihn »niedergemacht« hatte als wäre er sein Vater. Statt zu schwimmen, wie er es ursprünglich vorgehabt hatte, setzte sich Jerry nun an den Beckenrand und gab vor, die Zeitung zu lesen. In Wirklichkeit jedoch interessierten ihn die Nachrichten nicht, da er mit Phantasien darüber beschäftigt war, daß sich alle Frauen ihre Köpfe nach ihm verdrehten, um seinen fast unbekleideten Körper zu bewundern. Über eine Stunde blieb er so sitzen, bis er aufstand, sich umkleidete und das Schwimmbad verließ. Als er in der Analyse am nächsten Tag davon berichtete, nahm er auf der Couch eine Position ein, die bei seinem Analytiker die Vorstellung induzierte, daß Jerry immer noch, nur mit einer Badehose bekleidet, am Rande des Schwimmbeckens saß.

Wir werden nicht auf die vollständige Geschichte von Jerry eingehen, sondern, gestützt auf seine Assoziationen, der Bedeutung der eben geschilderten Episode nachgehen.

Es ist wahrscheinlich, daß in Jerry durch den Anblick des von schönen Frauen umgebenen älteren Mannes ödipale Konflikte ausgelöst wurden. Er fühlte sich sexuell stimuliert, wehrte sich aber wegen der Anwesenheit des älteren Mannes gegen diese Erregung. Vermutlich stand dieser ältere Mann aufgrund einer Verschiebung auch für Jerrys Vater. Einige seiner Assoziationen wiesen darauf hin, daß Jerrys Wunsch, von den Frauen bewundert zu werden, eine der Abwehr dienende Regression von der ödipalen Ebene auf eine Ebene darstellte, auf der er sich wünschte, in einer dyadischen Beziehung liebevoll von seiner Mutter in die Arme genommen zu werden. Wir können auch annehmen, daß er zur Abwehr von Kastrationsängsten seine Muskeln nicht benützte (er schwamm nicht), sondern wie bewegungslos am Beckenrand sitzen blieb. Der Analytiker hätte nun Jerrys sexuelle Impulse gegenüber den Frauen im Schwimmbad, seine Verschiebung des Vaterbildes auf den älteren Mann und seine der Abwehr dienende Regression und Hemmung von einem strukturellen Gesichtspunkt verstehen und interpretieren können und diese Erzählung durch Bezugnahme auf ein voll entwickeltes Ich und Über-Ich und die Interaktion der beiden Instanzen miteinander und mit dem Es erklären können.

Eine genauere Betrachtung von Jerrys Assoziationen jedoch zeigte dem Analytiker, daß hinter Jerrys bewußtem Vorhaben, sich sportlich zu betätigen, von Anfang an vor allem sein Wunsch gestanden hatte, sich bewundern zu lassen. Schon zuvor war er oft damit beschäftigt gewesen, »Bewunderung zu sammeln«, und sowohl ihm als auch seinem Analytiker war dieses Verhaltensmuster bekannt. Natürlich löste der Anblick einer »Vaterfigur« Konflikte in Jerry aus. Aber das Hauptanliegen des Patienten war nicht die Konkurrenz mit einem anderen Mann. Das war kein »heißes« Thema für ihn. Er hatte gleich den dicken Bauch des älteren Mannes bemerkt und, als ob er auf einen Knopf gedrückt hätte, beschlossen, daß keine Frau, die halbwegs bei Verstand war, jemals auch nur im entferntesten auf den Gedanken kommen könnte, diesen älteren Mann ihm mit seinem schönen athletischen und muskulösen Körper vorzuziehen. So machte er die Anwesenheit dieses anderen Mannes zu einem »Nichts«.

Das, was in Jerrys Assoziation »heiß« war, waren nicht seine sexuellen Impulse, die Konkurrenz oder mögliche Bestrafungen – vielmehr beschrieb er sein »Bewunderungsammeln« wie ein »Gefüttertwerden«. Er war innerlich damit beschäftigt, »abzuwägen«, wieviel Bewunderung genug sein würde, um solange vorzuhalten, bis er das nächste Mal Bewunderung bekommen könnte, um sie wieder »aufzufüllen«. Dieses Mal mußte er mehr als eine Stunde am Beckenrand verbringen.

Metapsychologisch gesehen handelte es sich bei Jerrys Geschichte darum, daß das grandiose Selbst idealisierte Objekte in sich aufnahm, damit Jerry sich kohärent fühlen und ein gutes Selbstwertgefühl haben konnte. Seine Beschreibung, wie »unglaublich schön« jede einzelne Frau dort gewesen sei, spiegelt seine Idealisierung dieser Frauen wider. Jerrys Körpersprache auf der Couch am nächsten Tag legte die Vermutung nahe, daß er immer noch dabei war, »Bewunderung zu sammeln«, diesmal von seinem »unglaublich guten« Analytiker. Sein hungriges Selbst hatte er auf den älteren Mann projiziert, der entwertet wurde. Das Wichtigste für den Patienten waren zu diesem Zeitpunkt die Beziehungen zwischen den Selbst- und Objektrepräsentanzen und die Aufrechterhaltung einer Selbstrepräsentanz, die grandios war.

Wir wollen damit sagen: In einem Fall wie dem eben beschriebenen sollte das primäre Anliegen des Analytikers das Verständnis und – zur richtigen Zeit – die Interpretation der Probleme bezüglich der Objektbeziehungen und des Selbst sein, da diese »heiß« sind. Vermutlich hätte Jerry »gehört«, wenn Themen der ödipalen Ebene, die sich auf den von schönen Frauen umgebenen älteren Mann bezogen, angesprochen worden wären. Aber diese Art von Kommunikation mit ihm hätte zu nichts geführt, da sein primäres Ziel die Aufrechterhaltung seines grandiosen Selbst durch das »Essen« von Bewunderung war.

Zu Beginn der Behandlung konfrontieren wir solche Patienten nicht mit Bemerkungen, die sie als Kritik an ihrem Bedürfnis auffassen könnten, die Nummer Eins zu sein (nicht in einem ödipalen Kampf, sondern um das Überleben ihres Selbstwertgefühles zu sichern). Wir sagen einem Patienten wie Jerry nicht, daß er, realistisch gesehen, nicht gar so phantastisch aussieht und daß die Frauen möglicherweise nicht so schön und in Bewunderung versunken waren, wie er sich das vorgestellt hat. Wir sagen auch nicht zu ihm, daß er sich ohne die Illusion, die Nummer Eins zu sein, so fühlen würde, als sei er ein Niemand. Natürlich werden alle diese Bemerkungen nach und nach fallen, taktvoll und zur richtigen Zeit. Aber zu Beginn erlaubt unsere Technik der Nicht-Konfrontation einem Patienten wie Jerry, eine volle narzißtische Übertragung zu entwickeln.

Die Technik der »Nicht-Konfrontation« in der Anfangsphase kann besser verstanden werden, wenn wir uns genauer ansehen, was Patienten mit narzißtischen Störungen dazu bringt, sich in Therapie zu begeben.

Diese Patienten suchen Hilfe, wenn sie ihre dominierende Selbstrepräsentanz – sei es ihr grandioses oder ihr hungriges Selbst – nicht mehr aufrechterhalten können. Jennifer (siehe Kapitel V) begab sich in Behandlung, nachdem ihr Mann sie fast umgebracht hatte. Dadurch hatte er ihre Illusion zerstört, für immer eine Puppe bleiben zu können und zu schön und mächtig zu sein, um je verletzt werden zu können.

William (Kap. II) kam in Therapie, nachdem er unbewußt Dinge getan hatte, die verhindert hatten, daß ihm eine angesehene akademische Auszeichnung verliehen wurde. Vermutlich hätte er sich deswegen noch nicht in Behandlung begeben, sondern sich bestätigt gefühlt und somit darüber »gefreut«, daß das Schicksal ihm wieder einmal einen Schlag versetzt hatte. Durch das Erleben einer weiteren Ungerechtigkeit hätte er so sein dominierendes hungriges Selbst abgestützt. Diese »Ungerechtigkeit« traf jedoch mit einem Ereignis zusammen, das sein inneres Gleichgewicht erschütterte: Sein Chef, der darüber entschieden hatte, daß nicht er, sondern ein anderer diese Auszeichnung bekommen sollte, hatte nach der Zeremonie zur Verleihung dieser Auszeichnung einen Autounfall, den er zwar überlebte, aber durch den er in ein Koma verfiel, aus dem er – bis zum Ende von Williams Analyse – nicht mehr aufwachte. Obwohl es William selbst gewesen war, der seinen Chef unbewußt dazu gebracht hatte, ihn zu übergehen, ärgerte er sich doch über ihn. Es war die »Übereinstimmung« zwischen der Wut des Patienten und diesem Ereignis in der Außenwelt, die Williams narzißtisch-masochistische Anpassung erschütterte. Sein Sadismus war tödlich! Als William sich in seiner ödipalen Phase befand, starb sein biologischer Vater; seinem Stiefvater, der ihm seine Mutter »gestohlen« hatte, während William hilflos und abhängig hatte bleiben müssen, hatte er den Tod gewünscht. Seither war er in der Position des Opfers Nummer Eins verblieben. Jetzt hatte er eine andere Vaterfigur, seinen Chef, »getötet«. Dadurch wurde die Balance zwischen seinem Masochismus und seinem Sadismus gestört. William konnte sein Leiden daran, daß er die Auszeichnung nicht bekommen hatte, und den Einsatz dieser Ungerechtigkeit zur weiteren Unterstützung seines hungrigen Selbst nicht mehr »genießen«. Aus diesem Grund war er in Therapie gekommen.

Wenn die dominierende Selbstrepräsentanz eines Patienten mit einer narzißtischen Störung gefährdet ist, empfindet er primitive Angst, die ihren Ausdruck oder ihre Abwehr in Verwirrung, Depression, hypochondrischen Befürchtungen oder sogar einer psychosomatischen Erkrankung finden kann. Diese Symptomatik bringt ihn dazu, sich in Behandlung zu begeben. Ist er jedoch einmal in Behandlung, so kann es sein, daß er bald seine dominierende Selbstrepräsentanz wieder aufbaut und dann sowohl die Therapie als auch den Analytiker als eine Bedrohung dieser Selbstrepräsentanz empfindet. Dies kann dazu führen, daß er die Behandlung abbricht. Deshalb ist es notwendig, daß der Analytiker dem Patienten gestattet, eine narzißtische Übertragung zu entwickeln, ohne diese durch zu frühe Konfrontation zu stören, damit die Angst des Patienten zu Beginn nicht in einem Maß ansteigt, welches die Fortsetzung der Therapie gefährden würde.

Im ersten Jahr von Peters Analyse (siehe Kap. VII) hatte seine Tochter einen Autounfall. Sein Therapeut, der um den Zustand der jungen Frau wirklich besorgt war, fragte Peter nach ihrem Befinden. Sie war nicht ernsthaft verletzt worden. Damals drückte der Therapeut spontan seine Sorge aus, daß dieser Unfall Peter beunruhigen könnte. Peters Reaktion auf die Besorgnis des Analytikers war äußerst negativ, er belegte ihn mit Schimpfwörtern und meinte, daß der Therapeut wohl in der Nacht zuvor zu wenig Schlaf abbekommen habe und er deswegen so dumme Bemerkungen mache wie die, daß der Unfall Peter beunruhigt haben könnte. In der nächsten Supervision sagte VOLKAN zu Peters Therapeut, daß sein Patient noch nicht so weit war, die Besorgnis des Therapeuten darüber zu hören, daß seine Tochter oder er verletzt oder geängstigt worden sein könnten. Was für Peter damals wichtig war, war die Aufrechterhaltung seines Glaubens, daß nichts seine Unverletzlichkeit gefährden könnte. Die »Empathie«, die Peter in diesem Stadium der Behandlung vom Therapeuten wollte, war die Anerkennung der Gefahr, die seinem grandiosen Narzißmus drohte.

Die Entwicklung der narzißtischen Übertragung ist die Voraussetzung dafür, daß sich schließlich doch noch ein therapeutisches Arbeitsbündnis – das bei Patienten mit narzißtischen Störungen in der Anfangsphase der Analyse nicht besteht – aufbauen kann. Bei unserer Technik haben wir ständig die Entwicklung eines echten therapeutischen Arbeitsbündnisses im Auge und fördern es, da dessen Errichtung für ein erfolgreiches Durcharbeiten der Objektbeziehungskonflikte und, später, der strukturellen Konflikte, notwendig ist.

Ein Hauptproblem, das sich auf die Entwicklung narzißtischer Übertragungen störend auswirken kann, ist die Gegenübertragung.

Gegenübertragungsprobleme

Patienten mit narzißtischen Störungen können im Analytiker schon in den Anfangsstadien der Behandlung intensive Gegenübertragungsreaktionen bewirken. Beispielsweise kann ein Patient, der seinen Masochismus zur Schau stellt, beim Analytiker sadistische Impulse und Phantasien hervorrufen. Ein Patient, der sein hungriges Selbst auf den Analytiker externalisiert und ihn Tag für Tag zu erniedrigen versucht, kann beim Analytiker den Wunsch auslösen, sich vom Patienten zu distanzieren, was sich beispielsweise durch ein Gefühl der Langeweile oder Schläfrigkeit äußern kann. Wieder ein anderer Patient, der seinen Analytiker für den größten aller Therapeuten hält, kann im Analytiker, gegen dessen besseres Wissen, ein Gefühl der Überlegenheit und ein unberechtigtes Hochgefühl induzieren. Dann wird die Analyse in einer Atmosphäre durchgeführt, in der sowohl der Analytiker als auch der Analysand in Hochstimmung sind, was einen Widerstand gegen das Verstehen und Erleben der schmerzhaften Traumata aus der Kindheit des Patienten darstellt. Es kann sein, daß diese Situation dadurch aufrechterhalten wird, daß der Analytiker einen ihm unbewußten Grund hat, in dieser gehobenen Stimmung verbleiben zu wollen.

Die stärksten Gegenübertragungsprobleme werden unserer Ansicht nach durch einen malignen Narzißten ausgelöst. Die immer wieder ohne jedes Mitgefühl mit dem Opfer vorgebrachten aggressiven Triumphe des Patienten können vom Analytiker als abstoßend erlebt werden und dazu führen, daß er die empathische Verbindung zu seinem Patienten verliert. Wir empfehlen den Therapeuten, die beginnen, psychoanalyisch mit Patienten mit narzißtischen Störungen zu arbeiten, sich von erfahrenen Analytikern supervidieren zu lassen, wobei in der Supervision ganz besonders auf Gegenübertragungsprobleme zu achten ist.

Narzißtische Übertragungen

In diesem Abschnitt werden wir speziell auf die narzißtischen Übertragungen eingehen, die wir bereits öfter erwähnt haben. KOHUTS Beschreibungen narzißtischer Übertragungen sind zwar sehr gut, erzählen aber nicht die ganze Geschichte. Es ist so, als beschriebe er sehr detailliert den Kopf einer Person, ohne den restlichen Körper dieses Menschen zu erwähnen. Unser Hauptanliegen hier ist, in Übereinstimmung mit KERNBERG (1975, 1976b), die Feststellung, daß bei diesen Patienten sich widersprechende Übertragungen nebeneinander existieren. Beispielsweise kann ein Patient, der eine idealisierende Übertragung entwickelt, auch paranoid anmutende Erwartungen zeigen.

Unter *narzißtischen Übertragungen* verstehen wir solche, die das grandiose und das hungrige Selbst widerspiegeln und dazu beitragen, die Spaltung zwischen beiden aufrechtzuerhalten, wobei gleichzeitig die dominierende Selbstrepräsentanz gestärkt wird. Dies kann etwa dadurch geschehen, daß der Patient sich selbst als grandios und als »Nummer Eins« erlebt, während der Therapeut für ihn sein entwertetes Selbst repräsentiert und als »dort draußen« – von seiner dominierenden Selbstrepräsentanz abgespalten – wahrgenommen wird. Zu anderen Zeiten sieht der Patient den Therapeuten als ebenso großartig an wie sich selbst, während er mit einer dritten Partei beschäftigt ist, die für sein entwertetes Selbst steht. Der Therapeut kann vom Patienten auch als eine beständige Quelle zum Auffüllen und Aufrechterhalten seiner Grandiosität erlebt werden. In diesem Fall wird jedes Wort, das der Analytiker von sich gibt, wie die beste Milch der Mutter empfunden. Dann wieder kann der Patient sein grandioses Selbst unter einer Glaskugel »verstekken« und so weiter.

In bezug auf die Technik sind wir mit KOHUT einer Meinung, daß der Analytiker die Entwicklung der narzißtischen Übertragungen nicht stören, sondern daß er zulassen sollte, daß sie sich vollständig entfalten. Wir stimmen nicht mit den Analytikern überein, die den Patienten von Anfang an mit seiner Grandiosität (oder seinem übermäßigen Masochismus) konfrontieren.

In der Deutungs-Technik jedoch weichen wir von der KOHUTschen Technik ab, da wir der Überzeugung sind, daß die narzißtischen Übertragungen Derivate sowohl libidinöser als auch aggressiver Regungen beinhalten. Wenn sich die Übertragungen erst einmal voll entwickelt haben, müssen sie so interpretiert werden, daß sowohl die libidinösen als auch die aggressiven Themen zu einer Lösung kommen.

In der Selbstpsychologie wird während der gesamten Behandlung primär interpretiert, welche Selbstobjektfunktion der Analytiker für den Patienten ausübt. Unser Hauptinteresse dagegen gilt – nachdem wir die narzißtischen Übertragungen lange genug »toleriert« haben – den ihnen zugrunde liegenden konflikthaften Bereichen. Falls der Analytiker durch zu frühe Konfrontationen die vollständige Entfaltung der narzißtischen Übertragungen stört, verhindert er dadurch die Möglichkeit zur Entwicklung und Aufrechterhaltung eines echten therapeutischen Arbeitsbündnisses. Durch zu frühe Konfrontation wird die Angst des Patienten noch gesteigert und er hält, scheinbar paradoxerweise, noch hartnäckiger an seinen narzißtischen Übertragungen fest. Es ist schwierig, konkret zu sagen, was wir mit »ausreichend langer Toleranz« gegenüber den narzißtischen Übertragungen meinen. Die über Monate und Jahre gehende Arbeit mit diesen Patienten wird dem Analytiker Hinweise darauf geben, wann der Patient nicht mehr seine narzißtischen Übertragungen steigert, wenn er ersten kleineren Konfrontationen ausgesetzt ist. Wenn der Analytiker erst einmal intensiver auf die konflikthaften Bereiche eingeht, wird er feststellen, daß einige dieser Probleme nicht direkt etwas mit einem mütterlichen Mangel an Empathie zu tun haben, während andere durchaus sehr stark dadurch beeinflußt sein können.

Wir legen uns eine »Landkarte« an von der inneren Welt des Patienten; wir identifizieren die idealisierten Objektrepräsentanzen, die innerhalb des grandiosen Selbst als Identifikationen existieren und interpretieren die unbewußte innere Aufmachung des grandiosen und des hungrigen Selbst, die Objektbeziehungskonflikte zwischen ihnen und die Angst des Patienten vor der Integration entgegengesetzter Selbst- und Objektrepräsentanzen. Später werden wir noch genauer auf die Formulierung über das »Erstellen einer Landkarte« der inneren Welt des Patienten eingehen.

Therapeutische Geschichten

Unter therapeutischen Geschichten (VOLKAN 1987, VOLKAN u. AST 1992) verstehen wir einen vom Patienten ausgehenden Prozeß, an dem er aktiv beteiligt ist und der Handlungen miteinschließt, die in engem Zusammenhang mit der Übertragungsneurose stehen. Beim *Ausagieren* »erinnert sich der Patient durch Handlung« als eine Form des Widerstandes gegen die Analyse; durch die kreative Erschaffung einer therapeutischen Geschichte versucht der Patient einen Konflikt oder einen Mangel – beide sind immer miteinander verknüpft –, der zuvor schon durch die analytische Arbeit erhellt worden war, *durch Handlung zu meistern*. Während des Prozesses, in dem der Patient die therapeutische Geschichte inszeniert und von ihr berichtet, macht er auch Bemerkungen, die sich auf die Übertragung beziehen, und gibt Assoziationen zu seinen Träumen, durch die das Ziel der therapeutischen Geschichte deutlich wird. Sie spiegelt den Versuch des Patienten wider, das Erinnern, Ausagieren und Verbalisieren des Konfliktes – oder Defizites – zu integrieren. Dies geschieht auf eine Art, die dem Patienten einen Weg für das Wachstum neuer Ich-Funktionen eröffnet, so daß das, was zuvor unerträglich war, durch Handlung erträglich gemacht werden kann. Eine therapeutische Geschichte entwickelt sich, nachdem an einem bestimmten Konflikt oder Defizit viel Arbeit geleistet wurde. Durch die therapeutische Geschichte »weiß« der Patient gewissermaßen, daß er den Konflikt aushalten, meistern und lösen kann oder daß er fähig ist, das Defizit zu überwinden. Gewöhnlich zeigt der Patient während dieses Prozesses direkt oder indirekt, daß er sich der Bedeutung seiner Handlung bewußt ist. Natürlich kann eine therapeutische Geschichte so, wie wir sie hier beschrieben haben, mit Ausagieren vermischt sein kann. Der Unterschied liegt jedoch darin, daß der Analytiker, der den Prozeß beobachtet, die Entwicklung neuer Ich-Funktionen feststellen kann, die den Wiederholungszwang verändern.

Bei der Arbeit mit Patienten, die Objektbeziehungskonflikte

haben, reicht das Sich-Erinnern an und Sprechen über zuvor verleugnete, abgespaltene oder verdrängte Konflikte nicht aus. Die Psychoanalyse muß den Prozeß der Entwicklung und Inszenierung therapeutischer Geschichten bei der Restrukturierung der intrapsychischen Welt dieser Patienten zulassen. In einer früheren Arbeit beschrieben VOLKAN und AST (1992), wie ein Patient, den wir Hamilton nannten, seinem Analytiker einen Kuchen mitbrachte, den er jedoch in seinem vor der Praxis geparkten Wagen liegen ließ. Der Analytiker ließ offen, ob er das Geschenk annehmen werde oder nicht; statt dessen schlug er vor, daß er und Hamilton auf die Bedeutung dieses Geschenkes neugierig sein sollten. Hamilton wiederholte diese Handlung mehrere Sitzungen nacheinander, während derer der Kuchen, der nun im Kofferraum des Wagens lag, verdarb. Durch diese Handlung erinnerte sich der Patient nicht nur an seine Konflikte aus der Kindheit in bezug auf die Defäkation (als Kind wurden ihm häufig Einläufe verabreicht; außerdem wurde er oft im Badezimmer durch Schläge »bestraft«), sondern er entwickelte auch die Ich-Autonomie, dem Analytiker/Mutter seinen Stuhlgang (Kuchen) zu geben oder nicht zu geben. Hätte der Analytiker schon ganz zu Beginn die Bedeutung des Kuchens interpretiert, über die er sich im klaren war, so wäre der Patient dieser therapeutischen Geschichte und der Gelegenheit zu »Ich-Übungen« im Verändern früherer Fixierungen beraubt worden. Natürlich wird die Bedeutung der therapeutischen Geschichte schließlich in Worte gefaßt und eine vollständige Interpretation mit dem Patienten besprochen. (Der Begriff der vollständigen Interpretation bezeichnet die Erklärung eines Ereignisses im Hier und Jetzt, seinen Bezug zur Übertragung, zu aktuellen Träumen und zur genetischen Geschichte des Patienten; d. h. daß psychische Phänomene aus vier Bereichen miteinander verbunden werden).

Bei der Behandlung von Personen mit narzißtischen Störungen sollte sich der Analytiker davor hüten, »schnelle«, vorzeitige Interpretationen zu geben (auch wenn sie inhaltlich korrekt sein mögen). Vielmehr sollte er dem Patienten die Möglichkeit lassen, therapeutische Geschichten zu entwickeln. Durch intellektualisierte verbale Gymnastik wird kein Patient geheilt.

Wir wollen nun zu Jerry zurückkehren und zeigen, wie er genetische Aspekte seiner Objektbeziehungskonflikte symbolisch darstellte. Wir beschrieben oben, daß Jerry während seines

Berichtes davon, wie er von all den Frauen bewundert worden war, auf der Couch den Eindruck erweckte, als säße er immer noch am Rande des Schwimmbeckens. Der Analytiker teilte ihm nicht mit, daß er sich nun offensichtlich auch in der analytischen Sitzung darum bemühte, Bewunderung zu ernten. Jerry fuhr fort, dem Analytiker viele Sitzungen lang seine nackte Brust zu zeigen, indem er wie zufällig sein Hemd aufknöpfte. Bald fing er an, in Shorts zu seinen Sitzungen zu kommen, was für ihn, der sonst immer sehr korrekt gekleidet war, sehr ungewöhnlich war. Der Analytiker spürte, daß Jerry dadurch, daß er ihm seine nackten Muskeln zeigte, wiederholte, wie er das schönste Baby seiner Mutter und wie er von ihr bewundert worden war. Seine Mutter hatte ihm oft erzählt, daß er ein ganz ungewöhnlich schönes Baby gewesen sei. Sie war so stolz auf ihn gewesen, daß sie es darauf anlegte, ihn auf Gesellschaften mitzunehmen; in der Überzeugung, daß alle erstaunt darüber wären, was für ein schönes Kind sie hatte, zog sie ihn dort unter irgend einem Vorwand aus, um ihn den Anwesenden zu zeigen. Zu diesem Zeitpunkt der Analyse hatte der Analytiker schon genügend vom Patienten erfahren, um für sich die Hypothese zu formulieren, daß Jerrys narzißtische Mutter ihr Kind in einer Art benutzt hatte, als sei es ihr hochgeschätzter Phallus. Ihr Stolz auf ihn war nicht die Freude über das Kind als eigenständiges Wesen, sondern eine Widerspiegelung ihres Glaubens an ihre eigene Macht und ihr Ansehen, wobei sie das Kind zu einer Extension ihrer selbst machte. Statt dem Patienten diese Information mitzuteilen, wartete der Analytiker weiter ab. Jerry brachte einen Traum, in dem eine Person auf einer Entbindungsstation voller Bewunderung ein Baby hinter einer Glasscheibe betrachtete. Seine Assoziationen zeigten, daß diese Person den Analytiker repräsentierte. Jerry erschuf sich eine Version der »Glaskugel«-Phantasie und sprach von seinem einsamen, glorifizierten Königreich. Er sprach auch davon, daß sein Büro in der höchsten Etage eines Gebäudes lag. Dieser Raum hatte viele Fenster und wurde für ihn ebenfalls zu einem mächtigen, von Glas umgebenen Königreich.

Der Analytiker entschloß sich, noch weiter abzuwarten, ohne zu deuten; dabei ermutigte er den Patienten, mit ihm zusammen zu sehen, was sich weiter entwickeln würde.

Bald darauf begann der Patient, den Analytiker zu beschuldigen, »nicht echt« zu sein; schließlich hatte er geglaubt, sein

Analytiker sei der beste auf der ganzen Welt; nun sei er aber zu der Überzeugung gekommen, daß sein Analytiker ihn emotional nicht erreichen könne (eine Glaswand trennte sie). Der Analytiker bestätigte dem Patienten, daß er seine veränderte Haltung ihm gegenüber zur Kenntnis genommen habe und forderte Jerry wieder dazu auf, gemeinsam mit ihm neugierig darauf zu sein, wie es jetzt weitergehen würde. Er sagte zu ihm, daß Jerry sich mit einem »kalten« Analytiker offensichtlich unwohl fühle; beide sollten aber versuchen, diese neue Entwicklung auszuhalten.

Zwei Tage später ging Jerry als Stinktier verkleidet auf eine Halloween-Party (eine Art Faschingsparty). Der Analytiker dachte sich, daß Jerry sich auf dieser Gesellschaft als Stinktier die anderen vom Leibe halten wollte; dabei repräsentierten die anderen Leute vermutlich seine Mutter und ihre Freundinnen, die ihn als Kind benützt hatten, um den Narzißmus seiner Mutter aufzupumpen.

Am nächsten Tag ging die Geschichte weiter, als Jerry »zufällig« Darmwinde abgehen ließ, als er auf der Couch lag. Nun war er auf der Couch ein übelriechendes Stinktier geworden, das den »schlechten« Analytiker/Mutter wegekelte. Jerry schien sich zu schämen. – Diesen Zeitpunkt wählte der Analytiker, um eine Zusammenfassung der Ereignisse zwischen Jerrys Besuch im Schwimmbad, um sich dort bewundern zu lassen, und seinen Blähungen auf der Couch zu geben; er verknüpfte sie mit ihren genetischen und ihren möglichen intrapsychischen Bedeutungen, die sich auf seine Objektbeziehungskonflikte bezogen.

Jerry hatte es, zumindest vorübergehend (er mußte noch viele therapeutische Geschichten erleben, bevor er gesund wurde), aufgegeben, an seinem grandiosen Selbst (das sich auch in seiner Art, sich so förmlich wie ein Geschäftsmann zu kleiden, widergespiegelt hatte) festzuhalten und hatte seine Aggression (Blähungen gegenüber seinem Analytiker/Mutter) erlebt. Hier wird der Unterschied zwischen unserer Technik und der von Kohut deutlich. Ich habe nicht nur das anfängliche »Nummer-Eins-Sein« des Patienten zugelassen und toleriert, sondern auch für seine darunter liegende Aggression Empathie gezeigt und sie akzeptiert. Schließlich habe ich den Konflikt zwischen seiner Liebe und seinem Haß gegenüber seiner Mutter interpretiert; außerdem habe ich ihm die Möglichkeit gegeben, zu erleben, daß sein grandioses Selbst zur Abwehr seiner Aggression, die vor allem als analer Sadismus erlebt wurde, und der zugrundeliegenden Depression diente.

Direkt nach diesem analytischem Prozeß gab Jerry spontan eines seiner Symptome auf. Er hatte die Angewohnheit, jeden Abend vor dem Schlafengehen ein Bad zu nehmen und anschließend Gesäß und Anus mit parfümiertem Oel einzureiben, um einen ganz zarten After und einen besonders schönes Gesäß zu haben. Er verstand jetzt, daß seine analen Rituale dazu dienten, die Vorstellung einer von ihm ersehnten und idealisierten Mutter lebendig zu erhalten. So konnte er die Mutterrepräsentanz behalten, die seinen kindlichen Körper bewunderte. Das anale Ritual half ihm, seinen »schmutzigen« Anus – seinen analen Sadismus – zu verleugnen und damit auch seine Wut gegen die abgespaltene Mutterrepräsentanz, die ihn nur als Extension ihrer eigenen Schönheit »liebte«. Ohne diese durch das anale Ritual unterstützte Spaltung hätte für ihn die Gefahr bestanden, die »idealisierte« Mutterrepräsentanz zu verlieren und depressiv zu werden.

Patienten mit primitiven Konflikten müssen innerhalb der Übertragungs-Gegenübertragungs-Achse therapeutische Geschichten mit den dazugehörenden Handlungen und Affekten erlebt haben, bevor sie eine Entwicklung hin zu »differenzierteren« Konflikten und eine kontinuierlichere Verwendung komplexer Abwehrmechanismen in der Bewältigung solcher Konflikte zeigen.

Das »Erstellen einer Landkarte« der inneren Welt des Selbst und der Objekte des Patienten

Der Analytiker, der die Entwicklung der narzißtischen Übertragungen und das Auftauchen wichtiger intrapsychischer therapeutischer Geschichten nicht stört, ist natürlich dennoch kein passiver Partner im analytischen Setting. Er achtet ständig darauf, das therapeutische Arbeitsbündnis zu schützen, toleriert mögliche negative Gegenübertragungsreaktionen, ohne sie in einer schädlichen Art einzusetzen, und versucht, sich ein immer genaueres Bild von der inneren Welt des Patienten zu machen. Das »Erstellen einer Landkarte« der Selbst- und Objektrepräsentanzen des Patienten ist von entscheidender Bedeutung, da der Analytiker dem Patienten später die Eigenart dieser Repräsentanzen interpretieren und ihm sagen wird, weshalb er die Spaltungsmechanismen hatte beibehalten müssen. Zuerst bereitet der Analytiker sich und den Patienten darauf vor, mit den Problemen in den Objektbeziehungen umzugehen, bevor er dem Patienten hilft, eine echte Fähigkeit zur Integration verschiedener, einander entgegengesetzter Selbst- und Objektrepräsentanzen zu entwickeln.

Wir haben in diesem Buch schon oft auf die Spaltung zwischen dem grandiosen Selbst und dem hungrigen Selbst und zwischen den Objekten und ihren Repräsentanzen, die das grandiose Selbst unterstützen, und den Objekten und Repräsentanzen, die entwertet sind, hingewiesen. Die »Erstellung einer Landkarte« der inneren Welt des Patienten läßt uns weitere Einzelheiten und Nuancen noch komplizierterer Spaltungen erkennen.

Nehmen wir beispielsweise Jennifers Fall (Kap. V). Sie zeigte ein ausgesprochen typisches Glaskugelphänomen, von dem wir annahmen, daß es dazu diente, ihr grandioses Selbst zu schützen; dieses enthielt den von ihr geschätzten Teil ihrer realen Selbstvorstellung, ihre idealisierte Selbstrepräsentanz, die sie als Schutz gegenüber den Unzulänglichkeiten der Mutter errichtet hatte, und die idealisierte Repräsentanz ihrer Mutter, die sie wie eine ganz außergewöhnlich schöne Puppe behandelt hatte. Wenn man jedoch genauer hinsieht, bemerkt man, daß die pathologische Integration von Jennifers grandiosem Selbst noch zusätzlich kompliziert wurde, weil sie in ihrer frühen Kindheit auch die realen Erlebnisse mit der schwarzen Hausangestellten hatte. Die idealisierten und die realen Aspekte dieser Erlebnisse (das »Gänseblümchen«) konnten nicht mit den anderen Aspekten ihres grandiosen Selbst (»die Puppe«) zusammengebracht werden. Ein weiterer Grund, weshalb die Erlebnisse mit der idealisierten weißen Mutter und der idealisierten schwarzen Frau nicht miteinander verbunden werden konnten, war die soziale und kulturelle Trennung der beiden Frauen in der Realität, die sich in einer Trennung ihrer Repräsentanzen niederschlug – und so die Spaltung im grandiosen Selbst verstärkte. Bei Jennifer mußte erst die Spaltung innerhalb ihres grandiosen Selbst (die Aufteilung in »Puppe« und »Gänseblümchen«) geheilt werden, bevor ihr grandioses Selbst mit ihrem hungrigen Selbst verbunden werden konnte. Wir glauben, daß das mehrfache tägliche Wechseln von »Puppen«-Kleidung zu Stallkleidung und umgekehrt dazu diente, Jennifers Puppenrepräsentanz und ihre Gänseblümchenrepräsentanz zusammenzubringen, bevor sie den »entscheidenden Wendepunkt« (Klein 1946, Volkan u. Ast 1992) erreichen konnte, an dem sich ihre idealisierten und ihre entwerteten Aspekte treffen konnten.

»Korrektur« der Realitätsprüfung

In Kapitel I stellten wir fest, daß ein Patient, der unter narzißtischen Störungen leidet, auch Identitätsprobleme aufweist, da seine dominierende Selbstrepräsentanz, sei diese nun zu stark oder zu gering mit Narzißmus besetzt, von der nicht dominierenden Selbstvorstellung mit gegensätzlicher narzißtischer Besetzung abgespalten ist. Ein Narzißt hat zwar eine Trennung zwischen seinen (grandiosen und hungrigen) Selbstrepräsentanzen und den korrespondierenden Objektrepräsentanzen erreicht und ist daher im allgemeinen zur Realitätsprüfung in der Lage. Da er jedoch keine reife Individuation und keine kohärenten Selbst- und Objektrepräsentanzen erreicht hat, kann seine Realitätsprüfung unter bestimmten Umständen verzerrt sein. Da Menschen mit gestörtem Narzißmus sowohl innerhalb eines therapeutischen Settings als auch außerhalb der Behandlung im alltäglichen Leben narzißtische Übertragungen entwickeln, kann es sein, daß sie äußere Objekte und ihre Repräsentanzen als entscheidend für den Fortbestand oder Untergang ihres grandiosen oder hungrigen Selbst – und damit als potentielle Bedrohung ihrer existierenden Identität – erleben. Wir wissen natürlich nicht, ob an dem Tag, als Jerry im Schwimmbad war, alle Frauen dort tatsächlich »unglaublich schön« gewesen sind. Aber mit einiger Wahrscheinlichkeit können wir annehmen, daß Jerry die Realität verzerrte, da er diese idealisierten Objekte und ihre Repräsentanzen für seine narzißtischen Bedürfnisse brauchte.

Wir möchten noch einmal deutlich darauf hinweisen, daß ein Teil der Selbstrepräsentanz von Menschen mit zu viel oder zu wenig Narzißmus sehr wohl integriert sein kann. Nur in für ihn – real oder symbolisch – emotional intimen Situationen muß ein solcher Mensch entsprechend seiner inneren Welt dafür sorgen, daß sein grandioser und sein hungriger Selbstanteil voneinander abgespalten bleiben, unabhängig davon, welches der dominierende Teil ist.

Seine Routinefunktionen als Arzt im Krankenhaus bewältigte William (Kapitel II) problemlos. Zu Hause jedoch, wenn seine Frau vor ihm zu Bett ging und darüber hinaus auch noch einen Pullover überzog, weil ihr kalt war, verzerrte er die Realität. Er erlebte seine Frau dann wie seine Mutter, die ihn abwies, als sie ins Schlafzimmer seines Stiefvaters ging; und der Pullover wurde in seiner Vorstellung zur Haut eines Stachelschweines! Nach einem solchen Vorfall war William stunden- oder tagelang gekränkt, weil er wieder einmal ungerecht behandelt worden war, wobei er »insgeheim« gleichzeitig davon überzeugt war, daß seine Frau niemand besseren als ihn hätte finden können.

Am Anfang der Behandlung wird der Analytiker die Verwischung der Realität durch den Patienten nicht in Frage stellen. Wenn jedoch die Therapie weit genug fortgeschritten ist, wird der Analytiker den Patienten taktvoll dazu anhalten, seine Wahrnehmung der Realität zu »korrigieren«. Dann wird der Therapeut William beispielsweise dazu auffordern, die Möglichkeit in Betracht zu ziehen, daß der Umstand, daß seine Frau einen Pullover trägt, nicht unbedingt Ausdruck einer sexuellen Zurückweisung ihm gegenüber sein muß, sondern auch im Zusammenhang damit stehen könnte, daß damals die Heizung in ihrem Haus nicht in Ordnung war.

Regression

Aufgrund des Vorhandenseins von Objektbeziehungskonflikten meinen wir, daß Patienten mit narzißtischen Störungen der Kategorie von Patienten angehören, die BOYER (1983) als zu Beginn ihrer Behandlung »schon regredierte Patienten« bezeichnete.

VOLKAN (1987) und VOLKAN und AST (1992) haben in der Literatur über die intensive Therapie bei Borderline-Patienten zwei einander entgegengesetzte Stile identifiziert.

Der *erste Stil* ist darauf angelegt, den Patienten, *ohne weitere Regression*, auf einem Niveau zu halten, auf dem er funktionieren kann, während ihm gleichzeitig das therapeutische Setting neue Ich-Erlebnisse ermöglichen soll, die darauf abzielen, die

Fähigkeit zur Integration seiner entgegengesetzten Selbstrepräsentanzen und der dazu korrespondierenden Objektrepräsentanzen zu verbessern. Therapeuten, die diesen Stil befürworten, argumentieren, daß bei diesen schon regredierten oder nicht entwickelten Patienten (Patienten mit Defiziten) die Gefahr besteht, daß sie psychotisch werden, wenn sie noch weiter regredieren, und sie dann durch die »talking cure« nicht mehr erreicht werden können.

Die Therapeuten, die wie Boyer (1983) und wir den *zweiten Stil* befürworten, führen an, daß es für solche Patienten notwendig ist, im therapeutischen Setting eine *noch weitergehende, nun kontrollierte Regression* zu erleben, um aus dieser tiefen Regression heraus über gesündere Entwicklungswege zu psychischem Wachstum fortzuschreiten, ganz ähnlich wie ein Kind, das in einer angemessenen Umgebung aufwächst. Aus diesem Grund sollte der Therapeut den Patienten nicht stören, wenn dieser innerhalb der Therapie auf eine Ebene regrediert, die unterhalb der chaotischen Ebene liegt, die er schon zu Beginn der Behandlung zeigt. Auch bei der Behandlung von Patienten mit narzißtischen Störungen befürworten wir diesen zweiten Stil: die therapeutische Regression nicht zu stören. Unser Ansatz ist daher mit der klassisch-analytischen Technik bei Neurosen vereinbar. Indem der Analytiker

- die Entwicklung der narzißtischen Übertragungen nicht stört und die intensiven Gegenübertragungsreaktionen aushält, die durch die narzißtische Haltung des Patienten bei ihm induziert werden,
- die therapeutische Interaktion nicht zu intellektueller Gymnastik werden läßt und sie nicht zu ständigen Konfrontationen verkehrt,
- auch keine Ratschläge erteilt oder einen anderen Lebensstil vorschlägt,
- kurz gesagt, indem der Analytiker die analytische Haltung beibehält,

schafft er eine Atmosphäre, in der eine therapeutische Regression stattfinden kann. Therapeutische Geschichten können sich nur dann entwickeln, wenn eine therapeutische Regression eintritt.

Nach unserer Erfahrung fällt es narzißtischen Patienten schwerer als Borderline-Patienten, eine therapeutische Regression zuzulassen, und zwar aus folgendem Grund: Diese Patienten haben eine höhere Ebene der psychischen Organisation erreicht und verfügen über mehr Ich-Stärke. Sie sind daher erfolgreicher als Borderline-Patienten, wenn sie an ihrer »gewohnten Art« festhalten, mit Objektbeziehungskonflikten dadurch umzugehen, daß sie ihre abgespaltene dominierende Selbstrepräsentanz aufpumpen. Bei der Analyse narzißtischer Patienten wird der Analytiker viel weniger dramatische regressive Erlebnisse sehen als bei der Arbeit mit Borderline-Patienten. Wenn ein Borderline-Patient in der Therapie regrediert, so kann es sein, daß er zeitweise auf einer psychotischen Ebene »funktioniert«. Dementsprechend kann ein narzißtischer Patient auf Borderline-Niveau regredieren und dabei zum Beispiel schnell von »gut« zu »schlecht« und umgekehrt wechseln. Wenn der narzißtisch gestörte Patient schließlich seine narzißtischen Übertragungen aufgibt und, progressiv, reifere Übertragungen entwickelt, schafft der Analytiker dennoch weiterhin für die gesamte Dauer der Behandlung durch seine analytische Haltung eine Atmosphäre, in der therapeutische Regressionen des Patienten stattfinden können.

Identifikationen

Weiter oben erwähnten wir die von Kohut »umwandelnde Internalisierungen« (transmuting internalizations) genannten Prozesse. Wenn wir auch der Überzeugung sind, daß die Identifikationen des Patienten mit dem Analytiker von entscheidender Bedeutung sind, so halten wir doch in Anbetracht von Kohuts gesamten Ansatz sein Konzept der umwandelnden Internalisierungen für irreführend. Patienten mit narzißtischen Störungen brauchen auch Identifikationen, die mehr sind als Identifikationen mit den »guten«, empathischen Aspekten des Analytikers/der Mutter.

Einer der wesentlichen heilenden Faktoren bei der Behandlung von Patienten, die, wie die in diesem Buch beschriebenen Patienten, Objektbeziehungskonflikte haben, sind die Identifikationen des Patienten mit *verschiedenen Funktionen* des Analytikers und mit *verschiedenen Erlebnissen* mit dem Analytiker. Während unterschiedlicher Phasen der Behandlung gewinnen jeweils andere Identifikationen an Bedeutung (Volkan und Ast 1992, Tähkä 1993). Wenn es für einen narzißtischen Patienten zu einer Zeit notwendig ist, sich mit Erlebnissen mit einem empathischen Analytiker zu identifizieren, so gibt es andere Zeiten, in denen es für ihn wichtiger wird, sich mit Erlebnissen mit einem Analytiker zu identifizieren, der die Fähigkeit zur Integration hat. Wieder zu einer anderen Zeit identifiziert er sich mit einem Analytiker, dem es gefällt, »durchschnittlich« zu sein. Zusammenfassend können wir sagen: Ein erwachsener Patient, der als Kind keine bemutternde Person hatte, die für ihn zur Quelle bestimmter Ich-Funktionen wurde, welche für die Entwicklung einer reiferen und kohärenteren Selbstrepräsentanz notwendig sind, kann solche fehlenden Funktionen unbewußt von seinem Analytiker durch das psychoanalytische Erlebnis erhalten (VOLKAN 1987). Für uns ist es offensichtlich, daß ein solcher Erwerb neuer Ich-Funktionen nicht durch reine »Unterrichtsübungen« erreicht werden kann, ebensowenig wie solche Übungen neurotische Symptome zum Verschwinden bringen. Was eine Veränderung bewirkt, ist der analytische Prozeß.

KOHUT beschrieb, wie die umwandelnden Internalisierungen ganz allmählich und ziemlich leise vor sich gehen. Es stimmt, daß der identifikatorische Prozeß eines narzißtisch gestörten Menschen gewöhnlich nicht dramatisch verläuft. Je regredierter jedoch ein Patient ist, wie etwa schizophrene oder Borderline-Patienten, desto dramatischer können solche Identifikationen in Erscheinung treten. Stark regredierte Patienten können beispielsweise davon sprechen, den Analytiker symbolisch »aufzuessen« und dadurch so wie er zu werden. Bei der Arbeit mit narzißtischen Patienten kann der Analytiker oft erhebliche Widerstände gegen Identifikationen beobachten. Der Analytiker befaßt sich dann mit diesen Widerständen, um dem Patienten dabei zu helfen, die Identifikationen zu »akzeptieren«, die seine Ich-Funktionen bereichern und die Kohärenz seines Selbstgefühles stärken.

Der erwähnte Jerry mochte Autos. Er kannte sich gut darin aus, welche alten Automobile wertvoll waren, was sie kosteten, und wieviele PS ihr Motor hatte; und er war stolz darauf, sie selbst reparieren zu können. Er kannte den Wagen des Analytikers, der vor der Praxis geparkt war, und wußte, daß es kein besonders teures Modell war. In den ersten Jahren der Analyse sprach Jerry manchmal stundenlang davon, wie viel mehr er von Maschinen verstünde und was für einen »unglaublich«

starken Wagen er habe. Oft entwertete er den Analytiker und dessen Fahrzeug und warf ihm vor, keine Ahnung von Automechanik zu haben. Dieses spezielle Thema war lange Zeit in der Analyse der Weg, auf dem Jerry gewöhnlich sein grandioses Selbst aufrechterhielt, während er sein entwertetes, hungriges Selbst auf den Analytiker externalisierte. Im dritten Jahr seiner Analyse, nachdem viel Arbeit in bezug auf seinen Umgang mit Objektbeziehungskonflikten geleistet worden war, sah Jerry, wie sein Analytiker einen teuren Sportwagen fuhr (tatsächlich war es nicht der Wagen des Analytikers, sondern der eines Freundes von ihm, und der Analytiker fuhr diesen Sportwagen an einem Sonntag zum Vergnügen, als Jerry ihn zufällig sah). Jerry war »schockiert« von der Vorstellung, daß sein Analytiker sowohl Gefallen daran fand, einen bescheidenen Familienwagen zu fahren, als auch Spaß daran hatte, am Steuer eines schnellen Sportwagens zu sitzen. Sein Analytiker war nicht entweder schwarz oder weiß. Damals verbrachte Jerry viele Sitzungen damit, die »entwerteten« und die »überlegenen« Bilder seines Analytikers zusammenzubringen, das heißt er bemühte sich um Integration. Somit war er an dem Punkt angekommen, den wir (Volkan u. Ast 1992) – einen Ausdruck Melanie Kleins (1946) verwendend – den »entscheidenden Wendepunkt« nennen.

Einige Monate später kaufte sich Jerry einen einfachen Mittelklassewagen. Eine therapeutische Geschichte hatte sich entwickelt. Nach einer Weile faßte der Analytiker die Ereignisse zusammen, die geschehen waren, seit Jerry ihn am Steuer eines Sportwagens gesehen hatte, und gab eine Interpretation, die die intrapsychischen Aspekte dieser Ereignisse betraf. Er sagte Jerry, daß er sich mit den integrativen Funktionen des Analytikers identifiziere. Jerry reagierte auf diese Interpretation mit einem *Widerstand* gegen eine solche Identifikation. Schon in der nächsten Stunde sprach er abfällig über sein einfaches Auto und verkaufte es in der darauffolgenden Woche. Er kam nun in bunter, auffälliger Kleidung zu den Sitzungen und sprach von seinem außergewöhnlichen Wissen über mechanische Geräte. Diesmal interpretierte der Analytiker Jerrys Widerstand gegen seine Identifikation mit den integrativen Funktionen des Analytikers. Schließlich akzeptierte Jerry diese Interpretation und erzählte dem Analytiker mit einem natürlichen Lächeln: »Ja, ich kann es jetzt genießen, durchschnittliche Dinge zu tun«.

Unser zentrales Anliegen waren die Strategien und Techniken während der ersten Jahre der Behandlung von Patienten mit narzißtischen Störungen. Die ersten Jahre sind zentral dafür, den Patienten dabei zu helfen, genügend »Entscheidende-Wendepunkt-Erlebnisse« anzusammeln und dadurch zur Integration zu kommen. Nach diesem Abschnitt der Analyse nähert sich die Therapie der von neurotischen Patienten mit einer kohärenten Selbstrepräsentanz an. Wir möchten nachdrücklich betonen, daß wir die Analyse von Patienten mit narzißtischen Störungen erst dann für vollständig halten, wenn der Patient, der dann schon über eine intergrierte Selbstvorstellung und integrierte Objektvorstellungen verfügt, das heißt eine integrierte Vater- und eine integrierte Mutterrepräsentanz hat, den Ödipus-Komplex gelöst hat.

Es sollte beachtet werden, daß wir bei der Behandlung solcher Patienten keine Änderung im psychoanalytischen Setting oder der psychoanalytischen Instrumente – das heißt der therapeutischen Neutralität und des Vorrangs von Interpretationen, insbesondere von Interpretationen der Übertragung – vorschlagen. Was wir jedoch empfehlen, sind Änderungen in der Strategie: Anfängliches Zulassen der Entwicklung narzißtischer Übertragungen, Aushalten der intensiven Gegenübertragungsreaktionen, und Zulassen der emotionalen Verwicklung des Patienten in therapeutische Geschichten, bevor deren Bedeutungen (sowohl die libidinös als auch die aggressiv gefärbten) interpretiert werden.

Aus theoretischer Sicht sagen wir, daß die wesentlichen Ziele bei der Behandlung von Patienten mit narzißtischen Störungen folgende sind:

1. Dem Patienten dabei zu helfen, die Pathologie sowohl *innerhalb des grandiosen Selbst* als auch *innerhalb des hungrigen Selbst* zu zähmen;
2. dem Patienten dabei zu helfen, die der Abwehr dienende Beibehaltung der Spaltung der Selbst- und Objektrepräsentanzen aufzugeben;
3. dem Patienten dabei zu helfen, die Kämpfe um Seperation-Individuation (wieder)zuerleben.
4. dem Patienten durch viele »Entscheidende-Wendepunkt-Erlebnisse« dabei zu helfen, eine Integration von grandiosem

Selbst und hungrigem Selbst zu entwickeln, um einen gesunden Narzißmus und eine integrierte Identität zu erreichen;
5. dem Patienten dabei zu helfen, eine höhere Entwicklungsstufe zu erreichen und ödipale Probleme und deren Lösung (wieder)zuerleben, jetzt zum ersten Mal *mit* gesundem Narzißmus und einer integrierten Identität.

Probleme bei spezifischen narzißtischen Störungen

Bisher haben wir die technischen Probleme beschrieben, die sich in der Behandlung von Patienten aus dem gesamten Spektrum narzißtischer Störungen stellen. Nun werden wir auf spezifische Schwierigkeiten eingehen, die für einzelne dieser Störungen charakteristisch sind.

Technische Probleme beim narzißtisch-masochistischen Charakter

Ein Patient mit narzißtisch-masochistischem Charakter wird mit der Zeit in seiner Behandlung folgende Situation herstellen, falls er diese nicht sowieso schon von Anfang an konstelliert hat: Er wird von seinem Analytiker enttäuscht sein und wird Demütigungen und Kränkungen «sammeln». Dies geschieht auch dann, wenn der Patient scheinbar eine idealisierende Übertragung hat. Tatsächlich ist es so, daß man um so eher erwarten kann, daß ein Patient Enttäuschungen erleben wird, je stärker der Analytiker von ihm idealisiert wird. Manchmal kann das Sammeln von Demütigungen »versteckt« sein. Das Wissen des Analytikers um dieses Paradoxon – je größer die Idealisierung des Analytikers durch den Patienten, desto größer die Erwartung, von ihm enttäuscht zu werden – ist sehr hilfreich.

Cooper (1989) stellte fest, daß sich der Analytiker bei der Arbeit mit einem solchen Patienten darüber im klaren sein sollte, daß jede Interpretation unvermeidlicherweise eine Portion narzißtischer Kränkung in sich trägt, was besonders in den Anfangsstadien der Behandlung von narzißtisch-masochistischen Patienten eine große Schwierigkeit darstellt.

Während der Analyse von William bemerkte Volkan, daß

sein Patient nach jeder Interpretation, die er selbst für wichtig und korrekt hielt, zwei Dinge tat: Erst atmete er tief durch die Nase ein und bewegte dann seine Lippen so, als ob er etwas küsse. Es bedurfte mehr als dreier Jahre voll Neugier, Nachforschungen und freier Assoziationen in Williams Analyse, bevor VOLKAN verstand, was sein Patient tat: Er »inhalierte« die Interpretation des Analytikers, die seine Brust anschwellen ließ und ihm, wenn auch nur kurzfristig, Selbstwertgefühl gab. Aber etwas so Gutes in seiner Brust zu haben war zu schön, um wahr zu sein, und zu gut, um es aushalten zu können. Eine solche Situation führt zu einer negativen therapeutischen Reaktion (OLINICK 1964). William wurde daraufhin zum erniedrigten Sklaven (als solcher hatte er sich auf der Farm seines Stiefvaters gefühlt, auf die ihn seine Mutter gebracht hatte). Er spitzte seine Lippen, während er seinen Kopf nach vorne bewegte, und erweckte dabei den Eindruck, als ob er sich niederkniete, vorbeugte und »den Arsch des Analytikers küßte«!

Jede gute Interpretation schließt *auch* die Botschaft an den Patienten mit ein, daß seine bisherige Lebensführung in gewisser Weise inadäquat, fehlerhaft oder wie die eines Kindes war (COOPER 1989). COOPER stellt fest, daß der Patient darauf mit Selbstmitleid reagiere, wie William das lange Zeit tat, oder mit nicht geäußerter Wut. Die Aufgabe des Analytikers dabei ist es, ständig auf das therapeutische Arbeitsbündnis zu achten und dem Patienten Klarifikationen und Interpretationen darüber zu geben, wie dieser die Erklärungen des Analytikers erlebt und was er mit ihnen macht.

Technische Probleme bei der Behandlung der narzißtischen Persönlichkeitsorganisation

Soweit uns bekannt ist, war MODELL (1976) der erste Analytiker, der versuchte, den psychoanalytischen Prozeß bei Patienten mit narzißtischer Persönlichkeitsorganisation zu beschreiben. Er teilte ihn in drei Phasen ein, die VOLKAN (1979a, 1982) später weiter modifizierte.

Die erste Phase nannte MODELL die *Kokon-Phase*. Wie oben beschrieben, zog VOLKAN die Glaskugelanalogie vor. In der Kokonphase nimmt der Patient stillschweigend an, daß der Analytiker trotz der Versuche des Patienten, die Analyse zu sabotieren, die Fähigkeit hat, den Patienten zu retten und die analytische Situation zu bewahren. MODELL vertrat die Auffassung, daß das, was er in dieser ersten Phase beobachtet hat, in einigen Aspekten KOHUTS (1971) Beschreibung der idealisierenden Übertragung entspricht, bei der der Analytiker von vornherein einige Eigenschaften besitzt, die ihm die Macht verleihen, allein schon durch seine Anwesenheit eine Veränderung zu bewirken. Während dieser Phase, die etwa ein Jahr dauert, betrachtet der Patient Interpretationen als aufdringlich und lehnt sie entweder ab oder »hört« sie nicht. Gegen Ende des ersten Jahres oder zu Beginn des zweiten taucht etwas wie KOHUTS Spiegelübertragung (eine Übertragung, bei der der Analytiker vom Patienten wie ein Spiegel empfunden wird, der die Grandiosität des Patienten reflektiert) in einer nicht ganz so archaischen Form auf. Wenn der Patient allmählich mit seiner Grandiosität konfrontiert wird, bröckelt die Kokonphantasie langsam ab. Dann erscheint die Wut gegen die äußere Welt, repräsentiert durch den Analytiker, und kann nun systematisch interpretiert werden.

Während dieser zweiten von MODELL beschriebenen Phase, die Monate, ein Jahr oder auch länger dauert, löst sich der Patient langsam aus seinem Kokongefühl und ist deutlich lebendiger als zuvor. Nun wird ein therapeutisches Arbeitsbündnis erreicht und leitet die dritte Phase ein, die sich der klassischen Analyse annähert und in der der Ödipuskomplex durchgearbeitet wird. MODELL betont, daß der Ödipuskomplex möglicherweise nicht so komplex und vollständig auftaucht wie bei einem klassischen Fall und daß während dieser Phase immer die Möglichkeit regressiver Bewegungen gegeben ist. Die Kokonübertragung kann beispielsweise als Reaktion auf die Trennung am Wochenende wiederkehren.

Wir stimmen mit MODELL darin überein, daß sich bei der Therapie von Patienten mit einer narzißtischen Persönlichkeitsorganisation die Übertragungsbeziehung – obwohl sie nicht mit der Entwicklung einer klassischen Übertragungsneurose beginnt – nach oben in Richtung auf eine trianguläre ödipale Situation entfaltet, wenn die Analyse dem Patienten erst einmal dazu verholfen hat, zunehmend reifere Objektbeziehungen zu entwickeln (VOLKAN 1976). Solche sich nach oben entwickelnden Übertragungsbeziehungen wurden auch von BOYER (1983) und KERNBERG (1975) beschrieben.

Volkan (1979a, 1982) modifizierte Modells Beschreibung und betonte dabei die paranoiden Züge, auf die Kernberg hingewiesen hatte, die dann auftreten können, wenn der Patient das Gefühl hat, von seinem Analytiker nicht bewundert zu werden. Diese paranoiden Tendenzen können selbst dann vorhanden sein, wenn der Patient den Analytiker als Bestätiger seiner Grandiosität und als Ausdehnung seines Selbst verwendet. Der Patient muß dann manchmal den Analytiker bis zur Verleugnung von dessen Existenz entwerten. Volkan wies außerdem darauf hin, daß bei vielen narzißtischen Patienten von Beginn der Analyse an neben der Kokonübertragung auch Elemente einer Übertragungsneurose existieren können, auch wenn diese zu diesem Zeitpunkt noch nicht maßgebend sind; der Patient kann sie zu Abwehrzwecken verwenden, beispielsweise um die narzißtische Übertragung zu verschleiern. Wie wir schon feststellten, meinen wir, daß diese Elemente einer Übertragungsneurose nicht effektiv analysiert werden können, wenn nicht zuvor die Analyse der narzißtischen Übertragungen weit genug fortgeschritten ist.

Modell hält das Wiederauftauchen der Kokonübertragung in der zweiten und dritten Phase der Analyse für unvermeidbare regressive Bewegungen, wohingegen Volkan meint, daß auch nach dem Errichten eines therapeutischen Arbeitsbündnisses und nachdem die sich nach oben sich entwickelnde Übertragung den ödipalen Bereich erreicht hat, ständig Aspekte der Kokonübertragung im Hintergrund der Übertragungsneurose verbleiben und gelegentlich recht deutlich auftauchen. Aufgrund seiner klinischen Arbeit mit diesen Patienten betonte Volkan insbesondere auch, daß er in der Beendigungsphase eine Wiederkehr der narzißtischen Übertragungen erwartet, um diesmal endgültig gelöst zu werden. Er hält es für wichtig, daß der Analytiker während der *gesamten* Behandlung auf die narzißtischen Übertragungen achtet. In der Beendigungsphase kann der Patient beispielsweise eine Version seiner Glaskugelphantasie haben und sie sogar auf der Couch reaktivieren. Dies entspricht dem Wiederauftauchen neurotischer Konflikte, die man in der Beendigungsphase der Analyse neurotischer Patienten erwartet, nachdem sie mit analytischen Methoden durchgearbeitet worden waren.

Modell stellt fest, daß die Problematik des Ödipuskomplexes in der dritten Phase der Behandlung unfehlbar vorhanden ist, wenn auch nicht so vollständig und komplex wie in einer klassischen Analyse. VOLKAN schreibt, daß die ödipalen Elemente in der letzten Phase der Therapie oft von der narzißtischen Glorifizierung des Patienten gefärbt sind. Dieser sieht sich selbst als einen Menschen, der nicht seinesgleichen auf der Welt hat, und benimmt sich so, als sei er oder sie das einzige ödipale Kind, das es gibt. Es scheint, als ob der Kampf zwischen dem ödipalen Vater und dem ödipalen Sohn ein Kampf zweier Riesen sei; das Symbol des Penis ist nicht eine Schlange, sondern der Eiffelturm! Mit diesen Ergänzungen stimmt VOLKAN MODELLS Beschreibung der sich nach oben entwickelnden Übertragung zu, die bei der Analyse von Patienten mit narzißtischer Persönlichkeitsorganisation stattfindet.

Wir möchten den Leser daran erinnern, daß die eben beschriebenen Behandlungsphasen durch die Empfehlungen zur Behandlungstechnik, die wir weiter oben für das gesamte Spektrum narzißtischer Störungen gaben, zu ergänzen sind.

Technische Probleme bei der Behandlung maligner Narzißten

Was wir über die Behandlungstechnik von Personen mit narzißtischer Persönlichkeitsorganisation im allgemeinen gesagt haben, trifft auch auf die grundsätzlichen Überlegungen zur psychoanalytischen Behandlung von malignen Narzißten zu. Die größte Schwierigkeit dabei ist, daß sich der Analytiker ständig der Gegenübertragungsprobleme bewußt bleiben muß. In der Behandlung eines malignen Narzißten muß er ständig seine Reaktionen auf den Patienten beobachten, damit diese nicht zu untherapeutischen Prozessen führen.

Patienten mit malignem Narzißmus, die gewohnheitsmäßig extrem aggressives Verhalten zeigen und offen und ausgeprägt sadistisch (und verdeckt masochistisch) sind, leiden an dem, was wir *Konkretisierung unbewußter Phantasien* nennen. (Wir vermuten jedoch, daß dies auch für Personen mit einem extrem narzißtisch-masochistischen Charakter zutrifft). Damit meinen wir, daß sie bestimmten realen Traumata ausgesetzt waren, deren geistige Repräsentanzen dazu führten, daß sich bei ihnen eine unbewußte Phantasie und die Realität miteinander vermischten. Hinzu kommt, daß weder die Eltern noch andere Personen, die sich um das Kind kümmerten (oder die Identifikationen des Patienten mit ihnen) ihm helfen konnten, zwischen seiner Phantasie und dem entsprechenden Ereignis zu differenzieren.

Wenn etwa ein kleines Mädchen mit der unbewußten Phantasie, die sexuelle Partnerin ihres Vaters zu sein, durch realen Inzest traumatisiert wird, so ist das eine Konkretisierung ihrer unbewußten Phantasie. Solange es nicht wirklich zu einer sexuellen Handlung zwischen dem kleinen Mädchen und ihrem Vater kommt, bleiben die inzestuösen Phantasien des Mädchens im psychischen Bereich der Vorstellung. Realer Inzest dringt in den Bereich psychischer Vorstellungen ein und macht die Vorstellung zur Realität, das heißt konkretisiert die Phantasie. Interpretationen sind Mittel zum Umgang mit Problemen, die aus dem Bereich der psychischen Vorstellungen stammen. Aus diesem Grund wird das kleine Mädchen später mehr als nur Interpretationen ihrer inzestuösen Wünsche als Kind verlangen und brauchen, um gesund zu werden. Auf diese technischen Probleme werden wir bald zurückkommen.

Während der Kämpfe um Separation und Individuation kann das Kind die Phantasie haben, daß es ohne seine Mutter psychisch nicht überleben werde. Es traut sich, ein wenig von ihr (oder ihrer Repräsentanz) getrennt zu sein, was von erneutem Zusammensein gefolgt wird. Dieser Prozeß wiederholt sich, bis das Kind das Gefühl des Getrenntseins aushalten kann, was dann den Individuationsprozeß ermöglicht. Wenn nun die Mutter tatsächlich während der Separations-Individuations-Phase das Kind dramatisch zurückweist oder es ganz verläßt, so konkretisieren sich Phantasien des Kindes über Trennung, die noch verknüpft sind mit der Vorstellung, ohne die Mutter psychisch nicht zu überleben. Auch wenn dieses Kind in seiner späteren Entwicklung bessere Erfahrungen machen kann, so wird es dennoch als Erwachsener immer erwarten, von Menschen, die es liebt, verletzt zu werden; und diese Erwartung wird für diesen Menschen die wahre Realität darstellen.

Der Kern der unbewußten konkretisierten Phantasie eines Patienten mit malignem Narzißmus steht typischerweise im Zusammenhang mit einem dramatischen und traumatischen präödipalen Verlust. Das Kind ist nicht in der Lage, den Verlust zu betrauern und seine unerträgliche Wut gegen das verlorene Objekt zu zähmen. Für den Rest seines Lebens wird für diesen Menschen die erwartete Wiederholung dieses Verlustes Realität sein; diese Erwartung geht über rein psychisch bedingte Angst und Furcht hinaus. Zur Abwehr schafft sich der Patient ein idealisiertes, aggressives Objekt, das ihn nicht verlassen wird und dessen Repräsentanz er durch Identifikation in sein grandioses Selbst aufnimmt. Wäre es nicht zur Konkretisierung der unbewußten Phantasie gekommen, so würde es zum Umgang mit der Angst und der Furcht vor Objektverlust, die aus dem Bereich psychischer Vorstellungen stammt, genügen, an dieser idealisierten Objekt*vorstellung* festzuhalten. Bei einem malignen Narzißten jedoch ist die Identifikation mit der idealisierten Objektrepräsentanz nicht genug, um die »reale« Bedrohung durch die erwartete Wiederholung des ursprünglichen Traumas abzuwenden. Als weitere Abwehr unterhält das Kind zu der idealisierten Objektvorstellung eine Beziehung, als wäre sie ein aggressives Werkzeug; dieses aggressiv-sadistisch eingesetzte Werkzeug verwendet es immer wieder zur Rache gegenüber dem Objekt (oder dessen Repräsentanz), das ihm ursprünglich das reale Trauma zugefügt hatte. Noch entscheidender jedoch ist, daß dieser Mensch die idealisierte, sadistische Objektvorstellung, sein »Werkzeug«, auch immer wieder konkret dafür verwendet, das ursprünglich ihn traumatisierende Objekt von sich fernzuhalten und die erwarteten »realen« Wiederholungen des Traumas – die der Patient sich schafft – abzuwenden. So zwingt die idealisierte, sadistische Objektrepräsentanz, die durch den Prozeß der Identifikation Teil des grandiosen Selbst geworden ist, den malignen Narzißten immer wieder dazu, konkrete sadistische Handlungen auszuführen, um sein malignes grandioses Selbst, und damit seine Identität, aufrechtzuerhalten.

Peters dramatisches konkretisierendes Erlebnis bestand darin, daß er zum Hause seines biologischen Vaters gebracht und dort schwer gedemütigt und zurückgewiesen wurde. Die Repräsentanz seines Stiefvaters brachte ihn immer wieder dazu, Situationen zu schaffen, in denen er Jäger – und nicht Gejagter – war. Seine aggressiven Handlungen dienten sowohl dazu, traumatisierende Objekte abzuwehren, als auch dazu, sein Gefühl, ein abgewiesenes, gedemütigtes und vollgestopftes Kind zu sein, nicht aufkommen zu lassen.

In der Behandlung entwickelt ein Patient mit malignem Narzißmus eine *Spaltungsübertragung* und erlebt den Analytiker sowohl als die abweisende Objektrepräsentanz (das heißt als die Repräsentanz des Objektes, das dramatisch verloren wurde; das ein drastisches Instrument der Demütigung war; oder das die Grenzen des kindlichen Selbst durchbrochen und sich »mörderisch« gegen das sich entwickelnde Selbst des Kindes verhalten hat) als auch als die idealisierte Objektrepräsentanz (das heißt als die Repräsentanz, die aggressiv und sadistisch gegen die abweisende Objektrepräsentanz ist). Da gespaltene Objektrepräsentanzen und korrespondierende Selbstrepräsentanzen in introjektive und projektive Bewegungen zwischen Patient und Analytiker verwickelt sind, kann die klinische Situation nicht nur verwirrend, sondern emotional auch sehr belastend sein. Dies führt zu den potentiell schädlichen Gegenübertragungsproblemen, die wir schon erwähnt haben.

Die Interpretation der unbewußten Phantasien eines Patienten mit malignem Narzißmus wird nicht so effektiv sein wie bei einem typischen Neurotiker oder einem Patienten mit typischer narzißtischer Persönlichkeitsorganisation. Da das wesentliche Mittel des Analytikers die Interpretation ist, kann dies dazu führen, daß Patienten mit konkretisierten unbewußten Phantasien beharrlich nicht die typischen Reaktionen auf Interpretationen zeigen, selbst wenn sie mehr Einsicht in ihre Konflikte zu gewinnen scheinen. Sie verlangen direkt oder indirekt danach, das ursprüngliche Trauma mit ihrem Analytiker konkret wiederzuerleben, um so damit aufhören zu können, dessen Wiederkehr zu erwarten, und um es endlich zu meistern. Es kann auch sein, daß einige Patienten auf einem konkreten Erlebnis mit ihrem Analytiker beharren, das dem ursprünglichen Ereignis entgegengesetzt ist; in diesem Fall besteht das Ziel darin, das eine Ereignis durch das andere zu »neutralisieren«. Die Schaffung einer Atmosphäre, in der sich therapeutische Geschichten, wie wir sie beschrieben haben, entfalten können, ist ein entscheidender Faktor in der psychoanalytischen Therapie maligner Narzißten. Wir möchten jedoch noch einmal ausdrücklich auf die potentiell destruktiven Gegenübertragungsprobleme hinweisen, die durch solche Geschichten und die sie begleitenden Handlungen und Affekte ausgelöst werden können. Einer der Wege im Umgang mit diesen Dilemma kann die Konsultation mit erfahrenen Kollegen sein.

Als Peters Therapeut »irrtümlich« die Tür seiner Praxis verschlossen hatte, so daß Peter nicht herein konnte, hat er unseres Erachtens unbewußt auf Peters Bedürfnis nach einem konkreten (Wieder-)Erleben des traumatischen Ereignisses mit ihm reagiert. Der Therapeut handelte »tatsächlich« wie Peters biologischer Vater, der ihn an der Tür abgewiesen hatte.

Wir schlagen allerdings keineswegs vor, daß der Analytiker vorsätzlich planen sollte, seine Patienten Ereignisse »wiedererleben« zu lassen, die zur Konkretisierung ihrer unbewußten Phantasien führten. Dies wäre eine Karikatur der Technik, die die natürliche Entwicklung des Ringens innerhalb der Übertragungs-Gegenübertragungs-Interaktionen umginge. Die Patienten schaffen sich ihre eigenen »konkreten« Erlebnisse, wenn sie dazu bereit sind.

Die Mutter, die hoffte, ihr Sohn werde als Erwachsener Papst werden, machte ihm viele Einläufe, damit er sauber und rein bleibe. Im vierten Jahr seiner Analyse mit VOLKAN bestand dieser Mann darauf, von seinem Therapeuten das, was er »das große E« (großer Einlauf) nannte, zu bekommen. Es fiel ihm nicht schwer, die Bedeutung dieses Wunsches zu verstehen; aber diese Interpretation einfach nur zu »hören«, half ihm nicht weiter. Irgendwann unterzog er sich einer Proktoskopie. In der Analyse zeigte sich, daß die Darmspiegelung ein verschobenes, symbolisches Erlebnis war, das dazu diente, seine konkretisierte unbewußte Phantasie wiederzuerleben. Nach dieser Proktoskopie veränderte sich der analytische Prozeß dramatisch.

Wenn wir hier auch einige spezifische Probleme im Zusammenhang mit malignem Narzißmus angesprochen haben, so müssen wir doch auch eingestehen, daß unser Verständnis der inneren Welt dieser Patienten noch immer als vorläufig angesehen werden muß.

Peters Fall (Kap. VII) ist ausgezeichnet dazu geeignet, uns eine »Landkarte« seiner inneren Welt zu geben. Trotz der guten technischen Fähigkeiten seines Therapeuten wurde Peter nicht in einem klassischen psychoanalytischen Setting behandelt. Der Patient lehnte es ab, vier Mal pro Woche zu kommen; lange Zeit weigerte er sich, die Couch zu benützen; sein Therapeut neigte zu potentiell schädlichen Gegenübertragungsreaktionen und hatte Zeiten, in denen er depressiv war; und andere Schwierigkeiten mehr. Sehr wahrscheinlich hätte Peter ein klassisches psychoanalytisches Setting nicht aushalten können. Er hatte auch Glück, einen Therapeuten zu finden, der sein Töten von Tieren, seine abwertenden Bemerkungen und seinen Rückzug in den Schlaf ausreichend gut tolerieren konnte.

Es ist offensichtlich, daß wir weitere detaillierte Berichte über Patienten wie Peter und ihre psychoanalytische Behandlung brauchen. Nur so können wir mehr darüber erfahren, wie ihre idealisierten aggressiven Objektrepräsentanzen »gezähmt« werden können und ihr grandioses Selbst so weit verkleinert werden kann, daß es mit ihrem hungrigen Selbst integriert werden kann, wobei dieses hungrige Selbst Elemente konkretisierter unbewußter Phantasien und realer erniedrigender Traumata enthält.

Wir sollten bedenken, daß bei schweren Fällen von malignem Narzißmus, insbesondere wenn der Patient an Vergewaltigung, schwerer Körperverletzung und Mord beteiligt war, Psychoanalyse möglicherweise nicht hilfreich ist. In Fällen, in denen der Patient einen anderen Menschen getötet hat, kann eine Psychoanalyse unmöglich werden aufgrund der zumindest zeitweise auftretenden Unfähigkeit des Patienten, zwischen dem realen Objekt und dessen Repräsentanz zu differenzieren. Die innere Welt eines Menschen, der einen anderen real – statt nur symbolisch – getötet hat, kann höchstwahrscheinlich nicht einer Psychoanalyse unterzogen werden.

Selbst wenn ein solcher Mensch *theoretisch* geheilt werden könnte, ist es denkbar, daß er die dann auftauchenden Schuldgefühle nicht aushalten könnte. Hinzu kommen die ethischen und juristischen Probleme sowie die schweren Gegenübertragungsreaktionen, die beim Therapeuten induziert werden. All dies veranlaßt uns zu der Überlegung, daß andere therapeutische Methoden als die Psychoanalyse oder psychoanalytische Psychotherapie für diese Patienten möglicherweise besser geeignet sein könnten.

Nachdem wir unsere Bedenken geäußert haben, möchten wir dennoch feststellen, daß wir uns als Analytiker nicht der Herausforderung entziehen sollten, wenn sich eine geeignete Gelegenheit ergibt, unser Wissen um die Psyche dieser psychodynamisch höchst interessanten, wenn auch menschlich abstoßenden Personen zu erweitern.

Peter, dessen maligner Narzißmus nicht allzu schwer war, zeigt uns, daß es manchmal möglich ist, malignen Narzißten zu helfen, eine empathische Verbindung mit ihnen aufrechtzuerhalten und Freude und Befriedigung darin zu finden, Menschen zu helfen, die ansonsten dazu verdammt wären, ein einsames und destruktives Leben zu führen.

Literatur

ABSE, D.W. u. JESSNER, L. (1961): The Psychodynamic Aspects of Leadership. In: Excellence and Leadership in a Democracy, hrsg. v. S. GRAUBORD u. G. HOLTON, S. 35–52. New Orleans: Tulane University Press.

ABSE, D.W. u. ULMAN, R.B. (1977): Charismatic political leadership and collective regression. In: Psychopathology and Political Leadership, hrsg. v. R.S. ROBINS, S. 35–52. New Orleans: Tulane University Press.

AINSWORTH, M.; BELL, S.M. u. STAYTON, D. (1974): Infant-mother attachment and social development: Socialization as a product of reciprocal responsiveness to signals. In: The Integration of the Child into a Social World, hrsg. v. M. RICHARDS. Cambridge: Cambridge University Press, S. 99–135.

AKHTAR, S. (1992): Broken Structures: Severe Personality Disorders and Their Treatment. Northvale, N.J.: Jason Aronson.

AKHTAR, S. u. THOMSON, J.A. (1982): Overview: Narcissistic personality disorder. American Journal of Psychiatry 139: 12–20.

BACH, S. (1977): On narcissistic state of consciouness. International Journal of Psycho-Analysis 58: 209–233.

BARANGER, W. (1991): Narcissism in Freud. In: Freud´s »On Narcissim: An Introduction« Ed. J. Sandler, E.P. Person und P. Fonagy, S. 108–130. New Haven: Yale University Press.

BARTOSCH, E. (1982): Das narzistische Negativ: Strafbedürfnis, Sadismus, Schuld- und Unwertgefühl als ich-psychologisches Problem. Göttingen u.a.: Vandenhoeck u. Ruprecht.

BELL, S. (1970): The development of the concept of objects as related to infant-mother attachment. Child Devolopment 41: 219–311.

BERGLER E. (1949): The Basic Neurosis: or Regression and Psychic Masochism. New York: Grune & Stratton.

BERGLER, E. (1961): Curable and Incurable Neurotics. New York: Liveright.

BILYEU, D. (1991): Lost in action: a World War II soldier's account of

Capture on Bataan and imprisonment by the Japanese. Jefferson, North Carolina u.a.: McFarland.

Blos, P. (1967): The second individuation process of adolescence. The Psychoanalytic Study of the Child 22: 162–186.

Blos, P. (1968): Character formation in adolescence. In: The Adolescent Passage, S. 171–191. New York: International Universities Press.

Blos, P. (1988): Panel discussion on »Sadism and masochism in neurosis and symptom formation«, held at the Fall meeting of the American Psychoanalytic Association, New York, December 17.

Boyer, L.B. (1956): Maternal overstimulation and ego defects. In: The Regressed Patient, S. 3–22. New York: Jason Aronson, 1983.

Boyer, L.B. (1983): The Regressed Patient. Northvale, New Jersey: Jason Aronson.

Brazelton, T.; Koslowski, B. u. Main, N. (1974): The origins of reciprocity: The early mother-infant interaction. In: The Effects of the Infant on its Caregiver, hrsg. v. M. Lewis u. L. Rosenblum. New York: John Wiley, S. 49–76.

Cambor, C.G. (1969): Pre-oedipal factors in superego development. The influence of multiple mothers. Psychoanalytic Quarterly 38: 81–96.

Charlesworth, W.R. (1969): The role of surprise in cognitive development. In: Studies in Cognitive Development: Essays in Honor of Jean Piaget, hrsg. v. E. Elkind u. J.H. Flavell. London: Oxford University Press, S. 257–314.

Cooper, A.M. (1989): Narcissism and masochism: The narcissistic-masochistic character. In: Narcissistic Personality Disorder – The Psychiatric Clinics of North America, hrsg. v. O.F. Kernberg, vol. 12, no: 3, S. 541–552. Philadelphia: W.B. Saunders.

Coppolillo, H.P. (1967): Maturational aspects of the transitional phenomenon. International Journal of Psycho-Analysis 48: 237–246.

Cullander, C.C.H. (1988): Envy, the most painful affect: Its relation to entitlement and helplessness. In: Attitudes of Entitlement: Theoretical and Clinical Issues, hrsg. v. V.D. Volkan u. T.C. Rodgers, S. 63–78. Charlottesville, Virginia: University Press of Virginia.

d'Alpuget, B. (1983): Robert J. Hawke: A Biography. New York: Landsdowne Press.

Dorpat, T.L. (1976): Structural conflict and object relations conflict. Journal of the American Psychoanalytic Association 24: 855–875.

Eisler, M.J. (1922): Pleasure in sleep and the disturbed capacity to sleep. International Journal of Psycho-Analysis 3: 30–42.

Eissler, K. (1972): Death drive, ambivalence, and narcissism. The Psychoanalytic Study of the Child 26: 25–78.

ELBIRLIK, K. (1980): Organ Loss, grieving and itching. American Journal of Psychotherapy 84: 523–533.

ELLIS, H. (1898): Auto-eroticism: A psychological study. Alienist Neurologist 19: 260–299.

EMDE, R.N.; GAENSBAUER, T.J. u. HARMON, R.J. (1976): Emotional Expressions in Infancy: A Biobehavioral Study. Psychological Issues. Monograph No: 37. New York: International Universities Press.

ESCALONE, S. (1968): The Roots of Individuality. Chicago: Aldine.

ETHEREDGE, L.S. (1979): Hardball politics: a model. Political Psychology 1: 3–26.

FENICHEL, O. (1945): The Psychoanalytic Theory of Neurosis. New York: Norton. (Dt.: Psychoanalytische Neurosenlehre, Freiburg/Br.: Walter, 1974).

FINTZY, R.T. (1971): Vicissitudes of the transitional objects in a borderline child. International Journal of Psycho-Analysis 52: 107–114.

FREUD, A. (1958): Adolescence. Psychoanalytic Study of the Child 13: 255–278.

FREUD, S. (1905): Drei Abhandlungen zur Sexualtheorie, Gesammelte Werke 5. Frankfurt a. Main: S. Fischer.

FREUD, S. (1911): Psychoanalytische Bemerkungen über einen autobiographisch beschriebenen Fall von Paranoia (Dementia paranoides). Gesammelte Werke 8. Frankfurt a. Main: S. Fischer.

FREUD, S. (1913): Die Disposition zur Zwangsneurose. Gesammelte Werke 8. Frankfurt a. Main: S. Fischer.

FREUD, S. (1914): Zur Einführung des Narzißmus. Gesammelte Werke 10. Frankfurt a. Main: S. Fischer.

FREUD, S. (1917): Trauer und Melancholie. Gesammelte Werke 10. Frankfurt a. Main:. S. Fischer.

FREUD, S. (1924): Das ökonomische Problem des Masochismus. Gesammelte Werke 8. Frankfurt a. Main: S. Fischer.

FREUD, S. (1931): Über libidinöse Typen. Gesammelte Werke 14. Frankfurt a. Main: S. Fischer.

GIOVACCHINI, P. (1965):Maternal introjection and ego defect. Journal of the American Academy of Child Psychiatry 2: 279–292.

GLOVER, E. (1955): Technique of Psychoanalysis. New York: International University Press.

GREENACRE, P. (1952): Trauma, Growth and Personality, New York: W. W. Norton.

GREENACRE, P. (1969): The fetish and the transitional object. In: Emotional Growth 1: 315–334. New York: International Universities Press, 1971.

GREENACRE, P. (1970): The transitional object and the fetish: With special reference to the role of illusion. International Journal of Psycho-Analysis 51: 447–456.

Greenspan, S.J. (1989): The Development of the Ego. Implications for Personality Theory, Psychopathology and the Psychotherapeutic Process. Madison (Connecticut): International Universities Press.

Hamilton, J.W. (1978): Some remarks on certain vicissitudes of narcissism. International Review of Psycho-Analysis 5: 275–284.

Hartmann, H. (1939): Ich-Psychologie und Anpassungsproblem. Stuttgart: Klett-Cotta, 2. Aufl., 1975.

Hartmann, H. (1950): Comments on the psychoanalytic theory of the ego. In: Essays in Ego Psychology, S. 113–141. New York: International Universities Press, 1964. (Dt.: Bemerkungen zur psychoanalytischen Theorie des Ichs. In: Sonderheft der »Psyche« zum 70. Geburtstag von H. Hartmann. Stuttgart: Klett-Cotta, 1964).

Hendrick, J. (1951): Early development of the ego: Identification in infancy. Psychoanalytic Quarterly 20: 44–61.

Hopkins, A. (Reporter) (1991): Pearl Harbor, Day of Infamy. Time 138: 30-60. December 2.

Jacobson, E. (1964): The Self and the Object World. New York: International Universities Press. (Dt.: Das Selbst und die Welt der Objekte. Frankfurt: Suhrkamp, 1978.).

Joffe, W.G. (1969): A critical review of the status of the envy concept. International Journal of Psycho-Analysis 50: 533–545.

Jones, E. (1913): The God Complex. In: Essays in Applied Psycho-Analysis, vol. 2, S. 244-265. New York: International Universities Press, 1973. (Dt.: Der Gottmensch-Komplex. Psyche 12. 1958/59: 1–17.

Jones, E. (1955): Sigmund Freud, Life and Works, vol. 2. New York: Basic Books. (Dt.: Das Leben und Werk von Sigmund Freud, Bd. 2. Bern, Stuttgart: Huber, 1960).

Kernberg, O.F. (1966): Structural derivatives of object relationship. International Journal of Psycho-Analysis 47: 236–253.

Kernberg, O.F. (1970a): A psychoanalytic classification of character pathology. Journal of the American Psychoanalytic Association 18: 800–822.

Kernberg, O.F. (1970b): Factors in the psychoanalytic treatment of narcissistic personalities. Journal of the American Psychoanalytic Association 18: 51–85.

Kernberg, O.F. (1975): Borderline Conditions and Pathological Narcissism. New York: Jason Aronson. (Dt.: Borderline-Störungen und pathologischer Narzißmus. Frankfurt: Suhrkamp 1978, 4. Auflage 1980).

Kernberg, O.F. (1976a): Foreword. In: Primitive Internalized object Relations by V.D. Volkan. New York: International Universities Press, S. XIII-XVIII. (Dt.: Vorwort. In: Psychoanalyse der frühen Objektbeziehungen. Stuttgart: Klett-Clotta, 1978).

Kernberg, O.F. (1976b): Object Relations Theory and Clinical Psycho-analysis. New York: Jason Aronson. (Dt.: Objektbeziehungen und Praxis der Psychoanalyse. Stuttgart: Klett-Cotta, 1988).

KERNBERG, O.F. (1984): Severe Personality Discorders. New Haven: Yale University Press. (Dt.: Schwere Persönlichkeitsstörungen: Theorie, Diagnose und Behandlungsstrategien. Stuttgart: Klett-Cotta, 1988)

KERNBERG, O.F. (1989): Narcissistic Personality Disorder. The Psychiatric Clinics of North America, vol. 12, Nr. 3. Philadelphia: W. B. Sounders.

KLAUS, M. u. KENNELL, J. (1976): Maternal-Infant Bonding: The Impact of Early Separation or Loss on Family Development. St. Louis: C.V. Mosby.

KLEIN, M. (1946): Notes on some schizoid machanisms. International Journal of Psycho-Analysis 18: 51–85.

KLEIN, M. (1948): Contribution to Psychoanalysis, 1921–1945. London: Hogarth Press.

KLEIN, M. (1975): Envy and Gratitude and other Works: 1946–1963 New York: Delacorte Press.

KOHUT, H. (1966): Forms and transformations of narcissim. Journal of the American Psychoanalytic Association 14: 247–272.

KOHUT, H. (1971): The Analysis of the Self. A Systematic Approach to the Psychoanalytic Treatment of Narcissistic Personality Discorders. New York: International Universities Press. (Dt.: Narzißmus. Eine Theorie der psychoanalytischen Behandlung narzißtischer Störungen. Frankfurt a. Main: Suhrkamp, 1976).

KOHUT, H. (1972): Thoughts on narcissism and narcissistic rage. The Psychoanalytic Study of the Child 27: 260–400. (Dt.: Überlegungen zum Narzißmus und zur narzißtischen Wut. In: Psyche 27: 513–544, 1973).

KOHUT, H. (1977): The Restoration of the Self. New York; International Universities Press. (Dt.: Die Heilung des Selbst. Frankfurt a. Main: Suhrkamp, 1988, 3. Auflage).

KOHUT, H. u. WOLF, E. (1978): The disorders of the self and their treatment: an outline. International Journal of Psycho-Analysis 59: 413–425.

KRIEGMAN, G. (1988): Entitlement attitudes: Psychological and therapeutic implications. In: Attitudes of Entitlement. Theoretical and Clinical Issues, hrsg. v. V.D. VOLKAN u. T.C. RODGERS, S. 1–21, Charlottesville, Virginia: University Press of Virginia.

KRIS, E. (1952): Psychoanalytic Explorations in Art. New York: International Universities Press.

LASCH, C. (1978): The Culture of Narcissism: American Life in an Age of Diminishing Expectations. New York: Norton.

LEVIN, F. J. (1979): On the clinical application of Heinz Kohut's psychology of the self: comments on some recently published case reports. Journal of Philadelphia Association for Psychoanalysis 6: 1–19.

LIFTON, R.J. (1971): Protean man. Archives of General Psychiatry 24: 298–304

LIPSITT, L. (1966): Learning processes of newborns. Merrill-Palmer Quarterly 12: 45–71.

MAHLER, M.S. (1958): Autism and symbiosis. Two extreme disturbances of identity. International Journal of Psycho-Analysis 39: 77–83.

MAHLER, M.S. (1968): On Human Symbiosis and the Vicissitudes of Individuation. New York: International Universities Press. (Dt.: Symbiose und Individuation. Stuttgart: Klett-Cotta, 1986).

MELTZOFF, A. u. MOORE, K. (1977): Imitation of facial and manual gestures by human neonates. Science 198: 75–78.

MICHAUD, S.C. u. AYNESWORTH, H. (1983): The Only Living Witness. New York: Simon and Schuster.

MODELL, A.H. (1968): Object Love and Reality. New York: International Universities Press.

MODELL, A.H. (1970): The transitional objects and the creative art. Psychoanalytic Quartely 39: 240–250.

MODELL, A.H. (1976): The »holding environment« and the therapeutic action of psychoanalysis. Journal of the American Psychoanalytic Association 24: 285–307.

MOORE, B.M. u. FINE, B.D. (1990): Psychoanalytic Terms and Concepts. New Haven: Yale University Press.

NÄCKE, P. (1899): Die sexuellen Perversitäten in der Irrenanstalt. Psychiatrische En Neurologische Bladen No. 3.

NEMIAH, J.C. (1961): Foundations of Psychopathology. New York: Oxford University Press.

NIEDERLAND, W.G. (1968): Clinical observations on the »survivor syndrome«. International Journal of Psycho-Analysis 49: 313–315. (Dt.: Folgen der Verfolgung – Das Überlebenden Syndrom: Seelenmord. Frankfurt: Suhrkamp, 1980).

NOVEY, S. (1968): The Second Look: The Reconstruction of Personal History in Psychiatry and Psychoanalysis. Baltimore: Johns Hopkins University Press.

OLINICK, S.L. (1964): The negative therapeutic reaction. International Journal of Psycho-Analysis 45: 540–548

PIAGET, J. (1962): The stages of intellectual development of the child. In: Childhood Psychopathology, hrsg. v. S. HERRISON u. J. MCDERMOTT. New York: International Universities Press, S. 157–166

POLAND, W.S. (1977): Pilgrimage: Action and tradition in self-analysis. Journal of the American Psychoanalytic Association 25: 319–416.

POLLOCK, G.M. (1975): On mourning, immortality, and utopia. Journal of the American Psychoanalytic Association 23: 334–362.

POST, J.M. (1984): Dreams of glory and the life cycle: reflections on the life course of narcissistic leaders. Journal of Political and Military Sociology 12: 49–60.

POST, J.M. (1992): Current concepts of the narcissistic personality: Implications for political psychology. Paper presented at the Annual Meeting of the International Society of Political Psychology, San Francisco, California, July 6.

PULVER, S.E. (1970): Narcissism. The term and the concept. Journal of the American Psychoanalytic Association 18: 319–342.

RANGELL, L. (1976): Lessons from Watergate. A derivative for psychoanalysis. Psychoanalytic Quarterly 45: 37–61

RANGELL, L. (1980): The mind of Watergate: An exploration of the compromise of integrity. New York: Norton.

REED, G.S. (1987): Rules of clinical understanding in classical psychoanalysis and in self-psychology: a comparison. Journal of the American Psychoanalytic Association 335: 421–446. (Dt.: Regeln klinischen Verstehens in der klassischen Psychoanalyse und in der Selbstpsychologie. Psyche 12: 1034–1116).

RUBOVITZ-SEITZ, P. (1979): A review of The Psychology of the Self, a Casebook. Journal of Nervous and Mental Disorders 167: 454–456.

RUSTOW, D.A. (1970): Atatürk as a founder of a state. In: Philsophers and Kings: Studies in Leadership, hrsg. v. D.A. Rustow, S. 208–247. New York: Braziller.

SANDER, L. (1962): Issues in early mother-child interaction. Journal of the American Academy of Child Psychiatry 1: 141–166.

SEARLES, H.F. (1986): My work with Borderline Patients. New York: Jason Aronson.

SEBEK, M. (1992): Anality in totalitarian system and the psychology of post-totalitarian society. Mind and Human Interaction 4: 52–59

SHENGOLD, L. (1989): Soul Murder: The Effects of Childhood Abuse and Deprivation. New Haven: Yale University Press.

SMITH, L. (1949): Killers of the Dream. New York: W. W. Norton.

SOCARIDES, C.W. (1968): The Overt Homosexual. New York: Jason Aronson.

SOCARIDES, C.W. (1977): Why Sirhan Sirhan killed Kennedy: A psychoanalytic study on assassination. Presented at the Marcovitz Colloquium on Aggression, New York: December.

SPRUIELL, V. (1975): Three strands of narcissism. Psychoanalytic Quarterly 44: 577–595.

SROUFE, L.A. u. WATERS, E. (1977): Attachment as an organizational construct. Child Development 48: 1184–1199.

STEIN, M. (1979): Restoration of the Self by Heinz Kohut. Journal of the American Psychoanalytic Association 27: 665–680
STERN, D. (1985): The Interpersonal World of the Child. New York: Basic Books.
STOLOROW, R.D. (1975): The narcissistic function of masochism (and sadism). International Journal of Psycho-Analysis 56: 441-448.
STONE, M. H. (1989): Murder. In: Narcissistic Personality Disorder. The Psychiatric Clinics of North America, hrsg. v. O.F. KERNBERG, vol. 12, Nr. 3, S. 643–651. Philadelphia: W.B. Saunders.
TÄHKÄ, V. (1993): Mind and it's Treatment: An Analytic Approach. Madison, Connecticut: International University Press.
TARTAKOFF, H. (1966): The Normal Personality in our Culture and the Nobel Prize Complex. In: Psychoanalysis: A General Psychology, hrsg. v. R.M. LOWENSTEIN; L.M. NEWMAN u. M. SCHUR, S. 222–252. New York: International Universities Press.
TEVETH, S. (1987): In search of missing years in the case of Ben Gurion. Paper presented at the Conference on Extraordinary Lives. Tel Aviv: The Dayan Center for Middle Eastern and African Studies. Tel Aviv University, January 6.
TÖLLE, R. (1991): Psychiatrie, 9. Auflage. Berlin: Springer-Verlag.
TUCKER, R.C. (1970): The theory of charismatic leadership. In: Philosophers and Kings: Studies in Leadeship, hrsg. v. D.A. RUSTOW, S. 69–94. New York: Braziller.
VAN DER WAALS, H.G. (1965): Problems of narcissism. Bulletin of the Menninger Clinic 29: 293–311.
VOLKAN, V.D. (1973): Transitional fantasies in the analysis of a narcissistic personality. Journal of the American Psychoanalytic Association 21. 351–376.
VOLKAN, V.D. (1976): Primitive Internalized Object Relations. New York: International Universities Press. (Dt.: Psychoanalyse der frühen Objektbeziehungen. Stuttgart: Klett-Cotta, 1978).
VOLKAN, V.D. (1979a): The »glass bubble« of a narcissistic patient. In: Advances in Psychotherapy of the Borderline Patient, hrsg. v. J. LEBOIT u. A. CAPPONI. New York: Jason Aronson, S. 405–431.
VOLKAN, V.D. (1979b): Cyprus – War and Adaptation. A Psychoanalytic History of Two Ethnic Groups in Conflict. Charlottesville, Va: University Press of Virginia.
VOLKAN, V.D. (1980): Narcissistic personality organisation and »reparative« leadership. International Journal of Group Psychotherapy 30: 131–152.
VOLKAN, V.D. (1981a): Linking Objects and Linking Phenomena: A Study of the Forms, Symptoms, Metapsychology and Therapy of Complicated Mourning. New York: International Universities Press.

VOLKAN, V.D. (1981b): »Immortal Atatürk«: Narcissism and creativity in a Revolutionary Leader. In: Psychoanalytic Study of Society 9: 221–255.
VOLKAN, V.D. (1982): Narcissistic personality disorder. In: Critical Problems in Psychiatry, hrsg. v. J.O. CAVENAR u. H.K.H. BRODIE, S. 332-350. Philadelphia: Lippincott.
VOLKAN, V.D. (1984): What Do You Get When You Cross a Dandelion with a Rose? The True Story of a Psychoanalysis. New York: Jason Aronson.
VOLKAN, V.D. (1987): Six Steps in the Treatment of Borderline Personality Organization. Northvale, New Jersey: Jason Aronson.
VOLKAN, V.D. (1988): The Need to Have Enemies and Allies: From Clinical Practice to International Relationships. Northvale, New Jersey: Jason Aronson.
VOLKAN, V.D. (1991): Valentin Berezhtov: An Interview with Stalin's interpreter. Mind and Human Interaction 2: 77–80.
VOLKAN, V.D. u. AST, G. (1992): Eine Borderline Therapie, Göttingen: Vandenhoeck & Ruprecht.
VOLKAN, V.D. u. CORNEY, R.T. (1968): Some considerations of satellite-states and satellite dreams. The British Journal of Medical Psychology 41: 283–290.
VOLKAN, V.D. u. ITZKOWITZ, N. (1984): The Immortal Atatürk: A Psychobiography. Chicago: University of Chicago Press.
VOLKAN, V.D.; ITZKOWITZ, N. u. DOD A. (im Druck): Richard Nixon: A Psychobiography.
WAELDER, R. (1925): The Psychoses, their mechanisms and accessibility to influence. International Journal of Psycho-Analysis 6: 259–281.
WAELDER, R. (1930): Das Prinzip der mehrfachen Funktion, Internationale Zeitschrift Psychoanalyse. 16: 286–300.
WEBER, M. (1925): Wirtschaft und Gesellschaft (Bd. 1 u. 2). Tübingen: Mohr.
WEIGERT, E. (1967): Narcissism: Benign and Malignant Forms. In: Crosscurrents in Psychiatry and Psychoanalysis, hrsg. v. R.W. Gibson, S. 222–238. Philadelphia: Lippincott.
WERNER, H. u. KAPLAN, B. (1963): Symbol Formation. New York: John Wiley.
WINNICOTT, D.W. (1953): Transitional objects and transitional phenomena. International Journal of Psycho-Analysis 34: 89–97. (Dt.: Übergangsobjekte und Übergangsphänomene. In: Von der Kinderheilkunde zur Psychoanalyse, S. 300–320. Frankfurt: Fischer, 1985).
WINNICOTT, D.W. (1960): The theory of the parent-infant relationship. In: The Maturational Process and the Facilitating Environment. New York: International Universities Press: 37–55.

WINNICOTT, D.W. (1969): The use of an object and relating through identifications. In: Playing and Reality, S. 86–94, London: Tavistock publications, 1971. (Dt.: Objektverwendung und Identifizierung. In: Vom Spiel zur Kreativität, S. 101–110. Stuttgart: Klett-Cotta, 1974).

Register

Vamık D. Volkan / Gabriele Ast
Eine Borderline-Therapie
Strukturelle und Objektbeziehungskonflikte in der Psychoanalyse der Borderline-Persönlichkeitsorganisation. Mit einem Vorwort von U. Streeck. 1992. 200 Seiten, kartoniert. ISBN 3-525-45739-1

Sander M. Abend / Michael S. Porder / Martin S. Willick
Psychoanalyse von Borderline-Patienten
Aus dem Englischen von Ute Schneider. Mit einem Vorwort von Léon Wurmser. 1994. 254 Seiten, kartoniert. ISBN 3-525-45762-6

Ulrich Sachsse
Selbstverletzendes Verhalten
Psychodynamik – Psychotherapie. 1994. 203 Seiten, kartoniert. ISBN 3-525-45771-5

Manfred L. Söldner
Depression aus der Kindheit
Familiäre Umwelt und die Entwicklung der depressiven Persönlichkeit. 1994. Ca. 222 Seiten mit 36 Tabellen, kartoniert. ISBN 3-525-45768-5

Günter H. Seidler (Hg.)
Magersucht – öffentliches Geheimnis
1993. 261 Seiten, kartoniert. ISBN 3-525-45765-0

Jörg Wiesse (Hg.)
Aggression am Ende des Jahrhunderts
(Psychoanalytische Blätter 1). 1994. 147 Seiten mit mehreren Abbildungen, kartoniert. ISBN 3-525-46000-7

V&R
Vandenhoeck & Ruprecht